基金从业人员资格考试应试指导教材

私募股权投资基金基础知识

基金从业人员资格考试应试指导教材编写组　编著

中国财富出版社

图书在版编目（CIP）数据

私募股权投资基金基础知识/基金从业人员资格考试应试指导教材编写组编著.—北京：中国财富出版社,2018.6（2024.9 重印）

（基金从业人员资格考试应试指导教材）

ISBN 978-7-5047-6677-9

Ⅰ.①私… Ⅱ.①基… Ⅲ.①股权-投资基金-资格考试-自学参考资料 Ⅳ.①F830.91

中国版本图书馆 CIP 数据核字（2018）第 136908 号

策划编辑	李彩琴	责任编辑	敬 东 杨白雪		
责任印制	尚立业	责任校对	杨小静	责任发行	董 倩

出版发行	中国财富出版社		
社　　址	北京市丰台区南四环西路 188 号 5 区 20 楼	邮政编码	100070
电　　话	010-52227588 转 2098（发行部）	010-52227588 转 321（总编室）	
	010-52227566（24 小时读者服务）	010-52227588 转 305（质检部）	
网　　址	http://www.cfpress.com.cn		
经　　销	新华书店		
印　　刷	三河市悦鑫印务有限公司		
书　　号	ISBN 978-7-5047-6677-9/F·2903		
开　　本	787mm×1092mm　1/16	版　　次	2018 年 8 月第 1 版
印　　张	11.5	印　　次	2024 年 9 月第 8 次印刷
字　　数	397 千字	定　　价	40.00 元

编 委 会

　　本套教材适用于参加基金从业资格考试的人员。基金从业人员资格考试应试指导教材编写组根据中国证券投资基金业协会发布的科目一"基金法律法规、职业道德与业务规范考试大纲"、科目二"证券投资基金基础知识考试大纲"和科目三"股权投资基金（含创业投资基金）基础知识考试大纲"，对真题考点进行细致分析，编写了本套教材，旨在帮助考生全面理解和掌握考试大纲的内容，以便更好地复习和备考。

本套教材模块

　　为了便于考生更好地理解和使用本套教材，下面对本套教材中主要涉及的模块功能进行简单介绍。

1. 本章应试分析

　　在书中，这一模块主要是介绍该章的主要内容，在考试中所占的分值以及学习方法等，是对该章在考试中整体考情的综合分析。通过应试分析，考生可以有效地掌握该章的重点以及命题方向，避免盲目复习。

2. 思维导图

　　在书中，这一模块主要是将整章的思维脉络通过关系图表现出来，并在考点后面标注了"重点掌握、掌握、理解、了解"四种不同程度的复习要求。通过思维导图，考生不仅可以对该章的整体框架有个大致的了解，同时也能把握复习的要求，有针对性地进行复习，大大提高复习的效率。

3. 名师同步精讲

　　这一模块是本书的核心所在，主要是通过对考试真题的分析，将教材中的重要知识点进行精编汇总，多考多讲，少考少讲。我们竭力提炼考点，减少烦冗的叙述，帮助考生高效率掌握考点，减轻学习压力。同时，我们对于重要的知识点进行了标色（蓝色）处理。此外，还有"记忆关键词"的提炼帮助考生记忆知识点。

　　在这一模块，我们提供了两个核心功能，对考生非常有帮助。

　　第一，名师指导。一方面对各个考点在考试中的考查概率和所占分值进行介绍，并列明命题角度，另一方面对于教材中一些有窍门记忆或者需要关注的地方进行提示。

　　第二，母题精选。这些母题是在考试中较多涉及且具有代表性的题目，其中，大多为考试真题，部分为老师精选的比较有代表性的题目。此外，母题旁边配有二维码，考生可通过扫描二维码查看母题的详细解析，也可以练习相应的子题。通过母题，考生不仅能够了解各个知识点在考试中的考查形式，也可以有效地掌握考试中的重要知识点，同时做到知识点的灵活运用。

4. 章节练习

　　在这一模块，考生可以通过扫描二维码进入微信版题库进行章节练习。在题库中，我们提供了大量的真题、预测题和模拟题供考生练习，既弥补了纸质教材对于章节练习题量限制的缺陷，又能让考生随时随地进行练习，有效地节省了时间。

配套题库——智能考试题库系统

本套教材搭配配套的智能考试题库系统使用,能达到更好的复习效果。配套题库系统包括智能题库微信版和智能题库网页版。考生可根据自己的实际情况,在不同的环境下选择不同的练习方式,充分利用自己的时间。另外,在题库系统中有视频课程、考点速记、章节练习、错题训练、真题必练、模拟预测等功能。考生在学习过程中,可根据自己的学习进度选择相应功能,固本培新。

联系我们

尽管编写组成员们本着精益求精的态度编写本套教材,但由于时间所限,书中难免有不足之处,恳请广大读者批评指正。联系邮箱 weilaijiaoyucaijing@ foxmail. com。

预祝所有考生顺利通过考试!

基金从业人员资格考试应试指导教材编写组

目 录
CONTENTS

重难点索引

此处显示每一章节里面的部分重难点及其页码,可以快速定位查阅。

开篇　考情分析与复习指导

第一节　考情分析

一、考试介绍

基金从业资格考试包含三个科目:科目一《基金法律法规、职业道德与业务规范》、科目二《证券投资基金基础知识》、科目三《私募股权投资基金基础知识》。考生通过科目一和科目二考试,或通过科目一和科目三考试成绩合格的,具备基金从业资格的注册条件。

二、考情分析

为了更好地把握科目特点,熟悉考试重点,本书分析了近几次考试真题的分布情况。在考试真题数据分析基础上,编者整理了各个章节在考试中涉及的大概分值。具体见下表。

考试真题平均分布情况

所属章节	分值(分)
第一章　股权投资基金概述	5
第二章　股权投资基金参与主体	4
第三章　股权投资基金分类	7
第四章　股权投资基金的募集与设立	11
第五章　股权投资基金的投资	22
第六章　股权投资基金的投资后管理	5
第七章　股权投资基金的项目退出	7
第八章　股权投资基金的内部管理	20
第九章　股权投资基金的政府管理	9
第十章　股权投资基金的行业自律管理	10

基金从业资格考试对知识点的考查角度多样,考查形式多变,因此,本数据仅供考生参考。

三、考试题型解读

基金从业资格考试题型为选择题,均为单项选择题,共计100题,每题1分。其中包括以下几种形式。

(一)普通单选题

普通单选题,即在给出的四个选项中选出符合题目要求的唯一答案。例如,"关于……的说法,正确/错误的是……""属于/不属于……的是……"。

【例题】下列机构中,属于我国股权投资基金的行业自律组织的是(　　)。

    A.国家发展改革委   B.中国证监会

    C.中国证券投资基金业协会   D.中国证券业协会

(二)组合型选择题

这种题型是在题干下提供多个题支,再将这些题支进行四种不同形式的组合作为四个选项,从四个选项中选择唯一的答案。相对于普通单选题,有一定难度,要求考生对知识点有更准确的把握。解答此类题型可以使用排除法。

【例题】股权投资基金信息披露义务人包括(　　)。

Ⅰ.基金托管人　　　　Ⅱ.基金管理人　　　　Ⅲ.基金出资人　　　　Ⅳ.基金法律顾问

    A.Ⅱ、Ⅲ   B.Ⅰ、Ⅱ、Ⅲ   C.Ⅰ、Ⅱ   D.Ⅰ、Ⅱ、Ⅲ、Ⅳ

(三)综合型选择题

三个选择题共用一个材料,主要用于考查计算分析等综合能力。

【例题】增资前甲公司注册资本1000万元,甲公司前一年度经审计的营业收入12亿元,净利润4000万元,年末净资产1.5亿元。依据前述财务情况,某股权投资基金拟出资1亿元,增资甲公司,获得20%股权。

(1)按此投资方案实际投资后,甲公司注册资本将变为(　　)万元。

    A.11000   B.1250   C.1200   D.25000

(2)该股权基金投资甲公司的投后市净率倍数为(　　)。

    A.2   B.3.33   C.1.67   D.10

(3)该基金投资甲公司的投后市盈率倍数为(　　)。

    A.2.5   B.6.25   C.10   D.12.5

四、命题规律分析

(一)理解记忆型题目考查更加灵活

这类题目包括简单的对教材原文的考查,在理解知识点的基础上进行正确或错误的判断等。考试题目向更加灵活的方向发展,因此考生切忌死记硬背。《私募股权投资基金基础知识》科目内容相对简单,考生在学习时可以根据学习要求有侧重点地对知识点进行了解、理解和掌握。

(二)通过案例考查,更加结合实际

考试中,一部分题目通过设定情境对相关的知识点进行考查,题目难度并不大,主要是考查形式更加贴合实际。答题的根本还是对教材内容的熟悉与否,以及对知识点的灵活运用程度。

【例题】小王和小李是股权投资基金行业的从业人员,两人对中国证券投资基金业协会职责的说法错误的是(　　)。

    A.小王说:"中国证券投资基金业协会应组织我们基金从业人员的从业考试"

    B.小李说:"中国证券投资基金业协会应当组织基金行业进行交流,开展行业宣传"

    C.小李说:"中国证券投资基金业协会应当对所有的基金都进行登记、备案"

    D.小王说:"中国证券投资基金业协会应定期对我们基金从业人员进行业务培训"

(三)计算题考查增多

在考试中,计算题数量逐渐增多。《私募股权投资基金基础知识》科目涉及计算公式的章节主要集中在第五章和第八章,包括相对估值法、折现现金流估值法、创业投资估值法、基金业绩的评价指标等。计算题不难,主要在于对相关概念和计算公式的理解和记忆。

第二节 复习指导

一、怎么使用本书

这套书采用了双色、边栏的形式进行整体编排,与以往的单排或者双排格式有很大的不同。在书中,主要包含以下模块:

(1)目录中的"重难点索引"栏(如图1所示)。与一般的目录不同,本书的目录除了正文的正常目录之外专门增加了"重难点索引"栏,展示了每一章节中考试的重点和难点内容(大多为考试中必考知识点),方便考生查阅和复习。在时间不够充裕的情况下,考生可以通过重难点索引快速获取重要知识点信息,优先学习;在复习的过程中,考生通过重难点索引,既可以明确主要复习范围,也可以快速定位到具体内容。

目 录
CONTENTS

开篇 考情分析与复习指导		重难点索引
第一节 考情分析 ……………… 1		此处显示每一章节里面的部分重难点及其页码,可以快速定位查阅。
第二节 复习指导 ……………… 3		

图 1 重难点索引

(2)本章应试分析(如图2所示)。主要介绍了章节整体知识结构、章节在考试中所占分值、章节内容学习的难易程度、章节中重要知识点提示等。同时,也根据不同章节的特点,给出了学习建议。

● **本章应试分析**

本章介绍了股权投资基金相关内容,包括股权投资基金的概念、特点、运作模式和作用等。本章在考试中所占分值约为4分。本章内容较为简单,是对股权投资基金相关内容的基础性介绍。其中,股权投资基金的发展历史及其在经济发展中的作用属于了解性的知识,考生不必花费太多精力,需要多加关注的是第一节和第三节的内容。

图 2 本章应试分析

(3)思维导图(如图3所示)。思维导图是对章节知识点脉络进行梳理,并在此基础上,将不同知识点的学习要求进行标注。一方面帮助考生建立整体的框架意识,另一方面也方便考生快速获取不同知识点的学习要求。考生在复习前期,可以根据思维导图了解主要内容和学习要求;在复习后期,可以根据学习要求选择重点复习范围。

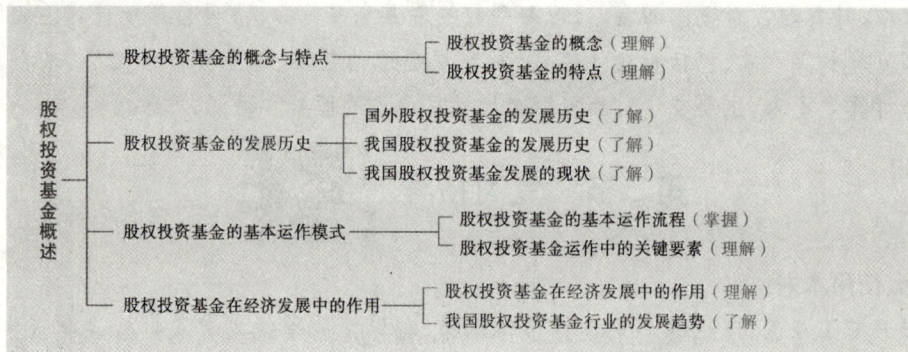

图 3 思维导图

（4）核心模块一：名师同步精讲（如图4所示）。此模块为本书核心模块之一，以表格的形式呈现知识点的具体内容。本书定义为应试指导教材，坚持多考多讲，少考少讲，缩小考生备考范围，将主要精力放在重点学习内容上。书中的知识点讲解力求精练，如果考生想获取更多细节内容，可以扫描每节标题右侧的二维码，进入题库系统中学习更细致的内容，并观看配套视频课程。

• 名师同步精讲

第一节 股权投资基金的概念与特点

一、股权投资基金的概念（理解）

项 目	内 容
股权投资基金概述	（1）股权投资基金既可以以非公开方式募集（私募），也可以以公开方式募集（公募）。在我国，目前股权投资基金只能以非公开方式募集（私募）。 （2）国内所称"股权投资基金"，其全称应为"私人股权投资基金"，是指主要投资于"私人股权"，即企业非公开发行和交易的股权的投资基金。通常我们所说的"私募股权投资基金"的准确含义应为"私募类私人股权投资基金"。

图 4 名师同步精讲

（5）核心模块二：名师指导（如图5所示）。本书的第二个核心模块，即为名师指导。在名师指导中，我们详细分析了每个知识点在考试中的考查概率、所占分值、考查角度及考查特点等，并对一些重要的知识点进行提示和分析。

👍 考查概率：100%，在考试中所占分值为1～2分。
命题角度：①私人股权的含义和内容；②股权投资基金与证券投资基金的区别。

图 5 名师指导

（6）核心模块三:母题精选(如图6所示)。我们学习的最终检测都需要去考试做题,所以我们的学习不能脱离考试实际情况。获取考试实际情况的最快捷方式即为考试真题。本书选取了大量的考试真题作为母题呈现,母题是考试中最典型的考查题型,考生通过母题练习,可以掌握考试出题者的出题思路。在书中,考生学习完一个知识点之后,我们会根据考试情况,放置不同的母题在后面供考生练习检测。考生做完题之后,可以扫描旁边的二维码进入题库系统中,查看母题详细解析,同时可以练习与该题同考点的子题。

> **● 母 题 精 选**
>
> 【单选题】目前我国股权投资基金的募集(　　　)。
>
>   A.可以私募也可以公募　　　　　　　B.只能私募
>
>   C.只能公募　　　　　　　　　　　　D.根据具体投资对象确定
>
> 【答案】B 【解析】在我国,目前股权投资基金只能以非公开方式募集(私募)。

图6　母题精选

二、制订学习计划

参加基金从业资格考试的人员,可以根据自身需要报考一个或多个科目。制订详细的学习计划,对于我们备考可谓是事半功倍。《私募股权投资基金基础知识》科目共10章,根据多数考生备考经验总结,现提供一套学习计划给考生作为参考。本科目正常的复习时间约为8周。

(一)第一阶段:基础学习和练习(5周)

在此阶段重点学习课本内容。平均每周可以学习2章内容。在具体的学习中,考生须以课本为主,本书配套的题库系统为辅,坚持“看一节教材＋看一节视频课程＋做一节习题”,将“看、听、练”结合起来。很多考生,只看不练,或者只练不看,都是不合适的。在配套资源丰富的情况下,我们希望考生能充分利用本套教材及其配套资源进行备考。

在一章学习完之后,考生可以在配套的题库系统中按章进行检测,查漏补缺。

主要学习工具:教材、视频课程和配套题库系统。

(二)第二阶段:综合检测(2周)

在基础学习完之后,考生对整体的学习内容有了较为细致的了解,需要通过综合检测来巩固前期所有章节内容。我们主要选择配套题库系统中的“真题必练”来进行综合检测。

此外,在配套题库系统中还包含了预测试卷、模拟试卷,亦可作为重要的综合检测工具。

主要学习工具:配套题库系统。

(三)第三阶段:考前复习巩固(1周)

在此阶段,临近考试,我们开始进行考前复习巩固。一方面,从教材内容着手,要复习前期教材中所学的重难点知识点,可以运用“思维导图”和“重难点索引”作为参考线,将所学内容重新梳理一遍,重要的知识点进行巩固学习;另一方面,从做题着手,要充分运用配套题库系统中“错题训练”前期做错和收藏的题,将有价值的题目再次复习一遍,查漏补缺。

主要学习工具:教材和配套题库系统。

以上所提供的学习计划时间,只是为考生提供一个参考和思路。不同的人实际面临的情况都会不一样,考生可以结合自己的实际情况,制订最适合自己的学习进度。

三、学习技巧

(一)学习要看、听、练结合

我们建议考生在日常学习中,坚持"看一节教材＋看一节视频课程＋做一节习题"。将看书和做题结合起来,一方面没那么枯燥,另一方面也可以全面检测学习效果。另外,有些书本理论知识比较深奥难懂,听老师的视频课程,跟着老师学习,则能快速获取知识点关键信息。

本套书随书送视频课程,考生可扫描每个章节标题右侧的二维码即可进入查看。

(二)充分利用配套题库系统

本书配套题库系统功能全面,包含了考点速记、章节练习、真题试卷、错题训练等功能,并支持在手机、电脑、平板上操作运用。使用题库系统的好处主要是可以跟踪和记录做题数据,方便后期我们查看错题、收藏题和练习进度。

所有的成功都离不开有条理的计划和持之以恒的努力,祝愿每一个考生都能在求学的道路上一往直前!

第一章 股权投资基金概述

● 本章应试分析

本章介绍了股权投资基金相关内容,包括股权投资基金的概念、特点、运作模式和作用等。本章在考试中所占分值约为4分。本章内容较为简单,是对股权投资基金相关内容的基础性介绍。其中,股权投资基金的发展历史及其在经济发展中的作用属于了解性的知识,考生不必花费太多精力,需要多加关注的是第一节和第三节的内容。

● 思维导图

```
                  ┌─ 股权投资基金的概念与特点 ──┬─ 股权投资基金的概念(理解)
                  │                            └─ 股权投资基金的特点(理解)
                  │
                  │                            ┌─ 国外股权投资基金的发展历史(了解)
股权投资基金概述 ─┤─ 股权投资基金的发展历史 ──┼─ 我国股权投资基金的发展历史(了解)
                  │                            └─ 我国股权投资基金发展的现状(了解)
                  │
                  │                            ┌─ 股权投资基金的基本运作流程(掌握)
                  │─ 股权投资基金的基本运作模式 ┴─ 股权投资基金运作中的关键要素(理解)
                  │
                  │                            ┌─ 股权投资基金在经济发展中的作用(理解)
                  └─ 股权投资基金在经济发展中的作用 ┴─ 我国股权投资基金行业的发展趋势(了解)
```

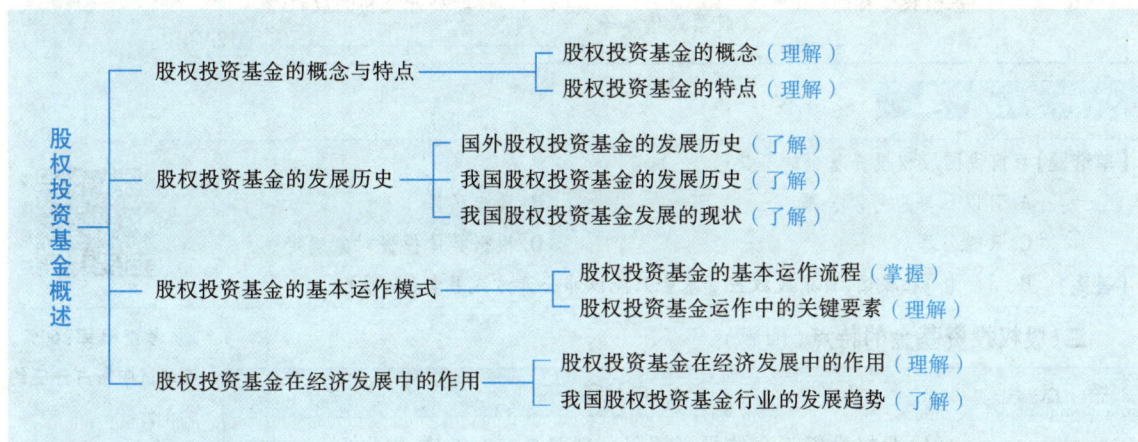

● 名师同步精讲

视频讲解 微信扫描

随书赠送智能题库获取方式见书背面

第一节 股权投资基金的概念与特点

一、股权投资基金的概念(理解)

项　目	内　容
股权投资基金概述	(1)股权投资基金既可以以非公开方式募集(私募),也可以以公开方式募集(公募)。在我国,目前股权投资基金只能以非公开方式募集(私募)。 (2)国内所称"股权投资基金",其全称应为"私人股权投资基金",是指主要投资于"私人股权",即企业非公开发行和交易的股权的投资基金。通常我们所说的"私募股权投资基金"的准确含义应为"私募类私人股权投资基金"。

名师指导

👍 考查概率:100%,在考试中所占分值为1~2分。
命题角度:①私人股权的含义和内容;②股权投资基金与证券投资基金的区别。

💡 注意:我国目前只能以非公开方式募集股权投资基金。

续　表

项　目	内　容
股权投资基金概述	（3）私人股权包括未上市企业和上市企业非公开发行和交易的普通股、可转换为普通股的优先股和可转换债券。 **记忆关键词：**非公开、私人

股权投资基金与证券投资基金的区别				
	证券投资基金		股权投资基金	
公/私募	公募	私募	公募	私募
基金募集方式	公开募集	非公开募集	公开募集	非公开募集
基金投资标的	公开交易的证券（股票或债券等）		非公开交易的股权	

● 母 题 精 选

【单选题】目前我国股权投资基金的募集（　　）。

    A. 可以私募也可以公募　　　　　　　B. 只能私募

    C. 只能公募　　　　　　　　　　　　D. 根据具体投资对象确定

【答案】　B　【解析】在我国，目前股权投资基金只能以非公开方式募集（私募）。

二、股权投资基金的特点（理解）

特　点	内　容
投资期限长，流动性较差	（1）股权投资基金的投资期限一般是3～7年，被称为"有耐心的资本"。 （2）股权投资基金的基金份额流动性较差，在基金清算前，基金份额的转让或投资者的退出都有一定难度。
投资后管理投入资源较多	股权投资基金管理人在投资后管理阶段投入大量资源，主要包括以下两个方面。 （1）为被投资企业提供商业资源和管理支持，帮助被投资企业发展。 （2）通过参加被投资企业股东会、董事会等，有效监控被投资企业，以应对被投资企业的信息不对称和企业管理层的道德风险。
专业性较强	（1）基金管理人需要具备很高的专业水准，具有智力密集型特征。 （2）市场上的股权投资基金通常委托专业机构进行管理。 （3）在基金管理机构内部，需要针对投资管理团队成员建立有效和充分的激励约束机制。
收益波动性较高（高风险，高收益）	（1）高风险主要体现为投资项目的收益呈现出较大的不确定性。 （2）高期望收益主要体现为在正常的市场环境中，股权投资基金作为一个整体，其能为投资者实现的投资回报率总体上处于较高水平。

考查概率：60%，在考试中所占分值约为1分。

命题角度：股权投资基金的四个特点。

人力资本对股权投资基金的成功运作发挥着决定性作用。

创业投资基金通常投资于处于早期与中期的成长性企业；并购基金通常投资于陷入困境、价值被低估的重建期企业。投资项目的收益均有较大的不确定性。

第二节 股权投资基金的发展历史

一、国外股权投资基金的发展历史（了解）

时 间	内 容
1946 年	全球第一家以公司形式运作的创业投资基金——美国研究与发展公司（ARD）成立，从此股权投资开始基金化运作。
1953 年	美国小企业管理局（SBA）成立，专门负责促进小企业的发展。
1958 年	（1）美国《小企业投资法》颁布，是股权投资基金发展的里程碑。 （2）美国小企业管理局设立"小企业投资公司计划"（SBIC）。
1973 年	美国创业投资协会（NVCA）成立，这标志着创业投资在美国发展成为专门行业。
20 世纪 50 年代至 70 年代	创业投资基金主要投资于中小成长型企业，此时的创业投资基金即为狭义的创业投资基金。
20 世纪 70 年代以后	（1）创业投资基金的领域：拓展到对大型成熟企业的并购投资。 （2）创业投资基金的概念：从狭义发展到广义。
1976 年	KKR 集团成立，专门从事并购投资的并购投资基金开始出现，这是经典的狭义上的私人股权投资基金。
20 世纪 80 年代	美国第四次并购浪潮催生了黑石集团（1985 年）、凯雷投资（1987 年）和德太投资（1992 年）等著名并购基金管理机构，推动了并购投资基金的发展。
2007 年	数家并购基金管理机构脱离美国创业投资协会，发起设立了美国私人股权投资协会（PEC）。

二、我国股权投资基金的发展历史（了解）

（一）探索与起步阶段（1985—2004 年）

主 线	历史事件
科技系统对创业投资基金的探索	（1）1985 年 3 月，《中共中央关于科学技术体制改革的决定》第一次明确指出：对于变化迅速、风险较大的高技术开发工作，可以设立创业投资给以支持。 （2）1992 年，《国家中长期科学技术发展纲领》明确要求开辟风险投资等多种资金渠道，支持科技发展。 （3）1995 年，《关于加速科学技术进步的决定》首次提出科教兴国战略。 （4）1999 年年末，《关于建立风险投资机制的若干意见》发布，这是我国首个有关创业投资发展的战略性、纲领性文件。

考查概率：10%，本考点较少考查。
命题角度：相关时间的历史事件。

本考点在考试中较少出现，考生了解不同时点发生的重要历史事件即可。

考查概率：10%，本考点较少考查。
命题角度：各阶段的重要事件。

续　表

主　线	历史事件
国家财经部门对产业投资基金的探索	（1）1993 年 8 月，我国第一只公司型创业投资基金——淄博乡镇企业投资基金成立并在上海证券交易所上市。 （2）1998 年，中国证监会积极研究推进开设创业板。 （3）1998 年，民建中央向当年全国政协会议提交了《关于加快发展我国风险投资事业的提案》，即"政协一号提案"。 （4）经过多年探索，中国股权投资市场开始进入起步发展阶段。

（二）快速发展阶段（2005—2012 年）

时　间	历史事件
2005 年	2005 年 11 月，《创业投资企业管理暂行办法》颁布。
2007 年	（1）国务院有关部门出台了针对公司型创业投资基金的所得税优惠政策。 （2）"股权投资基金"的概念在我国流行开来。 （3）2007 年 6 月，新修订的《中华人民共和国合伙企业法》开始实施，各级地方政府出台股权投资基金税收优惠政策，鼓励设立合伙型股权投资基金，促进了各类"股权投资基金"的发展。
2008 年	国务院有关部门出台了促进创业投资引导基金规范设立与运作的指导意见。
2009 年	推出了创业板。
2010 年	2010 年 3 月 1 日，《外国企业或者个人在中国境内设立合伙企业管理办法》正式实施，国外企业或个人可以在我国设立合伙企业。
2011 年	《关于进一步规范试点地区股权投资企业发展和备案管理工作的通知》和《关于促进股权投资企业规范发展的通知》发布，变自愿备案为强制备案，强化了对股权投资的监管。

（三）统一监管下的规范化发展阶段（2013 年至今）

时　间	主要事件
2013 年	2013 年 6 月，《关于私募股权基金管理职责分工的通知》发布，明确由中国证监会统一行使股权投资基金监管职责。
2014 年	（1）2014 年年初，中国证券投资基金业协会对包括股权投资基金管理人在内的私募基金管理人进行登记，对其所管理的基金进行备案。 （2）2014 年 8 月，中国证监会发布《私募投资基金监督管理暂行办法》，对私募基金实行统一监管。

三、我国股权投资基金发展的现状（了解）

项 目	内 容
我国股权投资基金发展的现状	(1)市场规模迅速增长,当前我国已经成为全球第二大股权投资市场。 (2)市场主体丰富,行业从政府和国有企业主导向市场化主体主导转变。 (3)股权投资基金行业推动我国直接融资和资本市场的发展,促进创新创业和经济结构转型升级,促进互联网等新兴产业的发展。

👆考查概率:20%,本考点较少考查。
命题角度:我国股权投资基金行业发展表现。

第三节　股权投资基金的基本运作模式

视频讲解 微信扫描

一、股权投资基金的基本运作流程（掌握）

运作流程	内 容
募集阶段	在股权投资基金的募集阶段,基金管理人向投资者募集资金并发起设立基金。 (1)募集主体:基金管理人。基金管理人可以自行向投资者募集基金,或者委托有资质的第三方募集机构代为募集基金。 (2)募集方式:公开募集与非公开募集。 (3)募集对象:只能向合格投资者募集。 (4)基金组织形式:公司型、有限合伙型或信托(契约)型。
投资阶段	在股权投资基金的投资阶段,基金管理机构将资金投向被投资企业。 这一阶段的主要活动:项目开发与初审、立项、签署投资备忘录、尽职调查、投资决策、签订投资协议、投资交割等。
投资后管理阶段	(1)跟踪、监控被投资企业的运作,实施投资风险管理。 (2)为被投资企业提供增值服务,帮助被投资企业成长和发展。
退出阶段	(1)退出方式:上市转让、挂牌转让、协议转让、清算等。 (2)收益分配:根据约定将退出所得分配给基金的投资者和管理人。

👆考查概率:80%,在考试中所占分值约为1分。
命题角度:股权投资基金运作的四个阶段。

💡本考点是概括性的讲解,后文会有各个运作流程的详细介绍,考生在此先做总体性地把握。

● 母 题 精 选

【单选题】下列关于股权投资基金募集阶段的说法,错误的是(　　)。

A.募集方式有公开募集和非公开募集

B.基金管理人可以选择自行向投资者募集基金,也可以选择委托有资质的第三方募集机构代为募集基金

C.我国目前仅允许公开募集股权投资基金

D.募集对象只能是合格投资者

【答案】C　【解析】我国目前仅允许非公开募集股权投资基金。

【单选题】股权投资基金在运作过程中会进行项目开发与筛选、初步尽职调查、项目立项、签署投资框架协议、尽职调查、投资决策、签署投资协议、投资交割等活动,上述活动属于(   )阶段。

　　A. 投资　　　　　　　　　　　　B. 募集与设立

　　C. 投资后管理　　　　　　　　　D. 项目退出

【答案】　A　【解析】股权投资基金投资流程围绕投资决策展开,通常包括项目开发与筛选、初步尽职调查、项目立项、签署投资框架协议、尽职调查、投资决策、签署投资协议、投资交割等主要环节。

二、股权投资基金运作中的关键要素(理解)

考查概率:80%,在考试中所占分值约为1分。

命题角度:股权投资基金运作的七个关键要素。

承诺出资制是指投资者承诺向基金出资的总规模,并按合同约定的期限或条件分数次完成其出资行为。

要　素	内　容
基金规模	基金规模是指基金计划及实际募集的投资资本额度。 (1)计划募资规模是指基金合同中约定的基金总体计划募资规模。 (2)实际募资规模是指截至某一时点基金实际募集的资本规模。
出资方式	(1)一般情况下,股权投资基金只能以货币资金出资,不可以使用实物资产、无形资产等非货币资金出资。 (2)根据基金合同的约定,投资者可以一次或分数次完成其在股权投资基金中的出资义务。在实务运作中,承诺出资制较为常见。
管理方式	股权投资基金的两种管理方式: (1)自我管理。基金自身建立投资管理团队负责其投资决策。自我管理方式在公司型股权投资基金中较为常见。在有限合伙框架下,通过合伙协议约定由某个自然人或若干自然人以执行事务合伙人名义管理合伙事务,而不是委托专业管理机构管理,属于自我管理方式。 (2)受托管理。基金委托第三方管理机构进行投资管理。目前,受托管理正逐渐成为主流的基金管理方式。
投资范围	(1)概念:基金的投资范围是基金投资对象选择所指向的集合。 (2)影响因素:目标投资对象的行业、地域、发展阶段等。
基金的投资策略	(1)概念:基金的投资策略是指基金在选择具体投资对象时,使用的一系列规则、行为和程序的总和。 (2)影响因素:基金的投资目标、投资者风险偏好、期望收益率等。
基金的投资限制	(1) 概念:基金的投资限制是指基金管理人禁止从事的,或者需要依一定程序得到投资者许可后才能从事的投资决策行为。 (2) 目的:保护投资者合法利益。
基金的收益分配	(1) 股权投资基金的市场参与主体:投资者、管理人和第三方服务机构。收益分配主要在投资者与管理人之间进行。 (2)股权投资基金的收入来源:所投资企业分配的红利和实现项目退出后的股权转让所得。基金利润为基金的收入扣除基金承担的各项费用和税收之后,超出投资者出资本金的部分。

续　表

要　素	内　容
基金的 收益分配	(3)基金管理人因其管理可以获得相当于基金利润一定比例的业绩报酬。根据股权投资基金与基金管理人的约定,有时基金管理人获得业绩报酬的前提是先让基金投资者实现某一门槛收益率。 **记忆关键词:**货币出资;承诺出资制;自我管理、受托管理;红利、股权转让所得

● 母 题 精 选

【单选题】下列关于股权投资基金运作中的关键要素的内容,说法错误的是(　　)。
　　A.股权投资基金通常要求全部用货币资金出资,一般不接受实物资产、无形资产等非货币资金出资
　　B.股权投资基金的管理方式主要分为自我管理和受托管理
　　C.基金投资范围通常依据目标投资对象的行业、地域、发展阶段等属性来确定
　　D.股权投资基金的市场参与主体主要包括投资者、管理人和监管机构
【答案】 D 【解析】股权投资基金的市场参与主体主要包括投资者、管理人和第三方服务机构。就收益分配而言,则主要在投资者与管理人之间进行。

【单选题】股权投资基金的收入来源包括(　　)。
Ⅰ.所投资企业分配的红利　　　　　　Ⅱ.项目退出后的股权转让所得
Ⅲ.管理费　　　　　　　　　　　　　Ⅳ.业绩报酬
　　A.Ⅲ、Ⅳ　　　　B.Ⅰ、Ⅱ、Ⅲ、Ⅳ　　　　C.Ⅱ、Ⅲ、Ⅳ　　　　D.Ⅰ、Ⅱ
【答案】 D 【解析】股权投资基金的收入主要来源于所投资企业分配的红利以及实现项目退出后的股权转让所得。

第四节　股权投资基金在经济发展中的作用

一、股权投资基金在经济发展中的作用(理解)
(一)创业投资基金对解决中小微企业融资问题的贡献

作　用	内　容
创业企业概述	(1)创业企业的生命周期:种子期、起步期、扩张期和相对成熟期。 (2)创业企业的规模:微型企业、小型企业、中型企业和大型企业。
中小微创业企业概述	(1)处于早中期发展阶段的中小微创业企业,融资难度相对较大。 (2)融资需求特征:①信息不对称严重;②创业成功的不确定性较高;③科技型中小微创业企业的资产结构中无形资产占比较高;④融资需求呈现阶段性特征。 (3)问题:中小微创业企业的四个融资需求特征,导致它们难以从传统的融资渠道(包括商业银行和资本市场)获得足够的融资支持。

考查概率:75%,在考试中所占分值约为1分。

命题角度:①创业投资基金对解决中小微企业融资问题的贡献;②创业投资基金对科技创新的贡献;③并购基金对产业转型和升级的贡献。

续 表

作 用	内 容
创业投资基金的贡献	创业投资基金通过参股方式投资于具有较大增长潜力的被投资企业,帮助被投资企业发展壮大,从而获取利益。创业投资基金的资本运作方式,有利于解决中小微企业特别是科技型中小微企业的融资难题,促进科技创新。

（二）创业投资基金对科技创新的贡献

项 目	内 容
创业投资基金对科技创新的贡献	(1)创新的形式包括组织创新、管理创新、市场创新、科技创新等。 　　(2)科技创新因其较好的市场进入壁垒和政策保护制度安排,使得科技创新企业成为创业投资基金特别偏好的投资对象。 　　(3)科技行业具有区域集聚性,而创业投资基金也具有投资的行业偏好,这使得创业投资基金在支持单个科技企业发展的同时,也促进了某些科技行业的发展。 　　(4)经过一些研究,我们可以发现,创业投资基金所支持的科技企业产品,从研发到上市销售所花的时间,明显短于一般企业的平均水平。如果用单位资本投资产出的专利数量来衡量,创业投资基金对科技创新的贡献力度大约是其他社会资本的 3 倍。

（三）并购基金对产业转型和升级的贡献

项 目	内 容
寻找价值被低估的企业	并购基金一般从经济周期、运营、拆分与合并这三个方面寻找价值被低估的企业,具体内容如下: 　　(1)经济周期。在宏观经济或某些行业不景气的时期,原本质量较好的企业可能因为财务状况恶化导致经营困难,价值被低估,从而为收购方提供了购买机会。 　　(2)运营。并购基金的并购对象偏向于拥有先进技术或商业模式,但运营质量较差的企业。完成收购后,通过提升其运营效率获得价值增值,实现产业转型升级的目标。 　　(3)拆分与合并。并购基金有时会选择收购大企业进行拆分,或者收购多家企业进行合并,以期从中获得收益。
并购基金对投资对象的整合方法	(1)管理的提升。一方面并购基金会重整被投资企业的管理团队,提升团队的执行力;另一方面收购方会向被投资企业注入其他的商业资源,提升其在产业链中的价值。 　　(2)产业与技术的整合。并购基金会整合被投资企业和收购方的优势资源,帮助收购方企业完成转型升级。

并购基金侧重于通过投资于价值被低估的企业,获取被投资企业的控制权,通过重整被投资企业来提升被投资企业的价值,最终实现投资收益。

提升运营效率的方法:提升管理团队、更好地利用财务杠杆。

二、我国股权投资基金行业的发展趋势(了解)

考查概率:10%,本考点较少考查。
命题角度:我国股权投资基金行业的发展趋势。

项 目	内 容
我国股权投资基金行业的发展趋势	(1)股权投资基金对解决中小企业融资难、促进创新创业、支持企业重组重建、推动产业转型升级具有重要作用。现如今,我国经济发展进入新常态,实体经济增长缓慢,金融行业需要创新发展,为实体经济发展注入新的活力。 (2)在发展趋势上,我国经济的增长将由过去的要素驱动向创新驱动转变,同时,金融市场也将逐步由间接融资为主转向以直接融资为主。我国股权投资基金行业专业化、市场化程度不断提高,伴随政府监管和行业自律不断完善,我国股权投资基金行业势必登上新的台阶,向健康化、规范化持续发展。

章节练习

用手机微信扫描"章节练习"旁边的二维码或用电脑浏览器打开网址 https://www.ceweilai.cn/即可进入智能题库进行章节练习。

第二章　股权投资基金参与主体

• **本章应试分析**

　　本章主要介绍股权投资基金的参与主体:股权投资基金当事人、股权投资基金市场服务机构、股权投资基金监管机构和自律组织。本章在考试中所占分值约为 5 分。考生在学习时要重点掌握基金投资者、基金管理人和基金托管人的相关内容。本章有些知识点的内容比较多,建议考生结合学习要求有侧重点的进行学习。

• **思 维 导 图**

```
                                          ┌ 基金投资者 (掌握)
                        股权投资基金当事人 ─┤ 基金管理人 (掌握)
                                          └ 基金托管人 (掌握)

                                          ┌ 基金财产保管机构 (理解)
  股权投资                                 ├ 基金销售机构 (理解)
  基金参与 ─── 股权投资基金市场服务机构 ───┤ 基金份额登记机构 (理解)
  主体                                     ├ 律师事务所 (理解)
                                          └ 会计师事务所 (理解)

                    股权投资基金监管机构    ┌ 监管机构 (理解)
                    和自律组织          ───┤ 自律组织 (理解)
                                          └
```

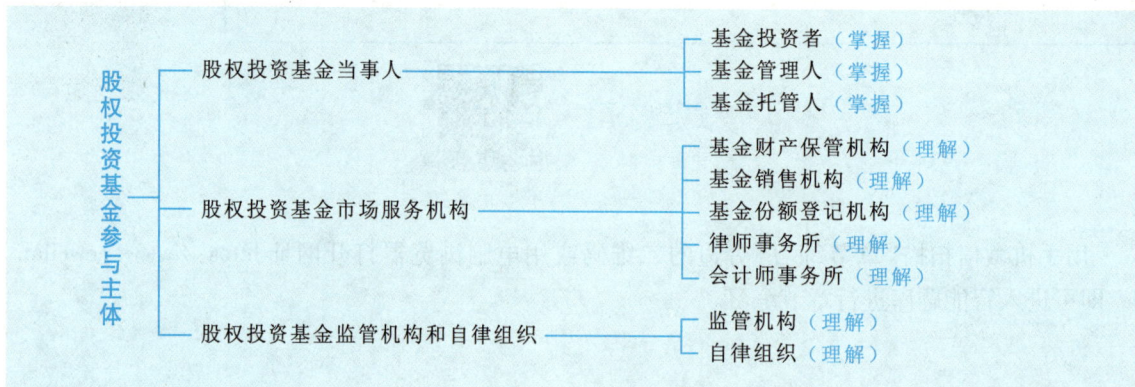

• **名 师 同 步 精 讲**

第一节　股权投资基金当事人

视频讲解 微信扫描

随书赠送智能题库获取方式见书背面

⊙ **名师指导**

一、基金投资者 (掌握)

项　目	内　容
基金投资者的概念	股权投资基金投资者,即"基金份额持有人",是股权投资基金的出资人、基金财产的所有者,按其所持有的基金份额享受收益和承担风险。
基金投资者的权利	(1)分享基金财产收益。 (2)参与分配清算后的剩余基金财产。 (3)依法转让或者申请赎回其持有的基金份额。 (4)按照规定要求召开基金投资者会议。 (5)对基金投资者会议审议事项行使表决权。 (6)查阅或者复制公开披露的基金信息资料。 (7)对基金管理人和基金市场服务机构损害其合法权益的行为依法提出诉讼。 (8)基金合同约定的其他权利。

👍 考查概率:80%,在考试中所占分值约为 1 分。

命题角度:①基金投资者的概念;②基金投资者的权利。

续表

项　目	内　容
基金投资者的资格	我国目前只能以非公开方式募集股权投资基金。对于非公开募集的股权投资基金,投资者应当为具备相应风险识别能力和风险承担能力的合格投资者。
基金投资者的类型	主要包括金融机构、社会保障基金、企业年金、社会公益基金、母基金、主权财富基金、政府引导基金、工商企业、个人投资者等。 **记忆关键词:**出资人、所有者;合格投资者

● 母 题 精 选

【单选题】股权投资基金投资者的权利包括(　　)。

Ⅰ.分享基金财产收益　　　　　　Ⅱ.参与分配清算后的剩余基金财产
Ⅲ.对基金投资者会议审议事项行使表决权　　Ⅳ.查阅或者复制公开披露的基金信息资料

A.Ⅰ、Ⅱ、Ⅲ、Ⅳ　　　　B.Ⅰ、Ⅱ、Ⅲ　　　　C.Ⅱ、Ⅲ、Ⅳ　　　　D.Ⅰ、Ⅱ、Ⅳ

【答案】A　【解析】股权投资基金投资者的权利包括:①分享基金财产收益;②参与分配清算后的剩余基金财产;③依法转让或者申请赎回其持有的基金份额;④按照规定要求召开基金投资者会议;⑤对基金投资者会议审议事项行使表决权;⑥查阅或者复制公开披露的基金信息资料;⑦对基金管理人和基金市场服务机构损害其合法权益的行为依法提起诉讼;⑧基金合同约定的其他权利。

二、基金管理人(掌握)

项　目	内　容
基金管理人职责	股权投资基金管理人是基金产品的募集者和管理者。基金管理人按照基金合同的约定,负责基金资产的投资运作,控制基金投资风险,为基金投资者争取最大的投资收益。基金管理人的具体职责包括以下方面。 (1)拟订和实施投资方案,并对被投资企业进行投资后管理。 (2)积极参与制定被投资企业发展战略,为被投资企业提供增值服务。 (3)定期或者不定期向基金投资者披露基金经营运作等方面的信息。 (4)定期编制基金财务报告并向基金投资者呈报。 **记忆关键词:**募集者、管理者、运作者
基金管理人义务	基金管理人受托管理基金财产,应勤勉、忠实并审慎尽职地履行受托责任,依据合同约定,基金管理人有权获取相应收入。
基金管理人准入限制	(1)公开募集基金的基金管理人:严格的准入限制。 (2)非公开募集基金的基金管理人:宽松的准入限制。

考查概率:80%,在考试中所占分值约为1分。
命题角度:①基金管理人职责及义务;②基金管理人的准入限制。

我国目前股权投资基金只能非公开募集,基金管理人无须中国证监会行政审批,而实行登记制度,只需向中国证券投资基金业协会登记即可。

● 母 题 精 选

【单选题】下列关于基金管理人的说法,错误的是(　　)。

A.基金管理人定期或者不定期向基金投资者披露基金经营运作等方面的信息

B.基金管理人有权根据约定收取相应收入

C. 股权投资基金管理人由中国证监会进行行政审批

D. 非公开募集基金的基金管理人的准入限制较宽松

【答案】 C 【解析】我国目前股权投资基金只能非公开募集,基金管理人无须中国证监会行政审批,而实行登记制度,只需向中国证券投资基金业协会登记即可。

三、基金托管人(掌握)

考查概率:80%,在考试中所占分值约为1分。
命题角度:基金托管人的职责、作用。
考试中常考查基金托管人的职责,考查形式一般是:判断选项中关于基金托管人(职责)的说法错误的是哪个选项。考试中可能不会直接考查职责的具体内容,因此需要考生在理解的基础上记忆。

项 目	内 容
基金托管人职责	基金托管人一方面对基金资产进行保管,另一方面对基金管理人进行监督。基金托管人应当履行下列职责: 　　(1)安全保管基金财产。 　　(2)按照规定开设基金资金账户。 　　(3)对同一基金管理人所托管的不同基金的资金分别设置账户,确保各基金资金账户的独立。 　　(4)将托管资金与基金托管机构自有财产严格分开。 　　(5)保存基金托管业务活动的记录、账册、报表和其他相关资料。 　　(6)按照相关法律的规定和托管协议的约定,根据基金管理人的指令,及时办理清算、交割事宜。 　　(7)按照相关法律的规定监督基金管理人的资金运作。 　　(8)定期向基金管理人出具资产托管报告。
基金托管人的作用	(1)基金托管人独立于基金管理人,由其保管基金财产,可以防止基金财产挪作他用,从而保障基金资产安全。 　　(2)基金托管人监督基金管理人的投资运作,促使基金管理人按照相关规定和要求运作基金财产,从而维护基金投资者的合法权益。 　　(3)基金托管人对基金财产进行会计复核和净值计算,保障基金份额净值和会计核算的真实性、准确性。

• 母题精选

【单选题】关于股权投资基金托管人的表述中,错误的是(　　)。

A. 基金托管人应确保基金财产的完整与独立

B. 基金托管人应为基金份额持有人利益履行基金托管职责

C. 基金托管人应确保基金财产本金安全返还给基金份额持有人

D. 基金托管人不得从事损害基金财产和基金份额持有人利益的证券交易及其他活动

【答案】 C 【解析】基金托管人无须确保基金财产本金安全返还给基金份额持有人,故选项C表述错误。

第二节　股权投资基金市场服务机构

一、基金财产保管机构（理解）

项　目	内　容
基金财产托管要求	（1）公募基金的托管：采取强制托管,基金托管人是基金当事人之一 （2）私募基金的托管：由基金投资者和基金管理人约定是否进行托管。若双方约定不托管,基于基金财产安全考虑,基金管理人通常会聘请基金资产保管机构。
基金资产保管与基金托管的区别	（1）基金资产保管：基金资产保管机构对基金资产承担保管责任。 （2）基金托管：基金管理人和基金托管人对投资者同时承担双重受托责任。

考查概率:60%,本考点内容较少,考生应全部理解并掌握。

二、基金销售机构（理解）

项　目	内　容
基金募集方式	（1）自行募集：基金管理人直接募集其管理的基金。 （2）委托募集：基金管理人委托第三方机构代为募集基金。
基金销售机构的概念	基金销售机构即受托募集的第三方机构,为基金管理人提供推介基金、发售基金份额、办理基金份额认缴、退出等募集服务。
基金销售机构的职责	基金销售机构在提供募集服务的过程中,承担以下职责: （1）及时完整地向潜在的基金投资者提供基金管理人的基金募集材料。 （2）向投资人充分揭示投资风险,并根据投资人的风险承担能力销售不同风险等级的基金产品。 （3）不得隐瞒任何重要信息。 （4）不得对基金募集材料中的信息作出误导性陈述。
常见的基金销售机构	商业银行、证券公司、期货公司、保险机构、证券投资咨询机构、独立基金销售机构等。

考查概率:60%,在考试中所占分值约为1分。

命题角度:①基金销售机构的概念;②基金销售机构的职责;③常见的基金销售机构。

本考点的内容考查形式比较直接,考生记住关键的知识点即可。

母题精选

【单选题】不属于可申请基金销售业务资格的主体是(　　)。

　　A. 商业银行　　　　　　　　　　B. 证券公司

　　C. 证券投资咨询机构　　　　　　D. 财务公司

【答案】D　【解析】常见的股权投资基金销售机构主要包括商业银行、证券公司、期货公司、保险机构、证券投资咨询机构、独立基金销售机构等。

三、基金份额登记机构(理解)

项　目	内　容
基金份额登记办理方式	(1)基金管理人自行办理。 (2)基金管理人委托基金份额登记机构代为办理基金份额登记业务。股权投资基金份额登记机构提供基金份额的登记、过户、保管和结算等服务。
基金份额登记机构的职责	基金份额登记机构的主要职责包括: (1)建立并管理投资人的基金账户。 (2)负责基金份额的登记及资金结算。 (3)基金交易确认。 (4)代理发放红利。 (5)建立并保管基金份额持有人名册。 (6)法律法规或份额登记服务协议规定的其他职责。

四、律师事务所(理解)

(一)概述

项　目	内　容
律师事务所的必要性	股权投资基金在运作中会涉及各种法律问题,基金管理人聘请律师事务所为其提供专业的法律服务。因基金投资的专业性,投资者也可聘请独立的法律顾问。
律师工作原则与服务	(1)应遵守的原则:诚实守信、勤勉尽责、审慎原则。 (2)提供的服务:在基金募集与设立、投资、投资后管理、项目退出及基金清算等各个阶段提供相应专业优质的法律服务。

(二)律师提供的服务内容

阶　段	律师应提供的服务
基金募集与设立阶段	(1)协助基金管理人设计基金的组织形式及内部结构。 (2)根据基金管理人与基金投资者的商务安排,起草相关的基金法律文件。 (3)在基金管理人委托的范围内,审核基金投资者的资质。 (4)协助完成基金管理人登记和基金备案工作,并根据需要出具相应的法律意见书。
基金投资及管理阶段	(1)就股权投资基金的投资领域、投资方向的限制向基金管理人提供咨询服务。 (2)在初步确定拟投资企业后,律师应按照基金管理人的委托,勤勉审慎地对拟投资企业进行法律尽职调查,提交法律尽职调查报告或法律意见书,协助基金管理人分析投资涉及的法律问题和风险。 (3)协助基金管理人起草或审阅与基金投资有关的法律文件。

本考点属于常考点。考生应理解基金份额登记办理方式及基金份额登记机构的职责。

考查概率:70%,在考试中所占分值约为1分。
命题角度:律师在股权投资基金运作的不同阶段提供的服务内容。

续　表

阶　段	律师应提供的服务
基金投资及管理阶段	（4）在投资后的管理阶段,按照基金管理人的委托,根据投资法律文件的约定,保护基金在拟投资企业中的合法权益。
项目退出阶段	基金管理人的律师应按照基金管理人的委托,研究基金的退出结构及方式,并根据不同退出方式的法律规定,起草相关法律文件,参与谈判,协助基金管理人最大限度地获取合法投资收益。
清算阶段	（1）按照法律规定和基金合同的约定,协助确定清算主体。 （2）协助清算主体制订清算方案。 （3）协助实施清算方案,包括通知债权人、确认基金财产、分配基金财产。 （4）对清算人出具的清算报告进行合规性审核。

五、会计师事务所（理解）

👍 本考点考查相对较少,考生应理解会计师事务所的工作原则。

项　目	内　容
会计师事务所的必要性	会计师事务所在股权投资基金运作中提供审计、财务和税务尽职调查、财务会计咨询、税务咨询、内部控制咨询、估值等服务,基金管理人根据需要聘请会计师事务所,为其提供专业服务。
会计师事务所的工作原则	（1）会计师事务所及其执业人员应遵守独立、客观、公正的原则,根据相关法律法规、职业道德和行业惯例,按照基金管理人的委托,提供专业优质的服务。 （2）担任基金或基金管理人的审计机构的会计师事务所由基金管理人委任,负责审计基金或基金管理人的财务报表。 （3）投资者可以参与选择承办基金审计业务的审计机构。 （4）基金管理人应将基金的审计机构的委任情况及时告知投资者。 （5）审计机构开展审计工作,应严格遵守审计准则和职业道德规范。

● 母题精选

【单选题】下列关于会计师事务所的说法,错误的是(　　)。

A. 会计师事务所及其执业人员应遵守独立、客观、公正的原则

B. 担任基金或基金管理人的审计机构的会计师事务所由基金管理人委任

C. 投资者不可以参与选择承办基金审计业务的审计机构

D. 会计师事务所为股权投资基金提供审计、财务和税务尽职调查、财务会计咨询、税务咨询、内部控制咨询、估值等方面的服务

【答案】　C　【解析】投资者可以参与选择承办基金审计业务的审计机构。

第三节　股权投资基金监管机构和自律组织

一、监管机构（理解）

项　目	内　容
股权投资基金监管的概念	（1）广义含义：指有法定监管权的政府机构、行业自律组织、基金机构内部监督部门以及社会力量对股权投资基金市场、基金市场主体及其活动的监督管理。 （2）狭义含义：一般专指政府监管机构依法对股权投资基金市场、基金市场主体及其活动的监督管理。
股权投资基金监管的特征	（1）监管主体及其权限具有法定性。 （2）监管活动具有强制性。
股权投资基金监管的目标	（1）股权投资基金监管的首要目标是保护基金投资者合法权益。 （2）防范系统性金融风险。股权投资基金的负外部性高，容易引发系统性金融风险。
股权投资基金监管的基本原则	（1）依法监管原则。具体内容如下： ①监管机构的设置及其监管职权必须依法取得。 ②监管职权必须依据法律程序行使。 ③对违法行为的制裁，必须依据法律规定，秉公执法，公平公正。 （2）高效监管原则。监管机构要具有权威性，且对于违法行为规定明确的法律责任和制裁手段。 （3）适度监管原则。市场失灵要求政府干预，政府干预要掌握一个"度"，即政府监管应适度。应完善股权投资基金行业自律机制、健全基金机构内控机制和培育社会力量监督机制，充分发挥行业自律、基金机构内控和社会力量监督的积极作用，形成以政府监管为核心、行业自律为纽带、机构内控为基础、社会监督为补充的"四位一体"的监管格局。 （4）审慎监管原则。审慎监管原则是指股权投资基金监管机构在制定监管规范和实施监管行为时，注重基金机构的风险防控和偿付能力，确保基金运行稳健和基金财产安全，保护投资者的合法权益。 （5）分类监管原则。分类监管是指根据不同类别股权投资基金的不同风险特点，采取不同的监管要求和方式。 **记忆关键词：**依法、高效、适度、审慎、分类
股权投资基金监管机构	股权投资基金监管机构依法监督管理基金管理人和市场服务机构开展股权投资基金业务，查处违法违规行为。中国证监会及其派出机构是我国股权投资基金的监管机构。

考查概率：80%，在考试中所占分值约为1分。

命题角度：股权投资基金监管特征、目标、基本原则和监管机构。

本书采用狭义的股权投资基金监管概念，专指政府监管。政府监管权威性和有效性最强。

根据投资对象进行分类，股权投资基金可以分为创业投资基金和并购基金。对并购基金的监管要求高于创业投资基金，原因是并购基金常涉及杠杆操作，会引发风险外溢。

● 母题精选

【单选题】股权投资基金"四位一体"的监管格局是指(　　)。

Ⅰ．以政府监管为核心　　　　　　Ⅱ．以行业自律为纽带

Ⅲ．以机构内控为基础　　　　　　Ⅳ．以社会监督为补充

　　A．Ⅰ、Ⅱ、Ⅲ、Ⅳ　　　B．Ⅱ、Ⅲ、Ⅳ　　　C．Ⅰ、Ⅱ、Ⅲ　　　D．Ⅰ、Ⅲ、Ⅳ

【答案】　A　【解析】Ⅰ~Ⅳ项表述均正确。

二、自律组织(理解)

项　目	内　容
股权投资基金行业自律的概念	股权投资基金行业自律,是指行业自律组织对股权投资基金市场、基金市场主体及其活动的监督和约束。一般情况下,股权投资基金行业自律组织采取行业协会形式,由基金管理人和其他基金服务机构组成。
股权投资基金行业自律与政府监管的关系	(1)政府监管与行业自律的联系: ①目的一致,都是为了贯彻执行国家有关股权投资基金的相关法律法规、规章和政策,维护投资者的合法权益。 ②行业自律是对政府监管的有力补充。 ③行业自律组织连接着政府监管机构和市场主体,起桥梁和纽带作用。 (2)政府监管与行业自律的区别体现为以下方面。 表格如下

区别	政府监管	行业自律
性质不同	带有行政管理的性质	行业的自我约束
依据不同	依据国家有关法律法规、规章和政策	依据国家有关法律法规、规章和政策,行业自律组织制定的章程、业务规则、细则
对违法违规者的处罚不同	责令改正、监管谈话、出具警示函、公开谴责	公开谴责、暂停会员资格、取消会员资格等

项　目	内　容
股权投资基金行业自律组织的重要性及作用	(1)股权投资基金行业自律的重要性取决于政府有限监管和行业整体利益。 (2)股权投资基金行业自律组织的作用包括以下方面。 ①提供行业服务,加强行业交流与创新,提升行业职业素质,提高行业竞争力。 ②发挥行业与政府间的桥梁作用,维护行业合法权益,提升行业声誉。 ③对行业实行自律管理,促进行业合规经营,维护行业经营秩序。 ④促进会员履行受托义务和社会责任,推动行业持续发展。
股权投资基金的自律组织	行业协会是股权投资基金的自律组织,由基金管理人和市场服务机构共同成立。自律组织对股权投资基金业开展行业自律,协调行业关系,提供行业服务,促进行业发展。

考查概率:60%,在考试中所占分值约为1分。

命题角度:①股权投资基金行业自律与政府监管的关系;②股权投资基金的自律组织。

💡本考点的内容考查比较直接,考生理解相应的知识点即可准确答题。

💡注意:中国证券投资基金业协会是我国股权投资基金行业的自律组织。

母 题 精 选

【单选题】在我国,依法对股权投资基金业开展行业自律管理,协调行业关系,提供行业服务,促进行业发展的组织是(   )。

A.中国证券业监督管理委员会　　　　B.中国证券投资基金业协会

C.中国证券业协会　　　　　　　　　D.中国股权投资基金协会

【答案】　B　【解析】基金管理人和市场服务机构共同成立的行业协会是股权投资基金的自律组织。自律组织对股权投资基金业开展行业自律,协调行业关系,提供行业服务,促进行业发展。中国证券投资基金业协会是我国股权投资基金行业的自律组织。

【单选题】下列机构中,属于我国股权投资基金的行业自律组织的是(   )。

A.国家发展改革委　　　　　　　　　B.中国证监会

C.中国证券投资基金业协会　　　　　D.中国证券业协会

【答案】　C　【解析】中国证券投资基金业协会是我国股权投资基金行业的自律组织。

【单选题】股权投资基金的参与主体主要包括(   )。

Ⅰ.基金投资者　　　Ⅱ.基金管理人　　　Ⅲ.基金服务机构

Ⅳ.监管机构　　　　Ⅴ.行业自律组织

A.Ⅰ、Ⅱ、Ⅲ、Ⅳ、Ⅴ　　B.Ⅰ、Ⅱ、Ⅲ　　　C.Ⅰ、Ⅱ、Ⅳ、Ⅴ　　　D.Ⅰ、Ⅱ

【答案】　A　【解析】股权投资基金的参与主体包括股权投资基金当事人(基金投资者、基金管理人、基金托管人)、股权投资基金市场服务机构及股权投资基金监管机构和自律组织。故选A。

章节练习

用手机微信扫描"章节练习"旁边的二维码或用电脑浏览器打开网址 https://www.ceweilai.cn/即可进入智能题库进行章节练习。

第三章　股权投资基金分类

本章应试分析

根据分类标准的不同,股权投资基金可以分为不同类别。本章介绍了几种常见的股权投资基金,按投资领域不同,分为创业投资基金和并购基金;按组织形式不同,分为公司型基金、合伙型基金和信托(契约)型基金;按资金性质不同,分为人民币基金和外币基金;此外,还包括股权投资母基金。本章介绍了这些基金的概念、特点和运作方式等,内容不多,注意理解并能灵活运用。本章在考试中所占分值约为6分。

关于股权投资母基金(特别是政府引导基金)的相关内容在考试中经常出现,考生应多加关注。

思维导图

```
                  ┌── 创业投资基金与并购基金 ───┬── 创业投资基金（理解）
                  │                              └── 并购基金（掌握）
                  │
                  │                              ┌── 公司型基金（理解）
  股               ├── 公司型基金、合伙型基金与   ├── 合伙型基金（理解）
  权               │   信托（契约）型基金         ├── 信托（契约）型基金（理解）
  投               │                              └── 不同基金组织形式的区别（理解）
  资               │
  基               ├── 人民币基金与外币基金 ──────┬── 人民币基金（了解）
  金               │                              └── 外币基金（了解）
  分               │
  类               │                              ┌── 股权投资母基金的概念和业务（理解）
                  └── 股权投资母基金 ────────────┼── 股权投资母基金的作用和特点（了解）
                                                 └── 政府引导基金（理解）
```

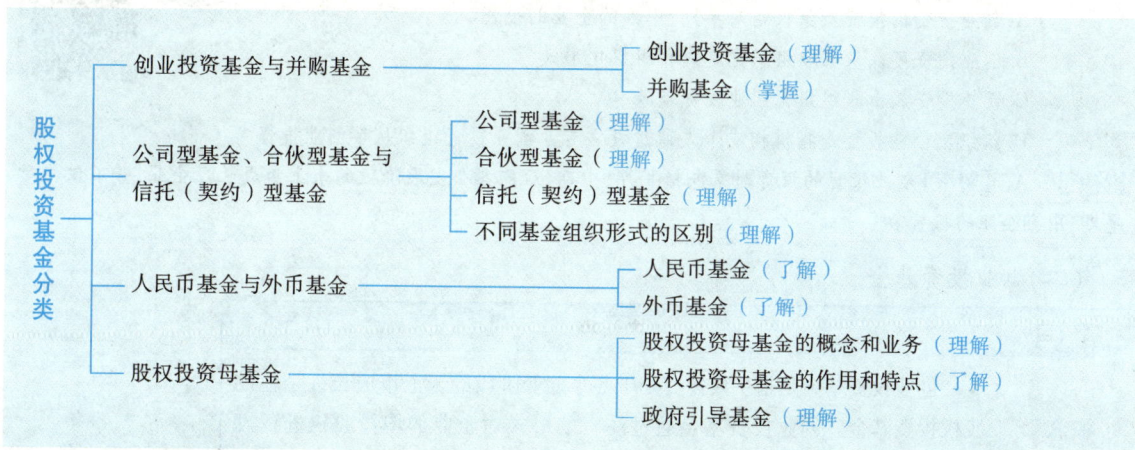

名师同步精讲

第一节　创业投资基金与并购基金

视频讲解微信扫描

随书赠送智能题库获取方式见书背面

一、创业投资基金（理解）

（一）创业投资

项　目	内　容
概念	（1）创业投资是指向处于各个创业阶段的未上市成长性企业进行的股权投资。 （2）具体来说,创业投资是指向处于创建或重建过程中的未上市成长性创业企业进行股权投资,以期所投资创业企业发育成熟或相对成熟后,通过股权转让获取资本增值收益的投资方式。
投资对象	包括早期、中期、后期各个发展阶段的未上市成长性企业。

名师指导

👍 考查概率:60%,在考试中所占分值约为1分。

命题角度:①创业投资的概念和组织形式;②创业投资基金的概念和运作特点。

💡 注意:创业投资的对象也包括后期企业的投资。

续 表

项 目	内 容
组织形式	(1)非组织化形式。非组织化创业投资,是指非专业机构和个人分散从事创业投资。天使投资属于非组织化创业投资。天使投资是指除被投资企业职员及其家庭成员和直系亲属以外的个人以其自有资金直接开展的创业投资活动。 (2)组织化形式。组织化创业投资,是指机构或个人通过设立专业创业投资组织从事创业投资。 **记忆关键词:** 未上市成长性企业;早期、中期、后期

● 母 题 精 选

【单选题】下列关于创业投资的投资对象和投资形式的说法,错误的是(　　)。

　A.创业投资的投资对象仅指对早期、中期的企业的投资

　B.创业投资可以采取非组织化形式和组织化形式

　C.天使投资属于非组织化创业投资范畴

　D.组织化创业投资是指机构或个人通过设立专业创业投资组织从事创业投资

【答案】　A　【解析】创业投资的投资对象包括早期、中期、后期各个发展阶段的未上市成长性企业,并不仅指对早期、中期企业的投资。

(二)创业投资基金

项 目	内 容
概念	创业投资基金是指主要投资处于各个创业阶段的未上市成长性企业的股权投资基金。创业投资基金通过注资的形式对企业的增量股权进行投资,为企业发展提供所需的资金。
运作特点	(1)投资对象:未上市成长性创业企业。 (2)投资方式:参股性投资(主要),控股性投资(次要)。 (3)杠杆应用:使用基金自有资金进行投资,通常不借助杠杆。 (4)投资收益:主要来源于被投资企业的价值创造带来的股权增值。 **记忆关键词:** 各个创业阶段的未上市成长性企业;注资;自有资金投资

● 母 题 精 选

【单选题】创业投资基金是指投资于(　　)成长性企业的(　　)投资基金。

　A.上市;债权　　　　　　　　　　B.未上市;债权

　C.上市;股权　　　　　　　　　　D.未上市;股权

【答案】　D　【解析】创业投资基金是指主要投资处于各个创业阶段的未上市成长性企业的股权投资基金。

二、并购基金(掌握)

(一)并购基金概述

项　目	内　容
并购基金的概念	并购基金指主要对企业进行财务性并购投资的股权投资基金。 并购基金对企业的存量股权进行投资的形式是购买股权,并不为企业提供任何资金,只是一种所有权转移的投资方式,获得资金的是出让企业股权的老股东。
杠杆收购基金	战略投资者能够从收购中获得协同效应,因此,战略投资者往往支付比并购基金更高的收购价格。并购基金能够与战略投资者在收购中竞价的原因是并购基金在收购中通常采取更高的杠杆率。因此,并购基金主要是杠杆收购基金。
杠杆收购基金运作特点	(1)投资对象:成熟企业。 (2)投资方式:采取控股性投资。 (3)杠杆应用:采取杠杆收购形式。 (4)投资收益:主要源于被投资企业因管理增值带来的股权增值。

(二)杠杆收购基金的投资方式

项　目	内　容
杠杆收购的概念	杠杆收购,是指收购方用少量的自有资金结合大规模的外部资金来收购目标企业的活动。其中,收购方的自有资金和外部资金比例的影响因素包括:①目标公司的现金流;②外部资金的融资成本;③资本结构的风险。
杠杆收购资金的来源	(1)普通股,由收购方提供资金。 (2)夹层资本,一般采取优先股和次级债券的形式,有时附有转股权。 (3)高级债,即银行提供的并购贷款。

(三)杠杆收购的收购资金来源的具体内容

来　源	具体内容
股权资本	(1)资金提供方:杠杆收购基金。 (2)存在形式:采用普通股形式。 (3)当目标公司的规模较大时,可联合多家基金共同投资,即采取俱乐部交易的方式,选择一家基金作为牵头投资人,统筹整个杠杆收购交易,其他基金提供各自的关系和技能。 (4)杠杆收购基金也会联合目标公司管理层和老股东共同提供股权资本。其中杠杆收购基金提供大部分的股权资本,拥有目标公司的控股权,从而控制管理层执行杠杆收购策略。

考查概率:80%,在考试中所占分值约为1分。

命题角度:①并购基金的概念;②杠杆收购基金运作特点;③杠杆收购资金的来源;④杠杆收购基金的投资分析。

本考点内容较多,主要介绍了杠杆收购基金的相关内容,考查角度很多,考生要多加熟悉。

杠杆收购基金对目标企业进行投资的方式是杠杆收购。

续 表

来 源	内 容
夹层资本	（1）夹层资本的概念:夹层资本是处于资本结构的中间位置,收益和风险介于银行贷款和股权资本之间的资本形态。在杠杆收购融资中,夹层资本比股权资本优先级高、成本低,比银行贷款优先级低、成本高。 （2）存在形式:优先股和次级债券,有时这些证券会附带对普通股的认股权或转股权。 （3）夹层资本与借贷资本的本质区别: ①借贷资本:要求融资方提供资产抵押或由第三方担保。 ②夹层资本:无法要求融资方提供资产抵押或由第三方担保。
银行贷款	银行贷款主要由循环贷款和定期贷款组成。具体包括如下内容。 （1）循环贷款。循环贷款提供的资金用于满足目标企业日常营运资本需求。循环贷款一般是杠杆收购中成本最低的债务融资方式,享有最高级别的优先偿还权。 （2）定期贷款。 ①概念:指具有固定偿还期限的贷款,通常以被收购公司的资产做抵押,同时又需要分期偿还本金和利息。定期贷款拥有最高级别的优先偿还权。 ②级别分类:A 级、B 级乃至更多级别。 ◆A 级定期贷款有明确的分期偿还本金的要求,风险最小,融资成本最低。 ◆B 级定期贷款通常面向非银行机构,不用分期偿还本金,票面利率更高,在杠杆收购中规模比 A 级定期贷款大。

💡 夹层资本通常由夹层基金、保险公司以及公开市场提供。夹层资本弹性较大,融资条款可以根据需求进行定制,能够满足特定交易的个性化需求。

💡 银行贷款是杠杆收购中级别最高、成本最低、弹性最低的融资来源。

● 母 题 精 选

【单选题】夹层资本是杠杆收购的收购资金来源之一,下列关于夹层资本的说法,错误的是(　　)。

A. 夹层资本指处于资本结构的中间位置,收益和风险介于银行贷款和股权资本之间的资本形态

B. 在杠杆收购融资中,夹层资本比银行贷款优先级低、成本高

C. 在杠杆收购融资中,夹层资本比股权资本优先级高、成本低

D. 夹层资本通常采取普通股的形式

【答案】D 【解析】夹层资本通常采取优先股和次级债券的形式,有时会附带对普通股的认股权或转股权。

（四）杠杆收购基金的投资对象、投资分析及其作用

项 目	内 容
杠杆收购基金的投资对象	（1）投资对象应具备的基本条件包括以下方面。 ①具有优质的资产,提高收购方获得债务融资的可能性。 ②现金流充裕,能够增强收购方偿付债务的能力。 （2）投资对象具体特征:处于成熟行业;强劲、稳固的市场地位;稳定、可预测的现金流;抵押资产基础强大;资产负债率较低;资本性支出较低;有减少开支的潜力;资产可剥离。

续 表

项 目	内 容
杠杆收购基金的投资分析	(1)构建杠杆收购财务模型的目标包括以下几方面。 ①评估交易融资结构。在给定的现金流、信用条件、利率的基础上,确定杠杆收购过程对目标企业的资产负债表和信用的影响,分析融资结构是否合理。 ②测算投资回报。计算内部收益率,从而确定目标企业是否具有投资价值,杠杆收购基金能否获得合理的回报。 ③估值。通过适当的估值方法来估算目标企业的价值。估值结果比较依赖融资结构、财务预测和出售价格与时间等关键变量的假设,故估值分析需要对结果进行敏感性分析,从而得到一个区间的结果。 (2)构建杠杆收购财务模型的步骤。 ①收集、分析、处理与交易相关的基础信息和数据。 ②构建杠杆收购前的财务模型。包括构建历史和预测利润表;期初和预测资产负债表;通过投资活动构建现金流量表。 ③输入交易相关数据。这些数据包括假设的收购价格;含融资结构的融资来源;将二者关联于资产负债表调整项。 ④构建杠杆收购后的财务模型。包括对偿债时间表、预测利润表、预测资产负债表、预测现金流量表的构建。 ⑤杠杆收购分析。主要内容包括评估交易融资结构;测算投资回报;估值、生成交易汇总表。
杠杆收购基金的作用	(1)杠杆收购基金,也称杠杆收购的金融发起人,作为杠杆收购的牵头方,不仅为收购提供自有资金(普通股),还要统筹收购全局,在整个杠杆收购中处于核心地位。 (2)杠杆收购基金在杠杆收购中的职责体现为以下方面。 ①选择杠杆收购的目标(通常在投资银行的协助下)。 ②谈判收购价格(通常在投资银行的协助下)。 ③募集高级债及夹层资本(通常在投资银行的协助下)。 ④通过一个结束性事件完成交易。 ⑤作为公司的所有者及董事会控制成员,通过已有管理层或新的管理层经营被收购公司。 ⑥监督高层管理者的活动及决策。 ⑦做出所有的战略和财务决策。 ⑧决定出售公司的时机和方式(通常在投资银行的协助下)。

💡 杠杆收购基金的投资分析,主要借助构建杠杆收购财务模型来分析。

● 母 题 精 选

【单选题】杠杆收购基金的投资对象特征包括( )。

Ⅰ.处于不成熟的行业 　　　　Ⅱ.拥有强劲、稳固的市场地位

Ⅲ.资产负债率较高 　　　　Ⅳ.有减少开支的潜力

　　　A.Ⅰ、Ⅱ、Ⅲ、Ⅳ　　　B.Ⅱ、Ⅲ　　　C.Ⅰ、Ⅲ　　　D.Ⅱ、Ⅳ

【答案】 D 【解析】Ⅰ、Ⅲ项说法错误。杠杆收购基金的投资对象是处于成熟行业、资产负债率较低的企业。

第二节　公司型基金、合伙型基金与信托(契约)型基金

一、公司型基金(理解)

项　目	内　容
公司型基金的概念	公司型基金是指投资者依据《中华人民共和国公司法》(以下简称公司法),通过出资形成一个独立的公司法人实体,由公司法人实体自行或委托专业基金管理人进行管理的股权投资基金。在我国,公司法人实体可采取有限责任公司或股份有限公司的形式。
公司型基金的参与主体	公司型基金的参与主体为投资者与基金管理人。 (1)投资者不仅是基金份额持有者也是公司股东,按照公司章程行使相应权利、承担相应义务和责任。 (2)从投资者权利的角度看,投资者是公司的股东,有权通过股东会和董事会(执行董事)委任并监督基金管理人。
公司型基金的特点	(1)公司比合伙企业、契约结构的历史更悠久、法律环境更健全、组织结构更完整、管理系统更规范,可以有效降低运作风险。 (2)公司型基金是独立的企业法人,相比合伙型基金和信托(契约)型基金,可通过借款来筹集资金。 (3)公司全体股东以其投资额为限对公司债务承担有限责任。

考查概率:80%,在考试中所占分值约为1分。
命题角度:公司型基金的概念、参与主体和特点。

💡公司型股权投资基金的组织形式是公司,投资者是公司股东。

● 母 题 精 选

【单选题】公司型基金的投资者是( )。
　　A.公司股东　　　　B.企业法人　　　　C.金融机构　　　　D.普通合伙人
【答案】　A　【解析】公司型股权投资基金采用公司的组织形式,投资者是公司股东,依法享有股东权利,并以其投资额为限对公司债务承担有限责任。

二、合伙型基金(理解)

项　目	内　容
合伙型基金的概念	合伙型基金是指投资者依据《中华人民共和国合伙企业法》(以下简称合伙企业法)成立有限合伙企业,由普通合伙人对合伙债务承担无限连带责任,由基金管理人具体负责投资运作的股权投资基金。合伙型基金不具有独立的法人地位。
合伙型基金的参与主体	合伙型基金的参与主体包括普通合伙人、有限合伙人及基金管理人。 (1)普通合伙人对基金(合伙企业)债务承担无限连带责任。 (2)有限合伙人以其认缴的出资额为限对基金(合伙企业)债务承担责任。有限合伙人不参与投资决策。 (3)基金管理人可由普通合伙人担任或者委托专业的基金管理机构担任。

考查概率:80%,在考试中所占分值约为1分。
命题角度:合伙型基金的概念、参与主体和特点(重点)。

💡考生在学习本考点时,注意要掌握合伙型基金中有限合伙人和普通合伙人的责任承担及义务。同时要理解合伙企业的纳税问题。

续表

项 目	内 容
合伙型基金的特点	（1）合伙型基金本质上是一种合伙关系。合伙型基金一般以有限合伙形式设立，有限合伙人承担有限责任；普通合伙人对合伙企业债务承担无限连带责任。国有独资公司、国有企业、上市公司以及公益性的事业单位、社会团体不得成为普通合伙人。 （2）有利于避免"双重"赋税。合伙企业不具有法人资格，不属于纳税主体。对于基金取得的收益，仅须在合伙人层面纳税。合伙企业法第6条规定："合伙企业的生产经营所得和其他所得，依照国家有关税收规定，由合伙人分别缴纳所得税。" 记忆关键词：有限合伙人承担有限责任、普通合伙人承担无限连带责任

💡有限合伙人仅需按照有限合伙协议的约定按期、足额缴纳认缴出资；受普通合伙人委托的基金管理人或自任基金管理人的普通合伙人负责基金投资等重大事项的管理与决策，对有限合伙企业的责任是执行合伙事务。

● 母 题 精 选

【单选题】关于合伙型股权投资基金的普通合伙人及有限合伙人责任分担，表述正确的是（   ）。

A.有限合伙人为股份有限公司的，以其总资产为限对合伙企业债务承担责任

B.普通合伙人对合伙企业债务承担无限连带责任

C.有限合伙人为有限责任公司的，以其净资产为限对合伙企业债务承担责任

D.国有独资公司、国有企业、上市公司以及公益性的事业单位、社会团体可以成为合伙型基金的普通合伙人

【答案】 B 【解析】有限合伙人以其认缴的出资额为限对合伙企业债务承担责任。普通合伙人对合伙企业债务承担无限连带责任。国有独资公司、国有企业、上市公司以及公益性的事业单位、社会团体不得成为普通合伙人。故选项B正确，其余选项说法均错误。

三、信托（契约）型基金（理解）

项 目	内 容
概念	信托（契约）型基金是指通过订立信托契约的形式设立的股权投资基金。
信托（契约）型基金的参与主体	信托（契约）型基金的参与主体包括基金投资者、基金管理人及基金托管人。 （1）基金投资者通过购买基金份额，享有基金投资收益。 （2）基金管理人根据基金合同负责基金的经营和管理操作。 （3）基金托管人职责是保管基金资产，执行管理人的指令，办理基金名下的资金往来。
信托（契约）型基金的特点	（1）信托（契约）型基金的本质是信托关系，契约各方订立信托契约，运作比较灵活。 （2）信托（契约）型基金可有效避免双重纳税，信托（契约）型基金不是企业所得税的纳税主体，无须缴纳所得税。 （3）信托（契约）型基金中，基金投资者一般以其出资为限对基金的债务承担有限责任，基金合同另有约定的除外。

👆考查概率：80%，在考试中所占分值约为1分。

命题角度：信托基金概念、参与主体、特点。

💡信托（契约）型基金不具有独立法人地位。

四、不同基金组织形式的区别(理解)

项目	公司型基金	合伙型基金	信托(契约)型基金
法律主体资格	法人企业,具有独立的法人地位	非法人企业,不具有独立的法人地位	非法人,不具有独立的法人地位
投资者地位	购买基金公司的股份后成为该公司的股东	购买有限合伙企业的财产份额后成为合伙企业的合伙人	购买基金份额后成为基金合同的当事人之一
基金运营依据	依据基金公司章程运营基金	依据合伙协议运营基金	依据信托契约运营基金
基金管理方式	自行或委托专业基金管理人进行基金管理	基金管理人负责具体投资运作	基金管理人负责经营和管理操作
参与主体	投资者和基金管理人	普通合伙人、有限合伙人及基金管理人	基金投资者、基金管理人及基金托管人
投资者责任	公司股东以其投资额为限对公司债务承担有限责任	普通合伙人对合伙债务承担无限连带责任,有限合伙人以其认缴的出资额为限承担责任	基金投资者以其出资为限对基金的债务承担有限责任

考查概率:60%,在考试中所占分值约为1分。

命题角度:不同基金组织形式的区别。

第三节 人民币基金与外币基金

视频讲解 微信扫描

一、人民币基金(了解)

项 目	内 容
人民币基金的概念	人民币股权投资基金是指依据中国法律在中国境内设立的主要以人民币对中国境内非公开交易股权进行投资的股权投资基金。
人民币基金的分类	(1)内资人民币股权投资基金是指中国国籍自然人或根据中国法律注册成立的公司、企业或其他经济组织依据中国法律在中国境内发起设立的主要以人民币对中国境内非公开交易股权进行投资的股权投资基金。 　　(2)外资人民币股权投资基金是指外国投资者或外国投资者与根据中国法律注册成立的公司、企业或其他经济组织依据中国法律在中国境内发起设立的主要以人民币对中国境内非公开交易股权进行投资的股权投资基金。 　　外国投资者是指外国公司、企业和其他经济组织或者个人。

考查概率:40%,本考点考查相对较少。

命题角度:人民币股权投资基金、内资人民币股权投资基金和外资人民币股权投资基金的概念。

本考点多为概念性的考查,考生理解相关概念即可。

二、外币基金(了解)

项　目	内　容
外币基金的概念	外币股权投资基金是指依据中国境外的相关法律在中国境外设立,主要以外币对中国境内的企业进行投资的股权投资基金。
外币基金采用的方式	外币股权投资基金采取"两头在外"的方式,具体包括以下内容。 　　(1)外币股权投资基金经营实体注册在境外,而不是在中国境内以基金名义注册法人实体。 　　(2)外币股权投资基金在投资过程中,受资对象一般为境外特殊目的公司,在境外完成项目的投资退出。

考查概率:40%,本考点考查相对较少。

命题角度:外币基金的概念和运营方式。

● 母 题 精 选

【单选题】关于外币股权投资基金,表述错误的是(　　)。

A. 外币股权投资基金既可以在中国境内以基金名义注册法人实体,也可以在中国境外以基金名义注册法人实体

B. 外币股权投资基金是指依据中国境外的相关法律在中国境外成立,主要以外币对中国境内的企业进行投资的股权投资基金

C. 外币股权投资基金在投资过程中,通常在中国境内设立特殊目的公司作为受资对象,并在境外完成项目的投资退出

D. 相对于人民币股权投资基金而言,投资币种为外币

【答案】 A 【解析】外币股权投资基金是相对于人民币股权投资基金而言的,是指依据中国境外的相关法律在中国境外设立,主要以外币对中国境内企业进行投资的股权投资基金,故选项A表述错误。

第四节　股权投资母基金

一、股权投资母基金的概念和业务(理解)

(一)股权投资母基金的概念

项　目	内　容
概念	股权投资母基金是以股权投资基金为主要投资对象的基金,即基金中的基金。股权投资母基金通过集合多个投资者的资金,形成集合投资计划,再投资于多个股权投资基金。

考查概率:60%,在考试中所占分值约为1分。

命题角度:①对股权投资母基金的概念的理解;②一级投资、二级投资和直接投资的相关内容。

● 母 题 精 选

【单选题】关于股权投资母基金,说法正确的是(　　)。

A. 股权投资母基金只能投资于中后期的股权投资基金,不能投资于早期股权投资基金

B. 以创业企业的股权投资为主,但规模较创业投资基金大

C. 其投资者为股权投资基金,因此被称为母基金

D. 以股权投资基金为主要投资对象

【答案】 D 【解析】股权投资母基金(基金中的基金)是以股权投资基金为主要投资对象的基金。故选项 D 说法正确。选项 A、选项 B、选项 C,说法均错误。

(二)股权投资母基金的业务

业务类型	具体内容
一级投资	(1)概念:一级投资是指母基金在股权投资基金募集时对基金进行投资,成为基金投资者。 一级投资主要发生在母基金投资初期,是母基金的本源业务。 (2)母基金选择股权投资基金时应重点考察的内容包括以下方面。 ①投资理念:投资阶段、投资单笔规模、投资行业、目标公司特点、投资方式、投资角色、持股比例、董事会席位、联合投资。 ②市场:股权投资基金市场环境、市场定位、竞争对手分析。 ③管理团队:团队历史、团队组织结构、管理层、和谐度、工作量、团队变更、核心人员详细介绍、对团队主管的评价。 ④之前基金业绩:业绩整体分析、按照阶段分析、按照行业分析、按照退出途径分析、损失案例分析、高回报案例分析、股权占有量分析、投资角色分析。 ⑤投资流程:项目挖掘、尽职调查、投资决策。 ⑥基金条款:期限、规模、管理人投资、管理费、业绩报酬。 ⑦主观分析:独特性、卖点、需要关注的问题。
二级投资	(1)概念:二级投资是指母基金在股权投资基金募集设立完成后,对存续基金或其投资组合公司进行投资。 (2)分类:按投资标的的不同,可以分为购买存续基金份额及后续出资额;购买基金持有的投资组合公司的股权。 (3)母基金二级投资业务比例不断增加的原因包括以下内容。 ①价格折扣。股权投资基金主要采取私募形式,流动性差,故二级投资一般都有价格折扣,使得二级投资业务收益通常高于一级投资业务。 ②加速投资回收。在二级投资业务中,母基金投资于存续期的股权投资基金,缩短了投资等待期,从而能够加速回收投资。 ③投资于已知的资产组合。 ◆在一级投资业务中,母基金投资时对基金的资产组合是未知的,只是基于对股权投资基金管理人的信任而投资。 ◆在二级投资业务中,母基金投资的是存续基金,母基金对股权投资基金的资产组合是已知的。

💡 股权投资母基金的业务在考试中经常出现,考生要注意区分一级投资、二级投资、直接投资的概念和特点。

续 表

业务类型	具体内容
直接投资	(1)概念:直接投资是指母基金<u>直接对非公开发行和交易的企业股权进行投资</u>。 (2)特征表现为以下两方面。 　　①在实际操作中,母基金可与所投资的股权投资基金联合投资,股权投资基金负责管理投资工作,母基金往往<u>扮演跟投角色</u>。 　　②在直接投资业务中,母基金可以在股权投资基金的投资项目中,挑选最优质、与其现有投资组合最相配的项目。 　　记忆关键词:<u>一级——募集时、二级——设立完成后;跟投角色</u>

💡母基金扮演的跟投角色即被动角色。

● 母 题 精 选

【单选题】股权投资母基金(基金中的基金)是以股权投资基金为主要投资对象的基金,下列关于股权投资母基金描述错误的是( )。

A.股权投资母基金的一级投资是指母基金在股权投资基金募集时对基金进行投资,成为基金投资者

B.股权投资母基金的业务主要包括一级投资、二级投资和直接投资

C.股权投资母基金的直接投资是指母基金直接进行股权投资,在实际操作中,母基金往往扮演主动角色来管理直接投资

D.股权投资母基金的二级投资是指母基金在股权投资基金募集完成后对已有股权投资基金或其投资组合进行投资

【答案】 C 【解析】股权投资母基金的直接投资是指母基金直接对非公开发行和交易的企业股权进行投资。在实际操作中,母基金通常和其所投资的股权投资基金联合投资,母基金往往扮演被动角色,让股权投资基金来管理这项投资,故选项 C 表述错误。

二、股权投资母基金的作用和特点(了解)

(一)股权投资母基金的作用

作 用	内 容
分散风险	股权投资母基金通常投资于多只(15～25只)股权投资基金,投资者可以有效地实现风险分散。避免单只股权投资基金在基金投资中过度依赖某一基金管理人的风险。
专业管理	母基金管理人与普通投资者相比具有更全面的股权投资的知识、人脉和资源,在对股权投资基金进行投资时,更易作出正确的投资决策。母基金是缺乏经验的投资者参与投资股权投资基金的良好途径。
投资机会	基于股权投资母基金的专业、资源等优势,对于优秀的股权投资基金具有更好的投资机会。
规模优势	(1)缩小规模:大的投资者可通过母基金来投资小规模的基金,从而实现节约成本和分散投资。

👍考查概率:40%,本考点考查相对较少。

命题角度:①股权投资母基金的四个作用;②股权投资母基金的特点。

💡考生要注意理解股权投资母基金四个作用的具体内容。

续 表

作 用	内 容
规模优势	(2)扩大规模:小的投资者可通过母基金来投资大规模的基金,从而达到大型基金的投资门槛。 **记忆关键词:**分散风险、专业管理、投资机会、规模优势

● 母 题 精 选

【单选题】关于股权投资母基金的作用,下列描述错误的是( )。

A.投资机会:基于股权投资母基金的专业、资源等优势,对于优秀的股权投资基金具有更好的投资机会

B.直接投资:股权投资母基金直接进行股权投资,对其投资的股权投资基金的每个项目都进行跟投

C.分散风险:股权投资母基金通常投资于多只股权投资基金,投资者可以有效地实现风险分散

D.专业管理:股权投资母基金管理人通常拥有全面的股权投资知识、人脉和资源,能更好地作出投资决策

【答案】 B 【解析】股权投资母基金的作用包括:①分散风险;②专业管理;③投资机会;④规模优势。故选项B表述错误。

(二)股权投资母基金的特点

项 目	内 容
风险	投资于单只股权投资基金的风险较高,容易出现极高或极低的内部收益率。股权投资母基金通过分散投资可以降低极高内部收益率和极低内部收益率出现的可能性。
收益	(1)母基金能够投资于相对优秀的股权投资基金,故其收益率通常比创业投资基金和并购基金的平均收益率高。 (2)母基金的风险比单只股权投资基金风险低,故其经风险调整后收益更高。
成本	股权投资母基金管理人因其管理需要收取管理费和业绩报酬,投资者投资母基金会承担额外成本。故投资者在选择投资母基金时需要考虑超额收益和成本。

三、政府引导基金(理解)

项 目	内 容
政府引导基金的概念	政府引导基金是由政府设立并按市场化方式运作的政策性基金,主要通过扶持创业投资基金发展,引导社会资金进入创业投资领域。政府引导基金本身不直接从事创业投资业务。
政府引导基金的宗旨	(1)通过鼓励创业投资企业投资处于种子期、起步期等创业早期的企业来弥补一般创业投资基金的不足。 (2)发挥政府出资的引导和聚集放大作用,引导民间资本等社会资本投入,增加创业投资资本供给,克服单纯通过市场配置创业投资资本的市场失灵问题。

考查概率:100%,在考试中所占分值约为1分。

命题角度:①政府引导基金的概念和宗旨;②政府引导基金对创业投资基金的支持方式。

💡 一般创业投资基金主要投资于成长期、成熟期和重建期企业。

续　表

项　目	内　容
政府引导基金对创业投资基金的支持方式	（1）参股:指政府引导基金主要通过参股方式,吸引社会资本共同发起设立创业投资企业。 （2）融资担保:指政府引导基金根据信贷征信机构提供的信用报告,对历史信用记录良好的创业投资基金,采取提供融资担保方式,支持其通过债权融资增强投资能力。 （3）跟进投资:指产业导向或区域导向较强的政府引导基金,通过跟进投资,支持创业投资基金发展并引导其投资方向。

💡 政府引导基金主要是通过投资于创业投资基金,达到支持创业投资基金发展的目的,是一类特殊的母基金。

● 母 题 精 选

【单选题】关于政府引导基金,下列表述错误的是(　　)。
　　A.通过参股等形式参与到创业投资基金中
　　B.一般对所投基金的投资范围有所限制
　　C.宗旨是发挥政府资金的杠杆放大效应,增加创业投资的资本供给
　　D.直接参与企业投资和管理
【答案】　D　【解析】政府引导基金本身不直接从事创业投资业务,故选项D表述错误。

【单选题】关于政府引导基金对创业投资基金的支持方式,下列选项不属于常见方式的是(　　)。
　　A.跟进投资　　　　　　B.参股　　　　　C.融资担保　　　　D.直接股权投资
【答案】　D　【解析】政府引导基金对创业投资基金的支持方式包括参股、融资担保和跟进投资。

【单选题】某政府引导基金以参股方式投资了一家创业投资企业,关于该政府引导基金,说法正确的是(　　)。
　　A.不对该创业投资企业进行直接管理,而由专业管理团队进行管理
　　B.作为单一最大股东,具有该创业投资企业的实际控制权
　　C.作为控股股东,具有该创业投资企业的实际控制权
　　D.作为唯一出资人,直接对该创业投资企业进行管理
【答案】　A　【解析】政府引导基金是由政府设立并按市场化方式运作的政策性基金,主要通过扶持创业投资基金发展,引导社会资金进入创业投资领域。政府引导基金本身不直接从事创业投资业务。故选项A正确,其余选项说法均错误。

章节练习

　　用手机微信扫描"章节练习"旁边的二维码或用电脑浏览器打开网址 https://www.ceweilai.cn/即可进入智能题库进行章节练习。

第四章 股权投资基金的募集与设立

本章应试分析

本章主要从募集与设立概念、募集对象、募集方式和流程、组织形式的选择以及股权投资基金的设立五个方面介绍了股权投资基金募集与设立的相关内容。本考点在考试中所占分值约为12分。考生在学习本章时需要重点掌握募集方式的主要分类、募集的一般流程与募集所需要的材料、基金组织形式选择的影响因素以及股权投资基金的基本税负。本章属于重点章节,内容相对较难,建议考生在理解的基础上加强记忆。

思维导图

```
                        ┌─ 募集与设立概述 ──┬─ 募集的概念与分类(理解)
                        │                   └─ 设立概述(理解)
                        │
                        ├─ 募集对象 ────────┬─ 国内外股权投资基金投资者的主要类型(理解)
  股                    │                   └─ 合格投资者制度(了解)
  权                    │
  投                    ├─ 募集方式及流程 ──┬─ 募集方式的主要分类(掌握)
  资                    │                   ├─ 募集一般流程与募集所需主要资料(掌握)
  基                    │                   └─ 募集机构的责任与义务(理解)
  金                    │
  的                    ├─ 组织形式选择 ────┬─ 法律依据与监管要求(掌握)
  募                    │                   ├─ 与股权投资业务的适应程度(重点掌握)
  集                    │                   └─ 股权投资基金的基本税负(掌握)
  与                    │
  设                    └─ 股权投资基金的设立 ┬─ 基金合同的基本要求和主要内容(理解)
  立                                          └─ 不同组织形式的基金设立的条件及流程(理解)
```

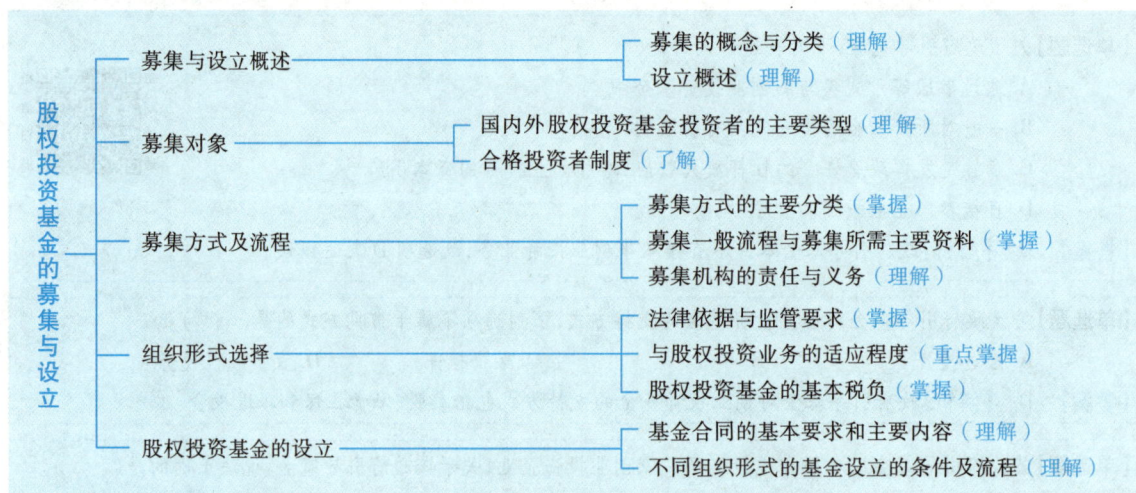

名师同步精讲

第一节 募集与设立概述

名师指导

随书赠送智能题库获取方式见书背面

一、募集的概念与分类(理解)

👍 考查概率:60%,在考试中所占分值约为1分。

命题角度:股权投资基金募集的概念和分类。

项 目	内 容
募集的概念	股权投资基金的募集是指股权投资基金管理人或受其委托的募集服务机构向投资者募集资金,用于设立股权投资基金的行为。 　　募集到的资金将由基金管理人负责管理使用,投向特定投资对象,承担风险,产生收益,并按约定进行利益分配。
募集的分类	(1)自行募集:由管理人自行拟订基金募集推介材料、寻找投资者的基金募集方式。 　　(2)委托募集:由基金管理人委托第三方机构代为寻找投资者并完成资金募集工作。

二、设立概述(理解)

项　目	内　容
设立的概念	股权投资基金的设立是指设立股权投资业务主体的行为。
组织形式	(1)我国现行的股权投资基金的组织形式:公司型、合伙型和信托(契约)型。 (2)选择组织形式的影响因素:法律依据、监管要求、与股权投资业务的适应程度、基金运营实务的要求、税负等。
设立要求	(1)组织形式不同,设立的要求也不同,具体体现为以下两方面。 ①公司型基金和合伙型基金:需要在工商管理部门完成名称预先核准、申请设立登记、领取营业执照的程序。 ②信托(契约)型基金:由投资者和管理人签署的信托契约设立。 (2)股权投资基金设立完成后,需要在中国证券投资基金业协会办理基金备案手续。
基金募集与设立的区别	(1)基金募集是基金管理人募集资金的过程;基金设立是基金管理人依法设立开展股权投资业务主体的过程。 (2)基金募集考虑的因素有募集渠道、募集对象、募集过程合规性等;基金设立考虑的因素有基金组织形式、基金架构、登记备案等。

第二节　募集对象

一、国内外股权投资基金投资者的主要类型(理解)

项　目	内　容
国外股权投资基金投资者的主要类型	(1)养老基金。包括公司养老基金和公共养老基金,在欧美一些国家,养老基金是股权投资基金第一大资本供给者。 (2)母基金。母基金的投资对象是股权投资基金,其在基金运作过程中具有较高的专业化水平,是重要的机构投资者。 (3)大学基金会。大学基金会的资金通常由社会捐赠,其流动性需求不强,适合长期投资,是国外股权投资基金重要的以及稳定的机构投资者。 (4)大型企业。大型企业参与股权投资的方式有以下两种。 ①自己出资:以子公司的形式进行创业投资或并购投资业务。 ②作为投资者:参与专业基金管理人发起设立的股权投资基金。 (5)金融机构。金融机构可作为基金投资者投资于股权投资基金,也可以作为基金管理人发起成立基金,直接参与股权投资。

考查概率:60%,在考试中所占分值约为1分。

命题角度:股权投资基金设立的概念、要求及与股权投资基金募集的区别。

本章第四节详细地介绍了几个股权投资基金组织形式选择的影响因素(法律依据、与股权投资业务的适应程度、税负)。

信托(契约)型基金不是企业实体,不具有独立法人地位,无须办理工商注册登记程序。

考查概率:60%,在考试中所占分值约为1分。

命题角度:国内外股权投资基金投资者的主要类型。

养老基金可以提供长期的资金来源,是资本市场稳定的机构投资者。

参与股权投资基金的金融机构主要包括商业银行和投资银行。

续　表

项　目	内　容
国外股权投资基金投资者的主要类型	（6）富裕的个人或家族。富裕的个人或家族通常会将部分可投资资金配置到股权投资基金这一资产类别中。富裕的个人或家庭通常是作为基金投资者而不是管理人参与到股权投资基金中。
中国股权投资基金投资者的主要类型	（1）母基金。母基金通过投资不同的股权投资基金，实现多样化投资，将投资风险降到最低。普通投资者也可通过母基金参与到股权投资基金当中。近年来，母基金在我国已经成为股权投资基金行业的重要投资者。 （2）政府引导基金。政府引导基金是一种特殊的母基金，是由政府设立并按市场化方式运作的政策性基金。 （3）社会保障基金。中国最大的养老基金就是全国社会保障基金，全国社会保障基金可以将部分资产投资于股权投资基金。 （4）金融机构。包括保险公司、商业银行、证券公司、基金子公司等。 （5）工商企业。我国目前股权投资基金最主要的投资资金来源包括外国企业、注册在我国的外资企业、国有企业、民营企业等。 （6）个人投资者。个人投资者主要为资产雄厚的企业家、大型企业高管、娱乐及体育明星等。

💡 在金融机构投资中，证券公司目前主要通过设立投资管理子公司进入股权投资基金管理行业。基金管理子公司则一般通过资管计划进行投资。

二、合格投资者制度（了解）

👍 考查概率：40%，本考点考查相对较少。
命题角度：合格投资者的概念。

项　目	内　容
合格投资者制度的概念	合格投资者制度是指要求股权投资基金管理人只能向法律法规认可的、符合一定标准的投资者募集资本。一般情况下，合格投资者是指具有一定风险识别能力和风险承担能力的投资者。
合格投资者制度的必要性	（1）股权投资基金管理人和投资者掌握的信息不对称，基金管理人处于信息优势地位，可能利用信息优势做出损害投资者利益的行为，而基金投资者一般处于信息劣势地位。 （2）合格投资者与一般投资者相比，其资本更加雄厚、风险识别与承受能力更强、专业知识更丰富，因此能够对基金管理人及其发起设立的基金具有更强的筛选、判断和监督能力。
合格投资者的标准	现行的合格投资者标准一般具备以下几个特点。 （1）具备风险识别能力和风险承担能力。 （2）投资者认购的基金份额达到某一最低要求。 （3）根据投资者的资产规模或收入水平判断其风险承担能力。 （4）认可某些持有特定金融牌照（如商业银行）或大型专业投资机构（如养老基金）及其高级管理人员为当然合格投资者。

💡在我国，合格投资者是指达到规定资产规模或者收入水平，并且具备相应的风险识别能力和风险承担能力，其基金份额认购金额不低于规定限额的单位和个人。

第三节　募集方式及流程

一、募集方式的主要分类（掌握）

募集方式	内　　容
自行募集	自行募集股权投资基金的要求有以下两方面。 （1）基金管理人自行募集股权投资基金的，应设置有效机制，切实保障募集结算资金安全；基金管理人应当**建立合格投资者适当性制度**。 （2）基金管理人自行募集股权投资基金的，应当**采取问卷调查等方式**，对投资者的风险识别能力和风险承担能力进行评估，由投资者**书面承诺符合合格投资者条件；应当制作风险揭示书，由投资者签字确认。** **记忆关键词：**合格投资者适当性制度、问卷调查、书面承诺、风险揭示书
委托募集	委托募集股权投资基金的要求有以下两方面。 （1）委托第三方机构募集的，基金管理人应当**委托具有合格基金销售资质和专业基金销售服务团队的机构**代为募集，并与代销机构**签署书面协议**，要求其严格遵守合格投资者制度和募集规定，履行对投资者的评估和投资者风险确认程序。 （2）我国要求代销机构应获得**中国证监会基金销售业务资格且成为中国证券投资基金业协会会员。**
公开募集	公开募集是指通过公开渠道向非特定对象推介基金产品。
非公开募集	非公开募集是指通过设置特定对象确定程序的渠道进行非公开推介基金产品的行为。

考查概率：80%，在考试中所占分值约为1分。
命题角度：自行募集股权投资基金和委托募集股权投资基金的要求。

● 母 题 精 选

【单选题】下列关于股权投资基金募集方式，说法错误的是（　　）。

A. 自行募集是指基金管理人自行为其设立的股权投资基金募集资金

B. 委托募集是指基金管理人委托有资格的第三方基金销售机构为其设立的股权投资基金募集资金

C. 自行募集股权投资基金的，不需要对投资者的风险识别能力和风险承担能力进行评估

D. 委托募集股权投资基金的，基金管理人应当委托具有合格基金销售资质和专业基金销售服务团队的机构代为募集

【答案】C　【解析】自行募集股权投资基金的，应根据投资者适当性管理要求，采取问卷调查等方式，对投资者的风险识别能力和风险承担能力进行评估。

二、募集一般流程与募集所需主要资料（掌握）

（一）募集一般流程

募集流程	内　　容
募集筹备期	基金管理人撰写基金私募备忘录，并与潜在投资者会晤，评估并筛选准备定向路演的对象。

考查概率：100%，在考试中所占分值为1~2分。
命题角度：①股权投资基金募集的一般流程；②股权投资基金募集所需主要资料。

续 表

募集流程	内 容
基金路演期	(1)基金管理人需要准备募集推介资料并分发私募备忘录。 (2)路演方式：举行线下定向路演活动等。
投资者确认	(1)基金管理人向有意向的投资者提供(反向)尽职调查材料。 (2)潜在投资者对基金管理人展开(反向)尽职调查。 (3)基金管理人鉴别主要基金投资者并就最终条款展开预先谈判传阅最终文件，谈判基金合同和附属文件。
协议签署及出资	(1)基金管理人与基金投资者确定募集结束日期，签署基金合同和附属文件，按约定履行出资义务。 (2)基金管理人需保证履行的程序和募集结束时的基金状态符合法律法规的要求。

（二）募集所需主要资料

所需材料	内 容
私募备忘录 （PPM）	(1)概念：私募基金备忘录是指基金管理人撰写的说明自身优势和投资计划的文件，用于招募基金投资者参与基金投资。 (2)私募基金备忘录应包含的内容有以下方面。 ①基金的规模、存续期和预计封闭时间。 ②基金管理人在管基金情况摘要。 ③机构和基金的投资理念，包括投资策略和基金管理人在特定市场上的竞争优势。 ④投资管理团队和投资决策委员会的介绍。 ⑤基金管理人过往业绩描述。 ⑥重要基金条款，包括分配机制、管理费及管理人投入等。
募集推介资料	(1)概念：募集推介资料是指基金管理人制作的关于特定基金产品的推介说明资料。 (2)募集推介资料反映基金的基本情况，内容简明，基金管理人对其内容的真实性、完整性、准确性负责。
(反向)尽职调查资料	(1)概念：(反向)尽职调查资料是指根据基金投资者需求，由基金管理人准备和提供的关于基金管理人的一系列说明资料。 (2)内容：基金管理人基本情况、基金管理人内部治理和重要制度、历史基金或项目业绩、核心团队成员信息等。
基金条款书	基金条款书中常见条款包括以下六个方面。 (1)经营/投资范围条款。约定投资期、投资范围、投资限制、循环投资等内容。

💡 本考点内容较多，在考试中考查也比较细致，考生需要理解并掌握。

💡 目前，我国股权投资基金募集需要履行的程序包括特定对象确定、投资者适当性匹配、基金风险揭示、合格投资者确认、投资冷静期以及回访确认(非强制)等内容。

💡 考生要注意募集所需主要资料的相关具体内容。

续表

所需材料	内　容
基金条款书	（2）**运营成本条款**。管理费是基金管理人向基金收取的费用。管理费的数额一般是基金规模的一定百分比。收取方式可以按资金承诺比例收取或者基于基金运营预算收取。 （3）**利润分配条款**。包括收益分配方式、门槛收益率、追赶方式、业绩报酬比例、回拨机制等内容。 （4）**资金承诺**。也称"认缴规模"，是基金投资者所承诺的要投入一只基金总的资金额度，在基金投资者作出承诺时，通常要求基金管理人也承诺投入资金。 （5）**缴款安排**。在股权投资基金中，承诺的投入资金并非要求一次性汇入基金账户，而是在需要进行投资时，由基金管理人向基金投资者提出缴款要求。 （6）**退出与份额转让**。股权投资基金运作周期长，基金管理人与投资者会就基金扩募与缩募、份额退出、份额转让、基金清算等进行限制和约束。 **记忆关键词：私募备忘录、募集推介资料、尽职调查资料、基金条款书**

> 一些大型股权投资基金募集时，基金管理人会准备基金条款书，对重要潜在投资者重点关注的基金条款进行描述，作为双方后续进行商务谈判的基础。

● 母 题 精 选

【单选题】 以下不属于股权投资基金募集所需的主要资料是（　　）。

A．私募备忘录（PPM）　　　　　　　B．募集推介资料

C．法律意见书　　　　　　　　　　D．基金条款书

【答案】 C　**【解析】** 股权投资基金募集所需主要资料包括私募备忘录（PPM）、募集推介资料、（反向）尽职调查资料和基金条款书。

【单选题】 股权投资基金推介材料应由（　　）制作。

A．基金管理人　　　　　　　　　　B．基金管理人委托的基金销售机构

C．基金委托人　　　　　　　　　　D．中国证券投资基金业协会

【答案】 A　**【解析】** 股权投资基金的募集推介材料是基金管理人制作的关于特定基金产品的推介说明材料。故选A。

三、募集机构的责任与义务（理解）

项　目	内　容
募集机构的责任与义务	基金管理人从募集阶段开始就对基金的资金与财产安全承担责任与义务，具体表现为以下几方面。 （1）募集机构在募集过程中应恪尽职守、诚实守信、谨慎勤勉，防范利益冲突，履行风险提醒义务、反洗钱义务等相关义务，并按照法规要求的合格投资者制度承担特定对象确定、投资者适当性审查与确认等相关责任。 （2）募集机构在募集阶段应与基金投资者关于基金合同及附属文件充分沟通，并就法规可能影响的基金合同生效程序进行客观描述。

> 考查概率：60%，在考试中所占分值约为1分。

命题角度： 募集机构的责任与义务。

续 表

项 目	内 容
募集机构的责任与义务	(3)募集机构应建立相关制度保障投资者的商业秘密并对个人信息严格保密,并确保基金相关的未公开信息不被用于进行非法交易等。 (4)募集机构应建立相关制度来保障基金财产和客户资金安全,具体措施有基金募集与分配账户安排、基金托管安排等。

第四节　组织形式选择

一、法律依据与监管要求(掌握)

👍 考查概率:60%,在考试中所占分值约为1分。
命题角度:公司型、合伙型和信托(契约)型基金的法律依据。

项 目	内 容
法律依据与监管要求	(1)在合伙企业法修订案和契约型基金相关法律法规生效前,早期的股权投资基金主要依据公司法设立公司型股权投资基金。 我国公司型基金的法律依据为公司法,基金按照公司章程来运营。 (2)2007年6月1日实施修订后的合伙企业法,增加了新的合伙企业形式"有限合伙"。 我国合伙型基金的法律依据为合伙企业法,基金按照合伙协议来运营。 (3)2001年10月1日《中华人民共和国信托法》(以下简称信托法)正式施行,2007年3月1日中国银监会颁布实施《信托公司集合资金信托计划管理办法》和股权投资信托业务的操作指引。 信托(契约)型基金的法律依据为信托法和《中华人民共和国证券投资基金法》(以下简称证券投资基金法),基金按照基金合同来运营。 **记忆关键词:**公司型—公司法—公司章程;合伙型—合伙企业法—合伙协议;信托(契约)型—信托法和证券投资基金法—基金合同

二、与股权投资业务的适应程度(重点掌握)

(一)资金募集与出资安排

👍 考查概率:100%,在考试中所占分值为2~3分。
命题角度:①股权投资基金募集与出资;②不同组织形式股权投资基金的投资者人数限制;③内部组织机构的设置与投资决策;④收益分配安排。

项 目	内 容
概述	(1)基金的资金来源:各类机构投资者和高净值个人客户。 (2)基金的投向:以未上市公司的股权和已上市企业的非公开交易股权为主。 (3)基金的资金规模:规模较大、投资周期相对较长。
股权投资基金资金募集与出资方式	(1)公司型基金:由公司章程规定有限责任公司和股份有限公司的注册资本限额、缴付安排及出资方式等,公司法对此不做强制性规定。

续 表

项 目	内 容
股权投资基金资金募集与出资方式	(2)合伙型基金:由合伙协议约定出资方式、数额和缴付期限。有限合伙人可以用货币、实物、知识产权、土地使用权或者其他财产权利作价出资。有限合伙人不得以劳务出资。实务中多以货币形式出资。 (3)信托(契约)型基金:通过信托契约约定基金投资者出资、取得收益分配的规则。现行法律法规未对其出资安排做强制性规定。
人数限制	(1)公司型基金:设立股份有限公司,应当有1人以上200人以下为发起人,其中应当有半数以上的发起人在中华人民共和国境内有住所。有限责任公司由1个以上50个以下股东出资设立。 (2)合伙型基金:有限合伙企业由2个以上50个以下合伙人设立;但是,法律另有规定的除外。有限合伙企业至少应当有1个普通合伙人。 (3)信托(契约)型基金:按照证券投资基金法,投资者不得超过200人。 **记忆关键词:**两个"有限"50人以下,股份有限公司型和信托(契约)型200人以下。

💡对于不同组织形式基金的投资者人数有不同的限制,考试中经常会以各种形式对此进行考查,考生一定要牢记。

● 母 题 精 选

【单选题】根据我国相关法律规定,信托(契约)型股权投资基金的投资人数最多可以达到( )人,而合伙型股权投资基金投资者的上限为( )人。

A. 200;100 　　B. 100;100 　　C. 200;50 　　D. 100;50

【答案】 C 【解析】信托(契约)型基金投资者不得超过200人。有限合伙企业应由2个以上50个以下合伙人设立,且有限合伙企业至少应当有1个普通合伙人,法律另有规定的除外。

【单选题】有限合伙型股权投资基金是指投资者依据合伙企业法成立的有限合伙企业,以下关于有限合伙型股权投资基金组成主体,正确的是( )。

A. 至少由1名普通合伙人和2名有限合伙人组成

B. 至少由2名普通合伙人和2名有限合伙人组成

C. 至少由1名普通合伙人和1名有限合伙人组成

D. 至少由2名普通合伙人和1名有限合伙人组成

【答案】 C 【解析】有限合伙企业由2个以上50个以下合伙人设立;但是,法律另有规定的除外。有限合伙企业至少应当有1个普通合伙人,故选项C正确。

(二)内部组织机构的设置与投资决策

项 目	内 容
公司型基金	(1)投资者是公司股东,公司依法设立董事会(执行董事)、股东会以及监事会(监事),公司章程规定公司内部组织结构设立、管理权限、利益分配等事项。 (2)股东会是公司型基金的权力机构,投资者作为股东,在股东会层面对基金重大事项或重大投资享有决策权。

💡公司治理结构的基本特点:股东至上。

续 表

项 目	内 容	
公司型基金	(3)股东会聘任董事组成董事会,董事会负责聘任经理人员。 (4)公司型基金的投资运营管理可以由公司内部的管理团队负责或者聘请外部管理机构负责。	
合伙型基金	(1)基金的投资者以有限合伙人的身份存在,有限合伙人不执行合伙事务,不得对外代表有限合伙企业。有限合伙企业由普通合伙人和有限合伙人组成,普通合伙人对合伙企业债务承担无限连带责任,有限合伙人以其认缴的出资额为限对合伙企业债务承担责任。 (2)有限合伙企业由普通合伙人执行合伙事务,执行事务合伙人可以要求在合伙协议中确定执行事务的报酬及报酬提取方式。普通合伙人对合伙企业投资与资产处置拥有最终决策权。 (3)合伙人会议职责包括审议合伙人入伙与退伙、合伙人份额转让、合伙企业审计机构聘任等事项。	💡 有限合伙治理结构的基本特点:普通合伙人掌握合伙企业事务执行权。
信托(契约)型基金	(1)基金合同当事人遵循平等自愿、诚实信用、公平原则订立基金信托契约,明确当事人的权利、义务和责任。 (2)投资者把财产委托给基金管理人进行管理后,丧失了对财产的支配权和发言权,一般由基金管理人全权负责经营和运作基金财产。 (3)信托(契约)型基金的决策权归属基金管理人,一般情况不设置投资咨询委员会或投资决策委员会。	💡 信托(契约)型基金治理结构的基本特点:基金管理人高度控制基金决策权。

● 母 题 精 选

【单选题】合伙型股权投资基金的合伙协议应约定由其担任合伙型基金执行事务合伙人的是( )。
  A.普通合伙人   B.基金管理人   C.有限合伙人   D.合伙人
【答案】 A 【解析】有限合伙企业由普通合伙人执行合伙事务。执行事务合伙人可以要求在合伙协议中确定执行事务的报酬及报酬提取方式。有限合伙人不执行合伙事务,不得对外代表有限合伙企业。

(三)收益分配安排

项 目	内 容
公司型基金	(1)公司型基金缴纳公司所得税之后,再按照公司章程中对利润分配的约定进行分配。 (2)公司在弥补亏损和提取公积金后分配所余税后利润,分配顺序的灵活性较低。 (3)税后利润在分配时,通常在有限责任公司型基金的股东中按照实缴的出资比例分配(全体股东约定不按照出资比例分配的除外),在股份有限公司型基金的股东中按照股东持有的股份比例分配(股份有限公司章程规定不按持股比例分配的除外)。

续表

项目	内容
合伙型基金	（1）合伙企业的利润分配、亏损分担,按照合伙协议的约定办理;合伙协议未约定或者约定不明确的,由合伙人协商决定;协商不成的,由合伙人按照实缴出资比例分配、分担;无法确定出资比例的,由合伙人平均分配、分担。 （2）合伙协议不得约定将全部利润分配给部分合伙人或者由部分合伙人承担全部亏损。
信托（契约）型基金	（1）信托（契约）型基金收益分配的原则、时间和顺序等安排通过契约约定,灵活性较高。 （2）信托法规定,共同受益人按照信托文件的规定享受信托利益。信托文件对信托利益的分配比例或者分配方法未作规定的,各受益人按照均等的比例享受信托利益。 （3）证券投资基金法规定,通过非公开募集方式设立的信托（契约）型基金的收益分配和风险承担由基金合同约定。 （4）非公开募集基金合同应包含基金收益分配原则、执行方式条款。

💡合伙企业的利润分配、亏损分担顺序在考试中经常出现,考试题型可能是概念型也可能是案例型,题目不难,重在理解。

● 母题精选

【单选题】属于合伙企业型股权投资基金收益分配原则的是(　　)。

Ⅰ.利润分配和亏损分担,按照合伙协议约定处理

Ⅱ.合伙协议未作约定或约定不明的,由合伙人协商决定

Ⅲ.合伙人协商不成的,按照实缴出资比例分配或分担

Ⅳ.无法确定出资比例的,由各合伙人平均分配

　　A.Ⅰ、Ⅱ、Ⅲ　　　　B.Ⅰ、Ⅲ、Ⅳ　　C.Ⅰ、Ⅱ、Ⅲ、Ⅳ　　　　D.Ⅰ、Ⅱ

【答案】C 【解析】合伙企业的利润分配、亏损分担,按照合伙协议的约定办理;合伙协议未约定或约定不明确的,由合伙人协商决定;协商不成的,由合伙人按照实缴出资比例分配、分担;无法确定出资比例的,由合伙人平均分配、分担。

【单选题】某有限合伙型股权投资基金,共有甲、乙、丙、丁四个合伙人,各合伙人认缴及实缴出资份额如下表所示。

合伙人	甲	乙	丙	丁
认缴出资额（万元）	5000	5000	5000	5000
实缴出资额（万元）	2000	3000	2000	3000

基金当年实现净利润2000万元,但合伙人未约定利润分配比例,各合伙人也未能就利润分配达成一致,则丁应获利润分配额为(　　)。

　　A.400万元　　　　B.500万元　　　　C.600万元　　　　D.0元

【答案】C 【解析】有限合伙企业的利润分配、亏损分担,按照合伙协议的约定办理;有限合伙协议未约定或者约定不明确的,由合伙人协商决定;协商不成的,由合伙人按照实缴出资比例分配、分担。本题中,由于合伙人未约定利润分配比例,也未能就利润分配达成一致意见,因此按照实缴出资比例分配。故丁应获利润分配额为3000÷（2000+3000+2000+3000）×2000=600（万元）。

三、股权投资基金的基本税负（掌握）

（一）概述

项 目	内 容
概述	我国股权投资基金的基本税负承担主要体现在以下两个方面。 （1）投资者投入资本取得的各类所得及基金管理人获取的管理费和业绩报酬，需要按照税法的要求缴纳所得税。 （2）基金管理人组织特定形式的股权投资基金运作股权投资业务，从而实现投资者投入资本的增值，不同形态的资本增值可能涉及流转税的计缴。

（二）所得税

项 目	内 容
公司型基金	（1）公司型基金的税收规则：先税后分。 （2）企业以货币形式和非货币形式从各种来源取得的收入，为收入总额。包括：①销售货物收入；②提供劳务收入；③转让财产收入；④股息、红利等权益性投资收益；⑤利息收入；⑥租金收入；⑦特许权使用费收入；⑧接受捐赠收入；⑨其他收入。 （3）企业的下列收入为免税收入：符合条件的居民企业之间的股息、红利等权益性投资收益。可以在计算应纳税所得额时减除。 （4）企业每一纳税年度的收入总额，减除不征税收入、免税收入、各项扣除以及允许弥补的以前年度亏损后的余额，为应纳税所得额。企业的应纳税所得额乘以适用税率，减除依照《中华人民共和国企业所得税法》（以下简称企业所得税法）关于税收优惠的规定减免和抵免的税额后的余额，为应纳税额。目前，企业所得税的税率为25%。 （5）公司型基金的投资者作为公司股东从公司型基金获得的分配是公司税后利润的分配，故：①投资者是公司，以股息红利形式获得分配时，根据现行税法的相关规定，不需再缴纳所得税，故不存在双重征税；②投资者是自然人，需要缴纳股息红利所得税（适用税率为20%）并由基金代扣代缴，故需承担双重征税（公司所得税与个人所得税）。
合伙型基金	（1）合伙型基金税收规则：先分后税。 （2）合伙企业以每一个合伙人为纳税义务人，合伙企业层面不缴纳所得税。合伙企业合伙人是自然人的，缴纳个人所得税；合伙人是法人和其他组织的，缴纳企业所得税。 （3）合伙企业每一纳税年度的收入总额减除成本、费用以及损失后的余额，作为投资者个人的生产经营所得。 （4）合伙企业的合伙人（包括普通合伙人和有限合伙人）为自然人时，比照《中华人民共和国个人所得税法》（以下简称个人所得税法）的"个体工商户的生产经营所得"应税项目，适用5%～35%的五级超额累进税率，计算征收个人所得税。

考查概率：80%，在考试中所占分值约为1分。

命题角度：不同组织形式基金的所得税和增值税的缴纳。

本考点内容较多，且在考试中考查形式多样，题目具有一定难度。考生要明确公司型基金、合伙型基金及信托（契约）型基金的所得税和增值税的缴纳情况，并能够准确区分。

转让财产收入、股息、红利等权益性投资收益是公司型基金主要收入来源。

生产经营所得，包括企业分配给投资者个人的所得和企业当年留存的所得（利润）。

续　表

项　目	内　容
合伙型基金	(5)合伙人为公司时,均作为企业的所得税应税收入,计缴企业所得税。 (6)合伙人本身为合伙企业,同样按照"先分后税"原则,下一层合伙人为纳税义务人。
信托(契约)型基金	(1)信托(契约)型基金不是企业,故不是企业所得税的纳税主体。基金投资者从基金分配获得的利润,按规定缴纳企业所得税或个人所得税。 (2)证券投资基金法规定,基金财产投资的相关税收,由基金份额持有人承担,基金管理人或者其他扣缴义务人按照国家有关税收征收的规定代扣代缴。但进行股权投资业务的信托(契约)型基金的税收政策有待进一步明确。 (3)实务中,信托计划、资管计划以及信托(契约)型基金通常均不作为课税主体,一般投资者自行缴纳应纳所得税。 **记忆关键词:**公司型—先税后分;合伙型—先分后税

● 母题精选

【单选题】投资人 A 系公司,投资于公司型股权投资基金 B,B 向 A 分配其投资所得的股息红利和股权转让溢价所得所涉及的税负,通常情况下(　　)。

　　A.B 的应纳税所得额是股息红利,A 的应纳税所得额是股息红利和股权转让溢价之和

　　B.B 的应纳税所得额是股权转让溢价部分,A 的应纳税所得额是股息红利

　　C.B 的应纳税所得额是股息红利和股权转让溢价之和,A 的应纳税所得额是股权转让溢价部分

　　D.B 的应纳税所得额是股权转让溢价部分,A 的应纳税所得额是 0

【答案】　D　【解析】公司型基金的投资者作为公司股东从公司型基金获得的分配是公司税后利润的分配,因此当投资者是公司,以股息红利获得分配时,根据企业所得税法的规定免税,故投资人 A 的应纳税所得额为 0,公司型股权投资基金 B 的应纳税所得额是股权转让溢价部分。

(三)增值税

项　目	内　容
增值税	(1)2016 年 5 月 1 日,我国正式在全国范围内开展营业税改征增值税试点,金融业被纳入营改增试点范围。 (2)股权投资基金的资本增值中,项目股息、分红收入属于股息红利所得,不属于增值税征税范围。 (3)项目退出收入若是通过并购或回购等非上市股权转让方式退出的,不属于增值税征税范围。 (4)项目上市后通过二级市场退出,属于增值税征税范围。

第五节 股权投资基金的设立

一、基金合同的基本要求和主要内容（理解）

项 目	内 容
公司型基金合同	（1）有限责任公司章程应当载明下列事项：公司名称和住所；公司经营范围；公司注册资本；股东的姓名或者名称；股东的出资额、出资方式和出资日期；公司的机构及其产生办法、职权、议事规则；公司法定代表人的产生、变更办法；股东会认为需要规定的其他事项。 （2）股份有限公司章程应当载明下列事项：公司名称和住所；公司经营范围；公司设立方式；公司注册资本、已发行的股份数和设立时发行的股份数，面额股的每股金额；发行类别股的，每一类别股的股份数及其权利和义务；发起人的姓名或者名称、认购的股份数、出资方式；董事会的组成、职权和议事规则；公司法定代表人的产生、变更办法；监事会的组成、职权和议事规则；公司利润分配办法；公司的解散事由与清算办法；公司的通知和公告办法；股东会认为需要规定的其他事项。 （3）在公司型基金的章程中，根据募集活动中基金投资者和基金管理人商务谈判落实的条款：股东的权利义务；入股、退股及转让；高级管理人员；投资事项；管理方式；托管事项；利润分配及亏损分担；税务承担；费用和支出；信息披露制度；财务会计制度；终止、解散及清算和章程的修订等。
合伙型基金合同	（1）合伙企业法规定，合伙协议应当载明下列事项：合伙企业的名称和主要经营场所的地点；合伙目的和合伙经营范围；合伙人的姓名或者名称、住所；合伙人的出资方式、数额和缴付期限；利润分配、亏损分担方式；合伙事务的执行；入伙与退伙；争议解决办法；合伙企业的解散与清算；违约责任。 （2）基金是以有限合伙形式设立的，还应当载明下列事项。 ①普通合伙人和有限合伙人的姓名或者名称、住所。 ②执行事务合伙人应具备的条件和选择程序。 ③执行事务合伙人权限与违约处理办法。 ④执行事务合伙人的除名条件和更换程序。 ⑤有限合伙人入伙、退伙的条件、程序以及相关责任。 ⑥有限合伙人和普通合伙人相互转变程序。 （3）合伙协议的必备内容：合伙期限；管理方式和管理费；费用和支出；财务会计制度；利润分配及亏损分担；托管事项；投资事项；税务承担事项；合伙人会议。一些选择性条款则根据基金投资者和管理人的募集沟通或可包含在合伙协议中，如关键人条款、投资咨询委员会条款等。 ①合伙期限通常约定投资期、退出期等。 ②合伙人会议中需要列明合伙人会议的召开条件、程序、表决方式等。

考查概率：80%，在考试中所占分值约为1分。

命题角度：公司型基金合同、合伙型基金合同、信托（契约）型基金合同的基本要求和主要内容。

公司型基金合同的法律形式为公司章程。

合伙型基金由合伙协议约定当事人的相关权利和责任，规范基金运作的相关事宜。有限合伙协议由全体合伙人签署，约定普通合伙人和有限合伙人的权利义务关系。

续　表

项　目	内　容
信托(契约)型基金合同	(1)根据证券投资基金法的要求,信托(契约)型基金合同应包括的内容:前言(订立基金合同的目的、依据和原则);基金的基本情况;基金的申购、赎回与转让;基金份额持有人大会及日常机构;基金份额的登记;基金的财产;交易及清算交收安排;基金财产的估值和会计核算;基金合同的效力、变更、解除与终止;基金的清算;违约责任;争议的处理。 (2)适应股权投资业务的具体内容:基金的募集;基金的投资;当事人及权利义务;基金的费用与税收;基金的收益分配。

二、不同组织形式的基金设立的条件及流程(理解)

项　目		内　容
公司型基金	设立条件	(1)有限责任公司由1个以上50个以下股东出资设立。有限责任公司设立时的股东可以签订设立协议,明确各自在公司设立过程中的权利和义务。设立有限责任公司,应当由股东共同制定公司章程。 (2)设立股份有限公司,可以采取发起设立或者募集设立的方式。设立股份有限公司,应当有1人以上200人以下为发起人,其中应当有半数以上的发起人在中华人民共和国境内有住所。 (3)公司型基金严格按照公司法而设立,有限责任公司中股东以其出资为限对公司承担责任,股份有限公司中股东以其认购股份为限对公司承担责任,<u>公司型基金是以其全部资产对公司债务承担责任的企业法人</u>。
	设立流程	(1)名称预先核准:根据法律法规的规定为企业准备名称,按当地工商登记机构的流程要求进行名称预先核准。 (2)申请设立登记:名称核准通过后,根据相关要求递交申请材料,进行设立登记事宜。 (3)领取营业执照:申请人提交的申请材料齐全,符合法定形式,登记机构能够当场登记的给予当场登记,颁发营业执照。公司营业执照签发日期就是公司成立日期。领取营业执照后,应刻制企业印章,申请纳税登记,开立银行基本账户等。
合伙型基金	设立条件	合伙企业法规定,设立有限合伙企业,应当具备下列条件。 ①有限合伙企业由2个以上50个以下合伙人设立;但是,法律另有规定的除外。有限合伙企业至少应当有1个普通合伙人。 ②有限合伙企业名称中应当标明"有限合伙"字样。 ③有限合伙人可以用货币、实物、知识产权、土地使用权或者其他财产权利作价出资。有限合伙人不得以劳务出资。

👍 考查概率:80%,在考试中所占分值约为1分。

命题角度:公司型基金、合伙型基金、信托(契约)型基金合同的设立流程。

💡 有限责任公司型基金由全体股东指定的代表或者共同委托的代理人向公司登记机关申请设立登记,股份公司型基金则是由董事会向公司登记管理机关申请设立登记。

续 表

项 目		内 容
合伙型基金	设立条件	④有书面合伙协议。 ⑤有生产经营场所。 ⑥法律法规规定的其他条件。
	设立流程	由全体合伙人指定的代表或者共同委托的代理人向企业登记机关申请设立登记,完成名称预先核准、申请设立登记、领取营业执照等相关设立步骤。
信托(契约)型基金	设立流程	(1)信托(契约)型基金的设立不涉及工商登记的程序,通过订立基金合同来确定基金投资者、管理人及托管人在基金管理业务中的权利、义务和职责,保障基金财产安全,维护当事人合法权益。 (2)信托(契约)型基金完成设立程序后,基金管理人需在限定日期内到中国证券投资基金业协会办理基金产品备案。

💡 公司型基金与合伙型基金均由工商登记机构进行登记管理,它们的设立步骤相同。信托(契约)型基金的设立则不涉及工商登记的程序。

● 母题精选

【单选题】公司型基金设立的第一步是( )。

A. 申请设立登记   B. 名称预先核准

C. 领取营业执照   D. 基金备案

【答案】 B 【解析】公司型基金的设立流程:名称预先核准;申请设立登记;领取营业执照。

章节练习

用手机微信扫描"章节练习"旁边的二维码或用电脑浏览器打开网址 https://www.ceweilai.cn/即可进入智能题库进行章节练习。

第五章 股权投资基金的投资

● 本章应试分析

本章主要从股权投资的一般流程、投资调查与分析、投资项目估值、投资协议的主要条款四个方面介绍了股权投资基金的投资。本章在考试中所占分值约为16分,属于重点章节,考生在学习本章内容时需要重点掌握尽职调查的主要内容,同时能够掌握并灵活运用相对估值法、折现现金流估值法、创业投资估值法的相关概念、计算公式等。投资协议的主要条款(13个)在考试中也经常出现,考生应对每一条款有清晰的认识和判断。

本章难点是股权投资基金投资项目的估值方法,这部分内容包含的计算公式较多,考生应注意不要混淆。考生可以通过母题精选了解考试题型,掌握答题方法,加深对相关公式的理解和记忆。

● 思维导图

```
                    ┌─ 股权投资的一般流程 ──┬─ 股权投资流程概述(了解)
                    │                      └─ 股权投资基金一般投资流程(理解)
                    │
                    │                      ┌─ 尽职调查的概念、目的和作用(理解)
                    │                      ├─ 尽职调查的主要内容(掌握)
                    ├─ 投资调查与分析 ──────┤
                    │                      ├─ 尽职调查的方法(理解)
                    │                      └─ 尽职调查报告的基本内容(了解)
                    │
                    │                      ┌─ 估值概述(理解)
股                  │                      ├─ 相对估值法(重点掌握)
权                  │                      │
投                  ├─ 投资项目估值 ───────┼─ 折现现金流估值法(掌握)
资                  │                      ├─ 创业投资估值法(掌握)
基                  │                      └─ 成本法和清算价值法(理解)
金                  │
的                  │                      ┌─ 估值条款(掌握)
投                  │                      ├─ 估值调整条款(掌握)
资                  │                      ├─ 优先认购权条款(掌握)
                    │                      ├─ 第一拒绝权条款(掌握)
                    │                      ├─ 随售权条款(掌握)
                    │                      ├─ 反摊薄条款(掌握)
                    └─ 投资协议主要条款 ───┼─ 保护性条款(掌握)
                                           ├─ 董事会席位条款(掌握)
                                           ├─ 回售权条款(掌握)
                                           ├─ 拖售权条款(掌握)
                                           ├─ 竞业禁止条款(掌握)
                                           ├─ 保密条款(掌握)
                                           └─ 排他性条款(掌握)
```

• 名师同步精讲

第一节　股权投资的一般流程

视频讲解 微信扫描

随书赠送
智能题库
获取方式
见书背面

一、股权投资流程概述（了解）

项　目	内　容
股权投资流程概述	股权投资基金投资流程围绕投资决策展开，通常包括以下环节：项目开发与筛选、初步尽职调查、项目立项、签署投资框架协议、尽职调查、投资决策、签署投资协议、投资交割等。

二、股权投资基金一般投资流程（理解）

流　程	内　容
项目开发与筛选	项目开发主要是为了寻找股权投资基金的项目来源。项目来源渠道主要包括以下内容。 　　（1）行业研究。跟踪和研究国内外新技术的发展趋势、资本市场的动态，采用资料调研、项目库推荐、访问企业等方式寻找项目信息。 　　（2）中介机构推荐。中介机构主要包括律师事务所、会计师事务所、证券公司、商业银行、财务顾问等。 　　（3）天使投资人或同行推荐。 　　（4）企业家联盟或各级商会组织推荐。 　　（5）行业专家推荐。 　　（6）政府机构推荐。例如中国各地方政府金融办、上市办、各级高新技术开发区管委会等进行推荐。 　　（7）行业展会、创业计划大赛、创投论坛等。
初步尽职调查	（1）核心：对拟投资项目进行价值判断。 　　（2）初步尽职调查阶段，对目标公司进行初步价值判断主要从以下几个方面进行：①管理团队；②行业进入壁垒、行业集中度、市场占有率和主要竞争对手；③商业模式、发展及盈利预期、政策与监管环境等。 　　（3）初步尽职调查前，投资经理或投资管理小组通常与目标公司签订保密协议，双方承诺对在投融资业务沟通中了解到的对方商业秘密负有一定期限的保密义务。
项目立项	（1）项目初步尽职调查通常由投资经理或投资管理小组完成，通过项目立项程序，引入更高级的投资管理团队成员或直接提交投资决策成员对项目质量进行判断，再决定是否投入更多资源对目标公司进行更加详尽和深入的投资评估。 　　（2）项目立项的作用：①节约基金管理成本；②将有限的资源集中到更具潜力的项目上。 　　（3）通常，通过项目立项程序的项目将进入正式尽职调查阶段。

名师指导

考查概率：20%，本考点较少考查。
命题角度：股权投资基金投资流程的八个环节。

考查概率：60%，在考试中所占分值约为1分。
命题角度：股权投资基金一般投资流程（八个主要环节）。

💡 股权投资基金管理人获得项目后，应综合考虑被投资企业所处行业、地域、发展阶段等因素，筛选出符合其投资偏好的项目，进入初步尽职调查。

💡 注意：初步尽职调查的核心并不是详尽调查或投资风险评估，而是对拟投资项目进行价值判断。

💡 对目标公司的初步尽职调查完成后，如果需要进一步推进项目投资流程，一般需要经过项目立项的程序。

续 表

流　程	内　容
签订投资框架协议	（1）在开始正式的尽职调查之前，一般会与项目企业签订投资框架协议。 （2）投资框架协议即投资条款清单，由投资方提出。投资框架协议的内容通常作为投融资双方下一步协商的基础，对双方不具有法律约束力。 （3）投资框架协议内容：投资达成的条件、投资方建议的主要投资条款、保密条款以及排他性条款等。
尽职调查	（1）尽职调查是股权投资流程的重要环节，是投资管理人核心竞争力的体现。 （2）尽职调查内容：业务、财务与法律。 （3）必要时投资方可聘请外部机构协助完成尽职调查。
投资决策	（1）股权投资基金管理人通常设立投资决策委员会行使投资决策权。投资决策委员会委员可由基金管理人的高级管理团队成员担任，也可聘请外部专家担任。 （2）通常由投资管理人董事会或执行事务合伙人负责制定投资决策委员会委员聘任和议事规则。 （3）投资经理或项目小组完成尽职调查后，向投资决策委员会提交尽职调查报告、投资建议书和其他文件资料，投资决策委员会进行最终投资决策。
签订投资协议	（1）投资决策委员会审查通过投资项目后，投融资双方对投资协议条款进行谈判，最终签署投资协议，约定双方的权利义务。 （2）投资协议的内容：通过具体条款约定股权投资的具体方案，约定目标公司的控制权分配和利益分配等事项。
投资交割	（1）投资协议正式生效后，进入投资交割环节。 （2）股权投资基金管理人将约定的投资款项按约定的时间和金额划转至被投资企业或其股东的账户，若股权投资基金办理了托管，划款操作需经托管人核准并办理。 （3）被投资企业依据投资协议以及相关法律法规的要求进行股权的工商变更登记，并依据投资协议的约定变更公司章程。

💡创业投资基金对目标公司进行投资的方式：增资方式。并购基金对目标公司的投资方式：购买存量股权。

● 母 题 精 选

【单选题】关于排他投资条款与保密的关系，下列说法中正确的是（　　）。

A. 排他条款与保密条款可以并行　　　B. 保密条款优先于排他条款

C. 排他条款优先于保密条款　　　D. 保密条款比排他条款更难履行

【答案】 A 【解析】基金管理人与项目企业签订投资框架协议，再进入正式尽职调查阶段。投资框架协议的内容包括投资达成的条件、投资方建议的主要投资条款、保密条款以及排他性条款等。故排他条款与保密条款可以并行，选项 A 正确。

第二节 投资调查与分析

一、尽职调查的概念、目的和作用（理解）

项　目	内　容
概念	尽职调查,也称审慎性调查,指投资人在与目标公司达成初步合作意向后,经协商一致,投资人对目标公司一切与本次投资相关的事项进行资料分析、现场调查的一系列活动。
目的	尽量全面地获取目标公司的真实信息。
作用	（1）价值发现。帮助投资方判断目标公司是否值得投资并获取项目估值所需信息。 （2）风险发现。通过获取目标公司的真实信息,识别和评估目标公司的主要风险,降低信息不对称带来的潜在问题。风险发现和控制,在尽职调查中占重要地位,直接决定投资回报的质量。 （3）投资决策辅助。依据尽职调查中发现的目标公司的特点和风险,帮助投资方在投资条款谈判、投资后管理重点内容、项目退出方式选择等方面的决策提供依据。主要内容包括以下方面。 ①投资协议谈判策略。尽职调查所获得的信息是谈判策略的重要依据。 ②投资后管理的重点。投资完成后,投资后管理的主要内容是对目标企业的监控和增值服务。在尽职调查中,投资管理团队需要评估投资后管理投入的资源和成本,提高投资决策的质量。 ③评估项目退出的方式和可行性。在作出投资决策时,基金管理人会评估项目未来退出方式、可行性大小和成本高低,并作为投资决策的依据之一。尽职调查为项目退出方式的评估提供支持。

母题精选

【单选题】下列不属于尽职调查作用的是（　　）。
A. 风险发现　　　　　　B. 财务发现
C. 价值发现　　　　　　D. 投资决策辅助
【答案】B　【解析】尽职调查的作用有三方面:价值发现、风险发现和投资决策辅助。

二、尽职调查的主要内容（掌握）

（一）业务尽职调查

项　目	内　容
业务尽职调查的主要内容	（1）企业基本情况。包括企业的工商登记资料、历史沿革、组织机构、股权架构以及主要股东的基本情况等。 （2）管理团队。包括董事会成员及主要高级管理人员的履历介绍、薪酬体系、期权或股权激励机制等。

考查概率:80%,在考试中所占分值约为1分。
命题角度:尽职调查的三个作用。
尽职调查的作用在考试中经常出现,考生不仅要记住价值发现、风险发现和投资决策辅助这三个作用,还要能分辨这三个作用的具体内容。

创业投资基金更关注评价目标公司的未来发展潜力,并购基金更关注评价目标公司通过重整得到的价值提升空间。

考查概率:100%,在考试中所占分值为1~2分。
命题角度:①业务尽职调查、财务尽职调查和法律尽职调查的主要内容;②业务尽职调查中对不同企业类型及所处发展阶段的目标公司的调查内容;③财务尽职调查和法律尽职调查的作用。

续　表

项　目	内　容
业务尽职调查的主要内容	（3）产品/服务。包括产品/服务的基本情况、生产和销售情况、知识产权（商标和专利）、核心技术及研发事项等。 （4）市场。包括企业所属的行业分类、相关的产业政策、竞争对手、供应商及经销商情况、市场占有率以及定价能力等。 （5）发展战略。包括企业经营理念和模式、中长期发展战略及近期策略、营销策略以及未来业务发展目标等。 （6）融资运用。包括企业融资需求及结构、计划投资项目、可行性研究报告及政府批文等。 （7）风险分析。包括企业面临的市场、项目、资源、政策、竞争、财务及管理等风险。
不同类型及发展阶段的目标公司的调查内容	（1）早期发展阶段的创业企业。业务尽职调查的重点：管理团队和产品服务。 （2）扩张期的企业。业务尽职调查的重点：管理团队、产品服务、发展战略及市场因素。 （3）成熟期的企业。业务尽职调查的重点：管理团队、资产质量、融资结构、融资运用、发展战略、风险分析等。

（二）财务尽职调查

项　目	内　容
财务尽职调查概述	（1）关注的重点：重点关注目标公司的历史财务业绩情况，并对企业未来财务状况进行合理预测。 （2）调查内容：企业的历史经营业绩、未来盈利预测、营运资金、融资结构、资本性开支以及财务风险敏感度分析等。 （3）财务尽职调查的作用： ①财务尽职调查是投资及整合方案设计、交易谈判、投资决策的重要前提，是判断投资是否符合战略目标及投资原则的基础。 ②财务尽职调查对了解目标公司资产负债、内部控制、经营管理的真实情况，揭示其财务风险，分析盈利能力、现金流，预测目标公司未来前景等起到重要作用。
财务尽职调查主要内容	（1）会计政策与会计估计。 ①会计政策选择。查阅公司财务资料，与相关财务人员和会计师沟通，核查公司的会计政策及会计估计的合规性和稳健性。 ②会计政策或估计变更影响。若公司报告期内存在会计政策或会计估计变更，则核查变更内容、理由及对公司财务状况、经营成果的影响。 （2）财务报告及相关财务资料。财务报告核查及总体评价的内容包括资产负债表、利润表和现金流量表及相关财务资料。具体内容如下。 ①资产负债表。核查内容包括公司货币资金、应收款项、坏账计提、存货周转、对外投资、固定资产、无形资产、投资性房地产等资产项目的真实性；核查对外担保等或有债务；关注重要资产抵押情况、无形资产估值的合理性。

> 业务尽职调查是尽职调查工作的核心。业务尽职调查的目的是了解过去及现在企业创造价值的机制及未来变化趋势。

> 相对于早期企业，处于扩张期的企业对产品服务、发展战略及市场因素的关注程度更高。

> 考生需要掌握财务尽职调查四个方面的主要内容，即会计政策与会计估计、财务报告及相关财务资料、财务比率分析、纳税分析。对于其具体内容要理解，给出具体内容要能够判断属于财务尽职调查主要内容的哪一个方面。

> 财务尽职调查强调发现企业的投资价值和潜在风险，注重对企业未来价值和成长性的合理预测，经常采用趋势分析和结构分析工具，在财务预测中经常会用到场景分析和敏感度分析等方法。

续 表

项 目	内 容
财务尽职调查主要内容	②利润表。核查内容包括收入确认、销售成本、期间费用核算的规范性,关注销售毛利率的波动性及非经常性损益对利润的影响。 ③现金流量表。核查内容包括经营活动产生的现金流量及其变动情况,判断公司资产流动性、盈利能力及偿债能力。 ④核查纳入合并报表范围的重要控股子公司的财务状况,对于公司披露的参股子公司,应获取最近1年的财务报告及审计报告。 ⑤如公司最近收购兼并其他企业资产或股权,且被收购企业资产总额或营业收入或净利润超过收购前公司相应项目一定比例的,应获得被收购企业收购前1年的财务报表,核查其财务情况。 (3)财务比率分析。 ①盈利能力分析。即分析和判断公司各年度盈利能力及其变动情况,判断公司盈利能力的持续性。方法:计算公司各年度毛利率、资产收益率、净资产收益率等。 ②偿债能力分析。即分析公司各年度偿债能力及其变动情况,判断公司的偿债能力和偿债风险。方法:计算公司各年度资产负债率、流动比率、速动比率、利息保障倍数等,结合公司的现金流量状况、在银行的资信状况、可利用的融资渠道及授信额度、表内负债、表外融资及或有负债等情况。 ③运营能力分析。即分析公司各年度营运能力及其变动情况,判断公司的经营风险和持续经营能力。方法:计算各年度资产周转率、存货周转率和应收账款周转率等,结合市场发展、行业竞争、公司生产模式及物流管理、销售模式及赊销政策等情况进行分析判断。 ④综合评价。通过以上比率分析,横向比较同行业公司的财务指标,综合分析公司的财务风险和经营风险,判断公司财务状况与持续经营能力。 (4)纳税分析。 ①查阅公司的纳税资料,调查公司及其控股子公司所执行的税种、税基、税率是否符合现行法律、法规的要求,报告期内是否依法纳税。 ②查阅公司税收优惠或财政补贴资料,核查公司享有的税收优惠或财政补贴是否符合有关部门规定,调查税收优惠或财政补贴的来源、归属、用途及会计处理等情况,关注税收优惠期或补贴期及其未来影响。

💡 进行纳税分析时,还需要分析公司对税收政策的依赖程度以及对未来经营业绩、财务状况的影响。

● 母 题 精 选

【单选题】关于财务尽职调查的主要内容,说法错误的是( )。

A.会计政策与会计估计
B.财务报告及相关财务资料
C.纳税分析
D.风险分析

【答案】 D 【解析】财务尽职调查的主要内容包括会计政策与会计估计、财务报告及相关财务资料、财务比率分析、纳税分析。

（三）法律尽职调查

项　目	内　容
法律尽职调查的作用	（1）帮助股权投资基金全面评估企业资产和业务的合法性以及可能存在的法律风险。 （2）从功能角度来看,法律尽职调查定位于风险发现,而不是价值发现。
法律尽职调查内容	（1）确认目标公司的合法成立和有效存续。 （2）从合规角度核查目标公司所提供文件资料的真实性、准确性和完整性。 （3）了解目标公司的组织结构、资产和业务的产权状况和法律状态,确认企业产权、业务资质及其控股结构合法合规。 （4）发现和分析目标公司现存的法律问题和风险并提出解决方案。 （5）出具法律意见并将之作为准备交易文件的重要依据。
法律尽职调查关注的重点问题	（1）历史沿革问题。 ①目标公司的设立、注册资本、经营范围及股权变更等事项是否符合法律规定。 ②目标公司是否有未足额出资、抽逃出资或缺少验资报告等情况。 （2）主要股东情况。 ①关注主要股东与目标公司之间的关联交易、资金往来及相互担保是否合法。 ②关注主要股东是否存在股权被质押或被查封的情况。 （3）高级管理人员。 ①关注高级管理人员是否与企业签订了应有的劳动合同,是否存在劳动仲裁或纠纷情况。 ②关注目标公司与主要高管的劳动合同中是否包括竞业禁止条款及对应的补偿条款。 （4）重大合同。 ①核查重大合同的金额、支付方式和主要条款。 ②关注合同履行过程中可能存在的不确定性。 ③重大合同是否包含可能限制目标交易的条款。 （5）诉讼及仲裁。 ①未决诉讼与仲裁:核查起因、当事各方、主要过程及争议点。 ②已决诉讼与仲裁:关注裁决的执行情况。 （6）税收及政府优惠政策。 ①核查目标公司是否存在欠税和潜在税务处罚问题。 ②目标公司取得政府优惠政策,重点核查相关优惠待遇的合规性和可持续性,评估其对投资交易的影响。

💡 考生应掌握法律尽职调查六个方面的主要内容,并能与业务尽职调查和财务尽职调查的主要内容做区分。

💡 目标公司或现有股东与之前的股东在股权买卖上存在争议、股权转让金尚未支付完毕、股东尚有未尽的法律义务,这些都是尽职调查过程中的常见问题。律师要发现这些问题,并提出其对交易可能产生的影响或者提出解决方案。

• 母 题 精 选

【单选题】下列不属于法律尽职调查内容的是(   )。

    A. 确认目标公司的合法成立和有效存续

    B. 从合规角度核查目标公司所提供文件资料的真实性、准确性和完整性

    C. 充分地了解目标公司的组织结构、资产和业务的产权状况和法律状态

    D. 对近年的资产负债表、利润表及现金流量表及相关财务资料的内容进行审慎核查

【答案】 D 【解析】选项 D 属于财务尽职调查的重要内容。

三、尽职调查的方法(理解)

基本程序	内 容
计划制订与团队组建	(1)尽职调查计划的内容一般包括尽职调查对象、尽职调查内容与方法、尽职调查项目组人员组成、尽职调查的日程安排、尽职调查的配套安排等。 (2)在计划制订与团队组建阶段,准备的尽职调查清单的作用体现在以下方面。 ①对于股权投资基金来说,可以划定尽职调查范围和重点,从而有序开展尽职调查及编写调查报告。 ②对于目标公司来说,可以使目标公司清楚股权投资机构需要了解的内容并提供相关文件,给目标公司准备时间,提高进场后的工作效率。 (3)尽职调查前由股权投资基金组建尽职调查小组,小组成员包括投资管理人员、律师、会计师等。 (4)尽职调查开展前,由股权投资基金及其聘请的专家顾问与目标公司签署保密协议,约定保密条款,明确双方保密义务。
二手资料收集与研读	(1)二手资料的概念:也称"次级资料",指股权投资基金按照尽职调查的目的收集、整理的各种现成的资料。 (2)二手资料的功能:有助于尽职调查项目的总体设计,为尽职调查提供线索,与实地调查法、观察法相互依存、相互补充。 (4)二手资料的收集步骤:辨别所需的信息;寻找信息源;收集二手资料;资料筛选;资料整理。 (5)二手资料的收集途径:企业的内部资料、网络、行业协会和商会、研究机构和调查机构、综合性或专业性图书馆、各类会议、新闻媒体。 (6)二手资料调查的方法:查找、索讨、购买、接收、交换。
企业现场调研	企业调研步骤与方法包括以下方面。 (1)目标公司内部访谈与外部访谈。 ①内部访谈的作用:与管理层访谈可全面了解目标公司的信息,考察管理层的素质,增进彼此了解与信任;与企业员工访谈可获取企业各个环节的信息并核实信息真实性。 ②内部访谈的方式:对于管理层、关键岗位人员进行一对一访谈沟通;对于普通员工进行非正式沟通方式,如小组座谈、随机访谈等。 ③外部访谈的对象:企业的供应商与合作伙伴、目标公司外聘的法律顾问和审计师、竞争对手及上下游企业负责人等。

考查概率:70%,在考试中所占分值约为1分。

命题角度:尽职调查的五个基本程序及其具体内容。

行业年鉴、财经数据库、企业商业计划书、财务报表等都属于二手资料。

股权投资基金可以通过企业现场调研获得第一手资料。

续　表

基本程序	内　容
企业现场调研	（2）实地考察企业经营现场。 ①目的：印证书面信息与现场调研信息是否符合，掌握企业生产经营情况。 ②现场检查企业相关场所：厂房、设备、土地、产品和存货等。 ③需了解的现场信息：企业生产线运转情况、企业管理状况、企业客户数量、客户对企业的产品与服务满意度等。
撰写尽职调查报告	撰写尽职调查报告是在对目标公司全面调查之后，对调查收集的资料进行客观全面的概括、判断与评价。
进行内部复核	（1）内部复核指股权投资机构内部的复核机构或者复核人员，对尽职调查报告等材料进行审核，并提出复核意见的行为。 （2）内部复核的层次：项目组内部复核与项目主管领导的复核。

💡 项目主管领导的复核是项目组内最高级别的复核。

四、尽职调查报告的基本内容（了解）

项　目		内　容
尽职调查报告概述		尽职调查报告由尽职调查团队根据尽职调查的情况撰写，对获取的信息进行整理、总结、归纳、分析，形成对目标企业的初步评价，对交易框架提出建议，作为投资决策的重要参考和依据。
尽职调查报告的内容	前言	（1）阐述尽职调查的目标、方法、依据、程序和范围。 （2）阐述本次尽职调查调研、核查和分析了公司业务、财务和法律，深度挖掘了公司价值，并已全部、完整披露在尽职调查报告中。 （3）阐述全文的主要概念。
	正文	（1）尽职调查内容模块：业务尽职调查、财务尽职调查、法律尽职调查及其他对投资决策判断有支撑作用的内容。 （2）正文末尾包括结论和建议。
	附件	附件内容包括尽职调查过程中的重要证据、第三方中介机构的报告（包括审计报告、法律意见书、行业分析报告等）。

👍 考查概率：20%，本考点较少考查。
命题角度：尽职调查报告的内容。

💡 本考点比较简单，考试中较少出现，考生了解即可。

💡 正文是尽职调查报告的主体。

第三节　投资项目估值

一、估值概述（理解）

项　目	内　容
价值的概念	价值是事物的内在属性，是从长期来看合理的、内在的价值。
价格的概念	价格是在某次交易当中被交易双方认可的价值的外在表现形式。

👍 考查概率：60%，在考试中所占分值约为1分。
命题角度：①简单价值等式和一般价值等式；②企业估值的特点；③企业估值方法。

续 表

项 目	内 容
企业价值	企业价值是指公司所有出资人(包括股东和债权人)共同拥有的公司运营所产生的价值,包括企业的股东所拥有的股权价值和企业的债权人所拥有的债权价值。
股权价值	股权投资基金更关注股权价值,最后的交易价格依据股权价值来确定。
企业价值与股权价值关系	运用价值等式,企业价值和股权价值之间可以转换。 (1)简单价值等式: 企业价值 + 现金 = 股权价值 + 债务 债务与现金的差额为净债务。故价值等式还可以表示为: 企业价值 = 股权价值 + 净债务 (2)一般价值等式: 企业价值 + 非核心资产价值 + 现金 = 债务 + 少数股东权益 + 归属于母公司股东的股权价值 简单价值等式不适用有非核心资产的公司,一般价值等式将股权价值和企业价值联系起来,二者之间可以自由转换。
企业估值特点	(1)整体不是各部分的简单相加,而是有机结合。企业的整体性功能是借助特定的生产经营活动为股东增加财富。 (2)整体价值取决于要素的结合方式。改变各要素之间的结合方式,能够改变企业的功能和效率。 (3)部分只有在整体中才能体现出其价值。 (4)整体价值只有在运行中才能体现出来。
企业估值方法	(1)相对估值法。适用于创业投资基金和并购基金。 (2)折现现金流估值法。适用于目标公司现金流稳定、未来可预测性较高的情形。 (3)创业投资估值法。适用处于创业早期企业的估值。 (4)成本法。通常作为辅助方法。 (5)清算价值法。适用于杠杆收购和破产投资策略。

二、相对估值法(重点掌握)

(一)相对估值法概述

项 目	内 容
基本原理	依据可比公司的价格为基础,来评估目标公司的相应价值。评估价值可以是股权价值或企业价值。
计算公式	目标公司价值 = 目标公司某种指标 ×(可比公司价值/可比公司某种指标) 其中,倍数 = 可比公司价值/可比公司某种指标。

💡 价格有时等于价值,但通常受多种因素影响,价格是偏离价值的。

💡 核心资产对应的是主营业务,主营业务的价值即体现为企业价值。非核心资产对应的是非主营业务,如公司的交易性金融资产或投资性房地产,其价值不应包含在企业价值当中。对房地产公司而言,其购买的房地产属于核心资产。

💡 股权投资行业主要用到的估值方法为相对估值法、折现现金流估值法和创业投资估值法。

👍 考查概率:100%,在考试中所占分值为3~4分。

命题角度:五种相对估值法(市盈率倍数法、企业价值/息税前利润倍数法、企业价值/息税折旧摊销前利润倍数法、市净率倍数法、市销率倍数法)的概念、计算公式和适用情形。

续 表

项 目	内 容
估值步骤	(1)选取可比公司。可比公司是指与目标公司所处的行业、公司的主营业务或主导产品、公司规模、盈利能力、资本结构、市场环境以及风险度等方面相同或相近的公司。在实际估值中,一般先根据一定条件初步挑选可比公司,然后将初步挑选的可比公司分为最可比公司类和次可比公司类。使用时主要考虑最可比公司类,尽管有时候最可比公司可能只有 2~3 家。 (2)计算可比公司的估值倍数。如果目标公司和可比公司属于某一特殊行业,可使用符合该行业特点的估值倍数。 (3)计算适用于目标公司的可比倍数。通常,选取若干可比公司,用其可比倍数的平均值或者中位数作为目标公司的倍数参考值。计算可比公司倍数的平均值或中位数时,要剔除异常值(负值、非正常大值和非正常小值)。可以根据公司特点对选取的平均值或中位数进行调整。 (4)计算目标公司的企业价值或者股权价值。
优缺点	(1) 优点:①运用简单,便于理解;②受主观因素影响少;③能够及时反映市场看法的变化。 (2) 缺点:①受可比公司企业价值偏差影响;②分析结果的可靠性受可比公司质量的影响,有时难以找到合适的可比公司。

💡 常用的倍数有:市盈率倍数、企业价值/息税前利润倍数、企业价值/息税折旧摊销前利润倍数、市净率倍数、市销率倍数等。

● 母 题 精 选

【单选题】采用相对估值法,相关估值步骤表述错误的是(   )。

A. 选取可比公司

B. 计算可比公司的估值倍数

C. 计算适用于目标公司的可比倍数

D. 将参照企业的估值乘数,适用于目标企业,计算目标企业估值

【答案】 D 【解析】用相对估值法来评估目标企业价值的估值步骤:①选取可比公司;②计算可比公司的估值倍数;③计算适用于目标公司的可比倍数;④计算目标公司的企业价值或者股权价值。

(二)市盈率倍数法

项 目	内 容
概念	市盈率(P/E)倍数是一家公司的股权价值相对其净利润的倍数。
计算公式	市盈率倍数的计算公式: 市盈率倍数 = 股权价值÷净利润 或　市盈率倍数 = 每股价值÷每股收益 实际运用中通常先确定可比公司的市盈率作为目标公司估值的市盈率倍数,再计算目标公司股权价值或每股价值。 股权价值 = 净利润×市盈率倍数 或　每股价值 = 每股收益×市盈率倍数

💡 不同行业的市盈率会有很大差别。企业的净利润和市盈率容易受经济周期的影响。两种因素相互叠加会导致周期性企业估值水平在一个周期内呈现大幅起落的特征。对于股权投资基金之类的长期投资者而言,估值参考标准不应只是特定时刻的市盈率。

续 表

项 目	内 容
盈利数据的选择	(1)最近一个完整会计年度的历史数据。 (2)最近12个月的数据。使用历史数据计算市盈率时通常采用该数据。 (3)预测年度的盈利数据。股权投资基金投资实践中多使用该数据。
评价	市盈率倍数法用利润指标来估值,净利润属于股东,没有反映债权人的求偿权,故当目标公司与可比公司的资本结构差异较大时结果可能有误。

● 母 题 精 选

【单选题】某企业本年度预期经营利润为3000万元,在与某股权投资基金谈判后,双方同意按照该预期的15倍市盈率作为融资前估值,由该基金向该企业投资5000万元。投资完成后,该基金所占股份比例为( )。

    A.15%   B.11%   C.10%   D.20%

【答案】 C 【解析】股权价值 = 净利润 × 市盈率倍数 = 3000 × 15 = 45000(万元),5000/(5000 + 45000) × 100% = 10%。

(三)企业价值/息税前利润倍数法

项 目	内 容
概念	息税前利润(EBIT)是指在扣除债权人利息之前的利润,所有出资人(股东和债权人)对息税前利润都享有分配权。
计算公式	息税前利润的计算公式: 息税前利润($EBIT$) = 净利润 + 所得税 + 利息 企业价值/息税前利润倍数法的企业价值计算公式: $$EV = EBIT \times (EV/EBIT 倍数)$$
评价	息税前利润是向所有股东和债权人分配前的利润,故企业价值/息税前利润倍数法剔除了资本结构的影响。

💡 息税前利润对应的价值是企业价值(EV)。

● 母 题 精 选

【单选题】某股权投资基金拟投资甲公司,甲公司的管理层承诺投资当年的净利润为1.2亿元。如果甲公司按照息税前利润的6倍进行估值,所得税税率为25%,利息每年为2000万元,则甲公司的价值为( )亿元。

    A.0.4   B.1.8   C.1.2   D.10.8

【答案】 D 【解析】甲公司所得税 = 1.2 ÷ (1 - 25%) × 25% = 0.4(亿元);甲公司 $EBIT$ = 1.2 + 0.4 + 0.2 = 1.8(亿元);甲公司 EV = 1.8 × 6 = 10.8(亿元)。

(四)企业价值/息税折旧摊销前利润倍数法

项 目	内 容
概念	息税折旧摊销前利润(EBITDA)是指扣除利息费用、税、折旧和摊销之前的利润。

续　表

项　目	内　容
计算公式	息税折旧摊销前利润的计算公式： 息税折旧摊销前利润（EBITDA）＝息税前利润（EBIT）＋折旧＋摊销 企业价值/息税折旧摊销前利润倍数法的企业价值计算公式： $$EV = EBITDA \times (EV/EBITDA\ 倍数)$$
评价	（1）同时考虑了资本结构和折旧摊销的影响。 （2）息税折旧摊销前利润不受企业的不同折旧摊销政策以及不同发展阶段的折旧摊销水平的影响。

💡企业价值/息税折旧摊销前利润倍数法适用对于折旧摊销影响比较大的企业，如重资产企业。

● 母 题 精 选

【单选题】某股权投资基金拟投资甲公司，甲公司息税前利润为1.8亿元。假设甲公司每年的折旧为2000万元，长期待摊费用为1000万元，若按企业价值/息税折旧摊销前利润倍数法进行估值，倍数定为5.5，则甲公司价值为（　　）亿元。

　　　　A.2.1　　　　　　　B.1.1　　　　　　　C.11.55　　　　　　　D.0.55

【答案】　C　【解析】甲公司 $EBITDA = EBIT + 0.2 + 0.1 = 1.8 + 0.2 + 0.1 = 2.1$（亿元）；甲公司 $EV = 2.1 \times 5.5 = 11.55$（亿元）。

（五）市净率倍数法

项　目	内　容
概念	市净率（P/B）倍数反映了一家公司的股权价值相对其净资产的倍数。
计算公式	市净率的计算公式： 市净率倍数 ＝ 股权价值 ÷ 净资产 或　　　　市净率倍数 ＝ 每股价值 ÷ 每股净资产 在使用市净率倍数法估值时，先确定可比公司的市净率倍数作为目标公司估值的市净率倍数，然后再计算目标公司股权价值或每股价值，计算公式： 股权价值 ＝ 净资产 × 市净率倍数 或　　　　每股价值 ＝ 每股净资产 × 市净率倍数
适用情形	资产流动性较高的金融机构的净资产账面价值更加接近市场价值，故市净率倍数法比较适用于此类企业。银行业的估值通常会用市净率倍数法。

● 母 题 精 选

【单选题】某股权投资基金拟投资甲资产管理公司20亿元。截至完成投资的时点，甲公司的净资产为100亿元，按投资基准时点的2倍市净率进行投资后估值，则股权投资基金此次财务投资占股比例为（　　）。

　　　　A.10%　　　　　　B.20%　　　　　　C.30%　　　　　　D.50%

【答案】　A　【解析】甲公司的估值 ＝ 100 × 2 ＝ 200（亿元）；股权投资基金此次财务投资占股比例 ＝ 20/200 × 100% ＝ 10%。

【单选题】最适用于以市净率为估值乘数,采用相对估值法进行估值的企业是(   )。

　　A.某通信设备制造企业　　　　　　B.某经营物流配送企业

　　C.某地方型民营银行　　　　　　　D.某影视制作企业

【答案】 C **【解析】**市净率倍数法比较适用于资产流动性较高的金融机构,因为这类企业的净资产账面价值更加接近市场价值。例如,银行业的估值通常会用市净率倍数法。

(六)市销率倍数法

项目	内 容
概念	市销率(P/S)倍数反映了一家公司的股权价值相对其销售收入的倍数。
计算公式	市销率的计算公式: 　　　　市销率倍数 = 股权价值 ÷ 销售收入 或　　　　市销率倍数 = 每股价值 ÷ 每股销售收入 在使用市销率倍数法估值时,先确定可比公司的市销率作为目标公司估值的市销率倍数,再计算目标公司股权价值或每股价值,计算公式: 　　　　股权价值 = 销售收入 × 市销率倍数 或　　　　每股价值 = 每股销售收入 × 市销率倍数
适用情形	(1)适用于净利润可能为负数,经营性现金流也可能为负数,账面价值低的创业企业。 (2)市销率倍数法不能反映成本的影响,故适用于销售成本率较稳定的收入驱动型企业,如公共交通、商业服务、互联网、制药及通信设备制造公司等。

> 💡相对估值法在考试中经常出现,考查形式一般是计算题。通常会综合考查某两种或三种估值方法,题目不难,考生记住几种估值方法的概念和公式即可。在学习这几种估值方法时,可以结合母题和其他练习题熟悉题型和计算方法。

● 母 题 精 选

【单选题】增资前甲公司注册资本1000万元,甲公司前一年度经审计的营业收入12亿元,净利润4000万元,年末净资产1.5亿元。依据前述财务情况,某股权投资基金拟出资1亿元,增资甲公司,获得20%股权。

(1)按此投资方案实际投资后,甲公司注册资本将变为(   )万元。

　　A.11000　　　　B.1250　　　　C.1200　　　　D.25000

【答案】 B **【解析】**假设增资后,甲公司增加的注册资本的数额为 X,则 $X \div (X + 1000) = 20\%$,$X = 250$(万元)。因此,按此投资方案实际投资后,甲公司注册资本将变为:$1000 + 250 = 1250$(万元)。

(2)该股权基金投资甲公司的投后市净率倍数为(   )。

　　A.2　　　　　　B.3.33　　　　C.1.67　　　　D.10

【答案】 B **【解析】**股权投资基金投资甲公司后,甲公司股权价值 $= 1/20\% = 5$(亿元)。此时,市净率倍数 = 股权价值 ÷ 净资产 $= 5/1.5 = 3.33$。

(3)该基金投资甲公司的投后市盈率倍数为(   )。

　　A.2.5　　　　　B.6.25　　　　C.10　　　　D.12.5

【答案】 D **【解析】**市盈率倍数 = 股权价值 ÷ 净利润 $= 5/0.4 = 12.5$。

三、折现现金流估值法(掌握)

(一)折现现金流估值法概述

项　目	内　容
基本原理	(1)基本原理是将估值时点之后目标公司的未来现金流以合适的折现率进行折现,加总得到相应的价值。评估所得的价值为股权价值或者是企业价值。折现现金流估值法的计算公式: $$V = \sum_{t=1}^{\infty} \frac{CF_t}{(1+r)^t}$$ 其中,V 为价值,t 为时期,CF_t 为第 t 期的现金流,r 为未来所有时期的平均折现率。 (2)使用折现现金流估值法对目标公司进行估值,需要预测目标公司未来每期现金流,但是目标公司是永续的,不可能预测到永远。因此,在实际中会设定一个详细预测期,在详细预测期内对目标公司的收入与成本、资产与负债等进行详细预测,得出每期现金流。在预测期之后目标公司的价值,也就是终值(TV),可以采用终值倍数法或 Gordon 永续增长模型进行估算。此时,折现现金流估值法的计算公式可以表示为: $$V = \sum_{t=1}^{n} \frac{CF_t}{(1+r)^t} + \frac{TV}{(1+r)^n}$$ 其中,V 为价值,t 为时期,CF_t 为第 t 期的现金流,r 为未来所有时期的平均折现率,n 为详细预测期数,TV 为终值。
估值步骤	(1)选择适用的折现现金流估值法。 (2)确定详细预测期数(n)。详细预测期的时间长短选取以适中为原则。通常,详细预测期的结束以目标公司进入稳定经营状态为基准。 (3)计算详细预测期内的每期现金流(CF_t)。不同的折现现金流估值法对应的现金流也不同。例如,红利折现模型是红利,股权自由现金流模型是股权自由现金流,企业自由现金流模型是企业自由现金流。 (4)计算折现率(r)。折现率的选择对应使用的现金流,例如红利和股权自由现金流对应的折现率为股权资本成本,而企业自由现金流对应的折现率为加权平均资本成本(WACC)。 (5)计算终值(TV)。计算方法有终值倍数法和 Gordon 永续增长模型。 ①终值倍数法假设在详细预测期最后一期的期末将目标公司出售,出售时的价格即为终值。常用相对估值法来估算终值。 ②Gordon 永续增长模型假设目标公司在详细预测期之后,现金流以一个稳定的增长率永续增长,将终值期所有现金流折现到详细预测期最后一年并加总,得到终值价值。 (6)对详细预测期现金流及终值进行折现并加总得到价值。 记忆关键词:未来现金流折现;详细预测期;适中
优缺点	(1)优点:①评估得到的是内含价值,受市场短期变化和非经济因素的影响较小;②深入分析目标公司的财务数据和经营模式,有利于发现目标公司价值的核心驱动因素,发掘提升企业价值的方法。 (2)缺点:①计算过程复杂;②主观假设较多,影响计算结果。

考查概率:100%,在考试中所占分值为 1~2 分。

命题角度:①折现现金流估值法基本原理、估值步骤等;②红利折现模型;③股权自由现金流折现模型;④企业自由现金流折现模型。

折现现金流法的三个模型相对于相对估值法较难,不过考生在掌握了折现现金法的原理后,即可理解各估值模型的计算方法。

考生要理解第二个公式是如何由第一个公式变化而来(详细预测期的设定及预测期之后使用的估算方法)。

对于周期性明显的行业,详细预测期至少要包括一个完整的商业周期。

(二)红利折现模型

项　目	内　容
计算公式	股权价值等于持有股权期间的现金红利现值与持有期末卖出股权时价格的现值之和。故红利折现模型的计算公式： $$V = \sum_{t=1}^{n} \frac{DPS_t}{(1+r)^t} + \frac{P_n}{(1+r)^n}$$ 其中，V 为股权价值，DPS_t 为第 t 期的现金红利，n 为详细预测期数，r 为股权要求收益率，P_n 为持有期末卖出股权时的预期价格。
适用情形	适用于红利发放政策相对稳定的企业。

> 在实际中，很多企业的红利发放政策不稳定，此时，很难用红利折现模型进行估值。

(三)股权自由现金流折现模型

项　目	内　容
概念	股权自由现金流(FCFE)是可以自由分配给股权拥有者的最大化的现金流。
计算公式	股权自由现金流计算公式： 股权自由现金流($FCFE$) = 净利润(E) + 折旧 + 摊销 − 营运资金的增加 + 长期经营性负债的增加 − 长期经营性资产的增加 − 资本性支出 + 新增付息债务 − 债务本金的偿还 股权自由现金流折现模型估值公式： $$V = \sum_{t=1}^{n} \frac{FCFE_t}{(1+r)^t} + \frac{TV}{(1+r)^n}$$ 其中，V 为股权价值，$FCFE_t$ 为第 t 期的股权自由现金流，n 为详细预测期数，r 为股权要求收益率(和红利折现模型中的相同)，TV 为股权自由现金流的终值。

(四)企业自由现金流折现模型

项　目	内　容
概念	企业自由现金流(FCFF)是指公司在保持正常运营的情况下，可以向所有出资人(股东和债权人)进行自由分配的现金流。
计算公式	(1)企业自由现金流的计算公式： 企业自由现金流($FCFF$) = 息税前利润($EBIT$) − 调整的所得税 + 折旧 + 摊销 − 营运资金的增加 + 长期经营性负债的增加 − 长期经营性资产的增加 − 资本性支出 (2)企业自由现金流折现模型的估值公式： $$EV = \sum_{t=1}^{n} \frac{FCFF_t}{(1+WACC)^t} + \frac{TV}{(1+WACC)^n}$$ 其中，EV 为企业价值，$FCFF_t$ 为第 t 期的企业自由现金流，n 为详细预测期数，$WACC$ 为加权平均资本成本，TV 为企业自由现金流的终值。

> 调整的所得税的计算方法：①直接用息税前利润乘以当期所得税税率；②在利润表中当期所得税的基础上进行调整，加回财务费用的税盾，再扣除非经常损益对应的所得税。

项 目	内 容
计算公式	续 表 (3)加权平均资本成本(WACC)计算公式: $$WACC = \frac{D}{D+E} \times k_d \times (1-t) + \frac{E}{D+E} \times k_e$$ 其中,D 为付息债务的市场价值,E 为股权的市场价值,k_d 为税前债务成本,k_e 为股权资本成本,t 为所得税税率。

● 母 题 精 选

【单选题】企业自由现金流是归属于( )的现金流量。

Ⅰ.公司股东 Ⅱ.公司管理层 Ⅲ.公司债权人

　　A.Ⅱ、Ⅲ 　　　　B.Ⅰ、Ⅲ 　　　　C.Ⅰ 　　　　D.Ⅰ、Ⅱ、Ⅲ

【答案】 B 【解析】企业自由现金流(FCFF)是指公司在保持正常运营的情况下,可以向所有出资人(股东和债权人)进行自由分配的现金流。

四、创业投资估值法(掌握)

项 目	内 容
原理	创业投资估值法通过评估目标公司退出时的股权价值,在目标回报倍数或收益率的基础上倒推出目标公司的当前价值。
步骤	(1)估计目标公司在股权投资基金退出时的股权价值。 (2)计算当前股权价值。计算公式: 当前股权价值=退出时的股权价值/目标回报倍数=退出时的股权价值/$(1+目标收益率)^n$ (3)估计股权投资基金在退出时的要求持股比例。计算公式: 要求持股比例=投资额/当前股权价值 (4)估计股权稀释情况,计算投资时的持股比例。 ①如果目标公司没有后续轮次的股权融资,股权投资基金的股权不会稀释,投资时的持股比例就是上一步计算出的要求持股比例。 ②如果目标公司有后续轮次的股权融资,需估计股权稀释情况,倒推出投资时的持股比例。

● 母 题 精 选

【单选题】某股权投资基金拟投资从事共享单车项目的甲公司股权,预计5年退出时的股权价值为100亿元,目标收益率为80%,则甲公司的估值为( )亿元。

　　A.5 　　　　B.4.5 　　　　C.80 　　　　D.5.3

【答案】 D 【解析】甲公司的 $EV=100/(1+80\%)^5 \approx 5.3$(亿元)。

五、成本法和清算价值法（理解）

（一）成本法

项目	内容
账面价值法	（1）概念：公司的账面价值是公司总资产减去总负债后的净值。 （2）评估目标公司的真正价值，需调整资产负债表的各个项目。 ①资产项目的调整：注意应收账款潜在的坏账损失、公司外贸业务的汇兑损失、公司有价证券的市值是否低于账面价值、固定资产与无形资产的折旧方式是否合理。 ②负债项目的调整：注意是否有未入账的负债。
重置成本法	（1）概念：重置成本法是指用待评估资产的完全重置成本（重置全价）减去其各种贬值后的差额作为该项资产价值的评估方法。完全重置成本是指在现时条件下重新购置一项全新状态的资产所需的全部成本。 （2）待评估资产价值的计算公式如下： $$待评估资产价值 = 重置全价 - 综合贬值$$ 或 $$待评估资产价值 = 重置全价 \times 综合成新率$$ （3）评价：重置成本法的主观因素较大，且历史成本与未来价值并无必然联系，因此，重置成本法主要作为一种辅助方法。

考查概率：100%，在考试中所占分值为2~3分。

命题角度：①账面价值法的概念；②重置成本法的概念及相关计算；③清算价值法的分类与评价。

本考点在开始中经常出现，考查形式可以概念型的考查，也可能是计算题。计算题比较简单，记住公式即可。

● 母题精选

【单选题】甲公司是一家物流企业，公司的主要资产状况如下表所示。

资产项目	重置全价（万元）	综合成新率
办公楼	1000	80%
运输工具	500	60%
机器设备	1200	65%

（1）按照重置成本法，该公司全部资产的价值为（　　）万元。

    A.1000   B.2700   C.1880   D.1700

【答案】C　【解析】该公司的全部资产价值 = $1000 \times 80\% + 500 \times 60\% + 1200 \times 65\% = 1880$（万元）。

（2）关于重置成本法说法正确的是（　　）。

Ⅰ.重置成本法的客观因素较大，且历史成本与未来价值并无必然联系，因此主要作为一种辅助方法

Ⅱ.完全重置成本是在现实条件下重新购置一项全新状态的资产所需的全部成本

Ⅲ.重置成本法是用待评估资产的重置全价减去其各种贬值后的差额作为该项资产价值的评估方法

Ⅳ.待评估资产价值 = 重置全价 × 综合成新率

    A.Ⅰ、Ⅱ、Ⅲ、Ⅳ   B.Ⅰ、Ⅱ、Ⅲ   C.Ⅰ、Ⅱ、Ⅳ   D.Ⅱ、Ⅲ、Ⅳ

【答案】D　【解析】Ⅰ项说法错误，重置成本法的主观因素大，且历史成本与未来价值并无必然联系，因此，重置成本法主要作为一种辅助方法。其余说法均正确。

（3）经评估后，甲公司经调整的负债为700万元，则按照账面价值法，甲公司的股权价值为（　　）万元。

    A.1180   B.1880   C.880   D.1700

【答案】A　【解析】甲公司的股权价值 = $1880 - 700 = 1180$（万元）。

(二)清算价值法

项　目	内　容
分类	清算大致分为破产清算和公司解散清算。清算价值法的主要方法是,假设企业破产和公司解散时,将企业拆分为可出售的几个业务或资产包,并分别估算这些业务或资产包的变现价值,加总后作为企业估值的参考标准。
评估步骤	(1)进行市场调查,收集与被评估资产或类似资产清算拍卖相关的价格资料。 　　(2)分析、验证价格资料的科学性和可靠性。 　　(3)逐项对比分析评估与参照物的差异及其程度,包括实物差异、市场条件、时间差异和区域差异等。 　　(4)根据差异程度及其他影响因素,估算被评估资产的价值,得出评估结果。 　　(5)根据市场调查计算出结果,对清算价格进行评估。
评价	对股权投资基金而言,清算很难获得良好的投资回报。在企业正常可持续经营的情况下,不会采用清算价值法。

一般采用清算价值法估值时采用较低的折扣率。

● 母 题 精 选

【单选题】最适用于清算估值法进行估值的企业是(　　　)。

　　A. 某资不抵债,经营停滞的有色金属开发企业

　　B. 某正常持续运营中的机械制造企业

　　C. 某软件开发企业

　　D. 某经营良好的商业零售企业

【答案】　A　【解析】对股权投资基金而言,清算很难获得良好的投资回报。在企业正常可持续经营的情况下,不会采用清算价值法,故选A。

【单选题】关于估值方法中的清算价值法,表述错误的是(　　　)。

　　A. 在使用清算价值法估值时,通常采用较低的折扣率

　　B. 清算价值法中需要考虑变现价值

　　C. 清算价值法在企业可持续经营的情况下极少使用

　　D. 清算价值法仅适用于破产清算的情形

【答案】　D　【解析】一般采用清算价值法估值时采用较低的折扣率,故选项A正确。假设企业破产或公司解散时,将企业拆分为可出售的几个业务或资产包,并分别估算这些业务或资产包的变现价值,加总后作为企业估值的参考标准,故选项B正确。对股权投资基金而言,清算很难获得很好的投资回报,企业正常可持续经营情况下,不会采用清算价值法,故选项C正确。清算包括破产清算和解散清算,故选项D表述错误。

第四节　投资协议主要条款

一、估值条款（掌握）

项　目	内　容
估值条款	（1）估值条款直接影响着两个问题：①谁控制公司，即控制权；②当公司被出售时，每个股东能够获得多少现金，即收益权。 （2）估值条款中的"估值"包括投资前估值和投资后估值。投资前的估值是目标公司接受投资前的估值，投资后的估值是目标公司接受投资后的估值。投资后估值的计算公式： 　　　投资后的估值 = 投资前的估值 + 新的投资额 （3）估值条款约定股权投资基金的投资方式。 ①创业投资基金的投资工具：可转换优先股、可转换债或普通股。创业投资基金以目标公司增资方式进行投资。 ②并购基金的投资工具：普通股。 并购基金以受让目标公司原有股权方式进行投资。

考查概率：80%，在考试中所占分值约为1分。

命题角度：①估值条款的判断；②投资后估值的计算。

考生要能够根据题目给出的具体条款内容，判断属于什么条款。判断估值条款的关键是，条款的内容是否约定了公司的控制权或者股东的收益分配。

● 母题精选

【单选题】 某公司注册资本100万元，有人要投资100万元人民币，占2%的股份，公司投后估值为（　　）万元。

　　A. 5000　　　　B. 500　　　　C. 2000　　　　D. 200

【答案】 A　**【解析】** "投资后估值"是目标公司接受投资后的估值，等于投资前估值加上新的投资额。本题中公司投后估值为100/2% = 5000（万元）。

二、估值调整条款（掌握）

项　目	内　容
概述	（1）目的：保护投资者利益。 （2）措施：对赌安排。即在一定期限之后如果企业未能完成一定指标，投资者会获得一定补偿，以弥补其由于企业的实际价值降低所受的损失。 （3）含义：估值调整机制又称"估值调整协议"或者"对赌条款"，估值调整条款可以以条款形式存在于投资协议中，也可以一个专门的协议形式存在。
估值调整机制的触发条件	（1）目标公司的实际业绩未达到事先约定的业绩目标。 （2）发生特定事件，如公司未在约定时间前实现首次公开发行（IPO）、原大股东失去控股地位、高管严重违反约定等。
分类及实现方法	估值调整机制可以分为现金补偿类和股份补偿类，实现途径如下。 （1）现金补偿类：通过行使回售权实现。 （2）股份补偿类：通过股东间以较低的名义价格进行股份转让或调整优先股与普通股之间的转换系数来实现。

考查概率：60%，在考试中所占分值约为1分。

命题角度：①对赌安排的含义；②估值调整机制的触发条件；③估值调整机制的分类及实现方法。

估值调整机制触发后，由被投资企业创始股东或其他利益方按照协议约定的计算规则向股权投资基金以现金或股权方式提供补偿。

三、优先认购权条款（掌握）

项目	内　容
概念	优先认购权是指目标公司未来发行新的股份或者可转换债券时，股权投资基金将按其持股比例获得同等条件下的优先认购权利。
目的	当公司增加发行股份时，保护股权投资基金的股权比例不被稀释。
额外约定	通常，投资协议会额外约定优先认购权适用除外的情况，包括为上市而进行的首次公开发行、为建立员工持股计划而增加的股份发行、为履行银行债转股协议而增加的股份发行等。

考查概率：60%，在考试中所占分值约为1分。
命题角度：①优先认购股权的概念、目的；②优先认购权适用除外的情形。

四、第一拒绝权条款（掌握）

项目	内　容
第一拒绝权条款	（1）概念：第一拒绝权是指目标公司的其他股东欲对外出售股权时，作为老股东的股权投资基金在同等条件下有优先购买权。 （2）针对未来目标公司可能出现的股权变化，优先认购权、第一拒绝权、随售权、拖售权条款对股权投资基金的股东权利提供了相对完整的保护。其中，优先认购权和第一拒绝权是最为常见的股东权利。

考查概率：60%，在考试中所占分值约为1分。
命题角度：第一拒绝权条款的概念（判断）。
注意分辨优先认购权条款和第一拒绝权条款的区别。

● 母 题 精 选

【单选题】目标公司创始股东、董事、监事和高管欲向第三人出售部分或全部股权（因公司利益需要向管理团队成员转让股权的情形除外），投资人有权按相同的条件购买该股权。这属于（　　）。

　　A.估值调整条款　　　　　　B.第一拒绝权条款

　　C.优先认购权条款　　　　　D.随售权条款

【答案】　B　【解析】题干所述属于第一拒绝权条款。

五、随售权条款（掌握）

项目	内　容
随售权条款	（1）概念：也称共同出售权，是指目标公司的其他股东欲对外出售股权时，股权投资基金有权以其持股比例为基础，以同等条件参与该出售交易。 （2）一般情况下，随售权条款与第一拒绝权条款同时出现。

考查概率：60%，在考试中所占分值约为1分。
命题角度：随售权条款的概念（判断）。

六、反摊薄条款（掌握）

项目	内　容
概述	（1）反摊薄条款的含义：又称"反稀释条款"，本质为一种价格保护机制，适用于后轮融资为降价融资时，用于保护前轮投资者利益的条款。 （2）降价融资的概念：目标公司后续融资时，后轮投资者认购价格相较于前轮投资者认购价格更低的情形。 （3）降价融资的原因：目标公司经营业绩下降；企业实际控制人试图稀释投资方股权。

考查概率：100%，在考试中所占分值约为1分。
命题角度：①反摊薄条款的概念（判断）；②完全棘轮条款、加权平均条款的含义及两者之间的差别。

续 表

项 目	内 容	
反摊薄条款的保护方式	(1)完全棘轮条款。 ①含义:前轮投资者过去投入的资金所换取的股权全部按新的最低价格重新计算,增加的部分由创始股东无偿或以象征性的价格向前轮投资者转让。 ②特点:只简单对比后轮融资与前轮融资的价格差距,不考虑下一轮新发行股权的数量。 ③目的:完全棘轮条款是最大限度地保护前轮投资者的条款。在使用认股权证或可转换优先股进行股权投资时,棘轮条款通常会通过调整认股权证的购股数量或优先股的转换系数来保护前轮投资者利益。 (2)加权平均条款。 ①含义:加权平均条款将新增出资额的数量作为反稀释时重要的考虑因素,同时考虑新增出资额的价格和融资额度。 ②计算公式:$A = B \times (C + D)/(C + E)$。 其中,$A$ 为前轮投资者经过反稀释补偿调整后的每股新价格;B 为前轮投资者在前轮融资时支付的每股价格;C 为新发行前公司的总股数;D 为如果没有降价融资,后轮投资者在后轮投入的全部投资价款原本能够购买的股权数量;E 为当前发生降价融资,后轮投资者在后轮投入的全部投资价款实际购买的股权数量。	💡 完全棘轮条款由企业家完全承担公司经营不利的风险,对作为创始股东的企业家影响巨大。 💡 相对于完全棘轮条款,加权平均条款对目标公司和创始股东更加有利,也更容易被各方接受。 💡 "加权"指考虑新增出资额数量的权重。

● 母题精选

【单选题】股权投资基金与被投资公司(A公司)签署的投资协议中有如下内容,"如果 A 公司再次发行股权且增发时 A 公司的估值低于投资人股权对应的 A 公司估值,则投资人有权从创始人股东处以加权平均法取得额外的股权",该条约定属于(　　)。

　　A.反摊薄条款　　　B.优先清算条款　C.对赌条款　　　D.回购保证条款

【答案】 A 【解析】反摊薄条款也称为反稀释条款,本质上是一种价格保护机制,适用于后轮融资为降价融资时,用于保护前轮投资者利益的条款。

【单选题】以下选项中,可用于解决股权投资人在目标企业再次融资后,股权被摊薄问题的措施为(　　)。

　　A.完全棘轮法　　　B.重置成本法　C.现金流折现法　　D.清算价值法

【答案】 A 【解析】反摊薄条款也称为反稀释条款,本质上是一种价格保护机制,适用于后轮融资为降价融资时,用于保护前轮投资者利益的条款。通过反摊薄条款进行保护的方式通常有两种:完全棘轮和加权平均,前者比后者更大限度地保护投资者。

【单选题】某企业在融资前,企业家持股数量为 20000 股。前轮投资者以每股 3 元的价格购了 10000 股,后轮投资者以每股 2 元的价格购买了 5000 股。在完全棘轮条款下,企业家需向前轮投资者补偿的股票数量为(　　)股。

　　A.5000　　　　　B.10000　　　　C.15000　　　　D.20000

【答案】 A 【解析】在完全棘轮条款下,企业家需向前轮投资者补偿的股票数量 = (10000 × 3)/2 - 10000 = 5000(股)。

七、保护性条款（掌握）

项 目	内 容
保护性条款	（1）概念：保护性条款是指股权投资基金为保护自身利益而设置的要求目标公司在执行某些可能损害投资者利益或对投资者利益有重大影响的行为时，需取得投资者同意的条款。 （2）目的：保护作为小股东的投资者，保护其利益不被大股东侵害。 （3）保护性条款通常是针对涉及投资者经济利益或者公司控制权的重大事项。 （4）保护性条款实际上赋予了股权投资基金作为投资人，对一些特定重大事项的一票否决权。

考查概率：80%，在考试中所占分值约为1分。

命题角度：保护性条款的概念和目的。

● 母题精选

【单选题】投资协议中，保护性条款通常会赋予股权投资基金作为投资人对一些特定重大事项的（   ）。

　A.一票否决权　　　　　　　　B.同等表决权

　C.人事任免权　　　　　　　　D.分类表决权

【答案】 A 【解析】在某些特殊情况下，投资机构甚至可以根据投资协议约定的保护性条款，对可能损害投资机构权益的决策行使一票否决权。

八、董事会席位条款（掌握）

项 目	内 容
董事会席位条款	（1）概念：董事会席位条款指的是在投资协议中股权投资基金和目标公司之间约定董事会的席位构成和分配的条款。 （2）实质：约定被投资企业的控制权分配。 （3）约定内容：董事会席位总数、分配规则。 **记忆关键词**：约定席位构成和分配

考查概率：80%，在考试中所占分值约为1分。

命题角度：董事会席位条款的概念（判断）。

本考点要求考生理解董事会席位条款的概念，给出具体的条款内容，考生应能判断出是否属于董事会席位分配条款。

● 母题精选

【单选题】以下投资协议条款的简要约定中，属于董事会席位分配条款的是（   ）。

　A."公司如向第三方提供担保"依照公司章程，应由董事会决议通过

　B."投资人有权提名一名董事（投资人提名董事）至被投资公司董事会，如经股东会选举通过，则包括投资人提名并选举通过的董事在内，董事会由不超过11名董事组成"

　C."投资人有权提名一名董事（投资人提名董事）至被投资公司监事会，如经股东会选举通过，职责包括投资提名并选举通过的监事会在内，监事会由不超过5名监事组成，其中两名监事分别由职工代表和外部监事组成"

　D."公司股东会会议由董事会召集，董事长主持"

【答案】 B 【解析】董事会席位条款指的是在投资协议中股权投资基金和目标公司之间约定董事会的席位构成和分配的条款。董事会席位条款的实质是对被投资企业的控制权分配进行约定。通常，董事会席位条款会约定董事会席位总数及其分配规则。故选B。

九、回售权条款（掌握）

项 目	内 容
概念	回售权是指满足协议约定的特定触发条件时,股权投资基金有权将其持有的全部或部分目标公司股权以约定的价格卖给目标公司创始股东或创始股东指定的其他相关利益方。
触发回售权的条件	触发回售权的条件:业绩指标触发条件和非业绩事件触发条件。 具体如业绩不达标;未及时改制/申报上市材料/实现 IPO;原始股东丧失控股权;高管出现重大不当行为等。
回售权条款的功能	(1)通过行使回售权达到估值调整的目的。 (2)触发条件发生时,回售权条款可以保障股权投资基金的投资流动性,从而获得畅通的退出渠道。

考查概率:60%,在考试中所占分值约为 1 分。

命题角度:回售权条款的概念(判断)。

💡触发条件具备后,投资人可以要求目标公司创始股东或创始股东指定的其他相关利益方按协议约定的价格回购投资人的全部或部分股份。

十、拖售权条款（掌握）

项 目	内 容
拖售权的概念	拖售权,也称领售权、强卖权或强制出售权,是指如果有第三方向股权投资基金发出股权收购要约,且股权投资基金接受该要约,则其有权要求其他股东一起按照相同的出售条件和价格向该第三方转让股权。
拖售权的作用	拖售权可以保证投资者作为小股东,就算不实际管理、经营企业,在它想要退出的时候,原始股东和管理团队也不得拒绝,必须按照其和并购方达成的并购时间、条件和价格完成并购交易。
拖售权与随售权的区别	(1)随售权是股权投资基金欲强行进入其他股东与第三方的交易,交易价格以其他股东与第三方协商确定的价格为准。 (2)拖售权是股权投资基金强迫其他股东进入股权投资基金与第三方的交易,交易价格以股权投资基金与第三方协商确定的价格为准。
对拖售权的行使设置的条件	通常,投资企业创始股东会拒绝拖售权条款,或者会对拖售权的行使设置一定的条件,具体包括以下两方面。 (1)股权投资基金提出要行使拖售权时,公司创始股东有权按照第三方买家提出的同等交易条件受让股权投资基金在公司的股权;只有在公司创始股东拒绝受让的情况下,拖售权才能被行使。 (2)第三方买家对公司的估值必须高于某一事先设定的数额。

考查概率:60%,在考试中所占分值约为 1 分。

命题角度:①拖售权条款的概念(判断);②拖售权与随售权的区别;③对拖售权的行使设置的条件。

💡相比随售权,拖售权赋予股权投资基金更大的权利,使其作为少数股东,享有决定公司转让的权利,此种权利有时会严重侵害创始股东的利益。

● 母 题 精 选

【单选题】下列关于拖售权条款的表述,错误的是( )。

A. 拖售权是股权投资基金欲强行进入其他股东与第三方的交易,交易价格以其他股东与第三方协商确定的价格为准

B. 拖售权赋予股权投资基金更大的权利,使其作为少数股东,享有决定公司转让的权利

C.拖售权条款保证投资者作为小股东,即使不实际管理、经营企业,在它想要退出的时候,原始股东和管理团队也不得拒绝

D.股权投资基金提出要行使拖售权时,公司创始股东有权按照第三方买家提出的同等交易条件受让股权投资基金在公司的股权

【答案】A　【解析】随售权是股权投资基金欲强行进入其他股东与第三方的交易,交易价格以其他股东与第三方协商确定的价格为准。

十一、竞业禁止条款（掌握）

项　目	内　容
概念	竞业禁止条款是指在投资协议中,股权投资基金为了确保目标公司的良好发展和利益,要求目标公司通过保密协议或其他方式,确保其董事或其他高管不得兼职与本公司业务有竞争的职位,同时,在离职后一段时期内,不得加入与本公司有竞争关系的公司或从事与本公司有竞争关系的业务。
目的	保证目标公司的利益不受损害,从而保障投资者的利益。
形式	(1)法定竞业禁止:当事人基于法律的直接规定而产生的竞业禁止义务。 (2)约定竞业禁止:当事人基于合同的约定而产生的竞业禁止义务。

考查概率:80%,在考试中所占分值约为1分。

命题角度:竞业禁止条款的概念。

本考点考查形式多样,但是大都是对于竞业禁止条款概念的考查,考生应理解并掌握。

● 母 题 精 选

【单选题】签署竞业禁止协议的人员离开被投资企业A后先去了非竞争的公司B,又离职在一家与A同行业的公司C从业,这时（　　）。

A.视C企业发展状况确定违反与否　　B.原竞业禁止协议失效

C.违反了原竞业禁止协议　　D.视竞业禁止协议期限确定违反与否

【答案】D　【解析】竞业禁止条款是指在投资协议中,股权投资基金为了确保目标公司的良好发展和利益,要求目标公司通过保密协议或其他方式,确保其董事或其他高管不得兼职与本公司业务有竞争的职位,同时,在离职后一段时期内,不得加入与本公司有竞争关系的公司或从事与本公司有竞争关系的业务,故选项D正确。

十二、保密条款（掌握）

项　目	内　容
保密条款	(1)概念:保密条款是指除依法律或监管机构要求的信息披露外,投融资双方在对股权投资交易中知悉的对方商业秘密承担保密义务,未经对方书面同意,不得向第三方泄露。 (2)保密条款概念中的"商业秘密"包括以下两方面内容。 ①对于目标公司而言,包括在融资过程中所知悉的股权投资基金的非公开的尽职调查方法与流程、投资估值意见、投资框架协议及投资协议条款等信息。 ②对于股权投资基金而言,包括在投资过程中知悉的目标公司的非公开的技术、产品、市场、客户、商业计划、财务计划等信息。 (3)保密条款应列明保密信息的具体内容、保密期限及违约责任。

考查概率:80%,在考试中所占分值约为1分。

命题角度:保密条款的概念。

本考点一般是概念型的考查,考生应注意对概念的理解和把握,尤其要注意商业秘密的界定。

对于股权投资基金而言,其所投目标公司也属于商业秘密,所以保密条款也针对目标公司施加保密的义务,因此,保密条款有利于保护双方的利益。

● 母 题 精 选

【单选题】关于投资协议中的保密条款,说法错误的是(   )。

A. 保密义务是双方共同的义务

B. 保密条款也需要对所投资的目标公司施加保密的义务

C. 投资协议中规定投资方为应对投资中了解的目标公司的商业机密承担保密业务,保证不将这些信息泄露给第三方

D. 对目标公司而言,其在融资过程中所知悉的股权投资基金的投资估值意见不属于商业秘密

【答案】 D 【解析】对目标公司而言,其在融资过程中所知悉的股权投资基金的非公开的尽职调查方法与流程、投资估值意见、投资框架协议及投资协议条款等信息通常均属于商业秘密,故选项 D 表述错误。

十三、排他性条款(掌握)

项 目	内 容
排他性条款	(1)概念:排他性条款要求目标公司现任股东及其任何任职职员、董事、财务顾问、经纪人或代表公司行事的人在约定的排他期内不得与其他投资机构进行接触,从而保证双方的时间和经济效率。 (2)排他期限:由双方约定,一般为几个月(一般为 60~90 天,并购类项目的锁定时间更长一些)。投资方如果在协议签署之日前的任何时间决定不执行投资计划,应立即通知目标企业,目标公司收到通知时排他期即刻结束。

考查概率:80%,在考试中所占分值约为1分。

命题角度:①排他性条款的含义;②排他期限的相关内容。

本考点通常为概念型考查,考生理解并掌握排他性条款的含义及排他期限的设置即可准确答题。

● 母 题 精 选

【单选题】下列关于投资协议中排他性条款的说法中,错误的是(   )。

A. 排他条款一般是指单方面约束目标企业职员、董事、财务顾问、经纪人或代表公司行事的人

B. 投资方如果在协议签署之日前的任何时间决定不执行投资计划,可以不通知目标企业

C. 排他性条款一般会约定一定期限的排他期限

D. 在排他期限内,目标企业现任股东及其董事、雇员、财务顾问、经纪人在与股权投资基金进行谈判的过程中不得再与其他投资机构进行接触

【答案】 B 【解析】排他性条款通常是投资框架协议中的条款,它要求目标公司现任股东及其任何任职职员、董事、财务顾问、经纪人或代表公司行事的人在约定的排他期内不得与其他投资机构进行接触,从而保证双方的时间和经济效率,选项 A、C、D 正确。同时,投资方如果在协议签署之日前的任何时间决定不执行投资计划,应立即通知目标企业,故选项 B 表述错误。

章节练习

用手机微信扫描"章节练习"旁边的二维码或用电脑浏览器打开网址 https://www.ceweilai.cn/即可进入智能题库进行章节练习。

第六章　股权投资基金的投资后管理

● 本章应试分析

本章主要从投资后管理概述、项目跟踪与监控和增值服务这三个方面介绍了股权投资基金的投资后管理。本章在考试中所占分值约为 4 分。本章内容较少，在考试中考查也相对较少，考生需要重点掌握项目跟踪与监控的主要方式。本章多为理解性的知识，学习起来相对简单。

● 思维导图

```
                        ┌─ 投资后管理概述 ─────┬─ 投资后管理的概念、内容和作用（理解）
                        │                      └─ 投资后管理中获取信息的主要方式（理解）
股权投资基金的投资后管理 ┼─ 投资后项目跟踪与监控 ┬─ 项目跟踪与监控的常用指标（理解）
                        │                      └─ 项目跟踪与监控的主要方式（掌握）
                        └─ 增值服务 ───────────┬─ 增值服务的价值（理解）
                                               └─ 增值服务的主要内容（理解）
```

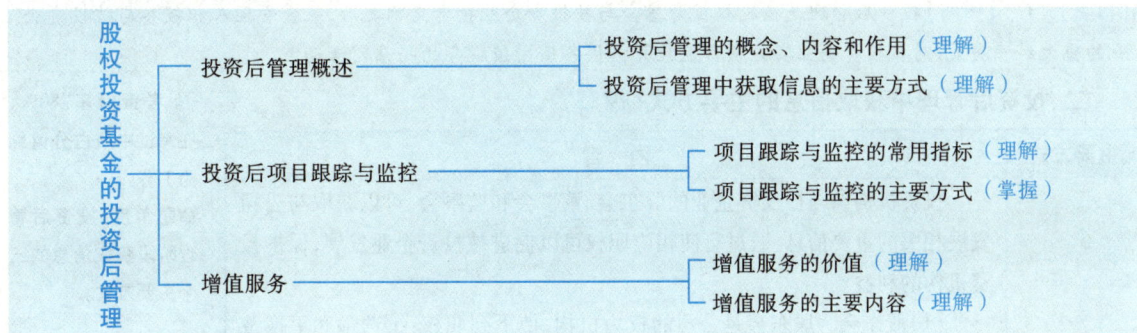

● 名师同步精讲

第一节　投资后管理概述

视频讲解　微信扫描

随书赠送智能题库获取方式见书背面

🎓 名师指导

一、投资后管理的概念、内容和作用（理解）

👍 考查概率：80%，在考试中所占分值约为 1 分。

命题角度：投资后管理概念、内容和作用。

项　目	内　　容
概念	投资后管理是指股权投资基金与被投资企业投资交割之后，基金管理人积极参与被投资企业的重大经营决策，对被投资企业实施项目监控并提供各项增值服务的一系列活动。投资交割之后到项目退出前都属于投资后管理期间，在整个股权投资过程中持续时间最长、花费精力最多。
内容	股权投资基金投资后管理的主要内容有以下两方面。 （1）投资机构对被投资企业进行的项目跟踪与监控活动。 （2）投资机构为被投资企业提供增值服务。
作用	（1）投资后的项目跟踪与监控有利于及时了解被投资企业经营运作情况，从而可以根据具体情况采取具体措施，保证资金安全，提高投资收益。 （2）增值服务有利于提升被投资企业自身价值，增加投资收益。 （3）投资机构有足够经验和能力帮助被投资企业处理后续融资、兼并收购、企业上市与上市后资本市场运作等问题，能有效帮助被投资企业充分利用资本市场。

● 母 题 精 选

【单选题】不属于股权投资基金的投资后管理的是(　　)。

    A. 以被投资企业为案例进行下一基金募资　　 B. 对被投资企业实施风险监控

    C. 提供各项围绕企业发展的增值服务　　 D. 参与被投资企业的重大经营决策

【答案】　A　【解析】通常,投资后管理的主要内容可以分为两类,第一类为投资机构对被投资企业进行的项目跟踪与监控活动;第二类为投资机构为被投资企业提供的增值服务。

【单选题】股权投资基金在投资后管理期间,为被投资企业提供完善公司治理结构、规范财务管理系统和为企业提供管理咨询等增值服务的主体是(　　)。

    A. 出资人　　 B. 托管人　　 C. 管理人　　 D. 监督与自律机构

【答案】　C　【解析】投资后管理是指股权投资基金与被投资企业投资交割之后,基金管理人积极参与被投资企业的重大经营决策,对被投资企业实施项目监控并提供各项增值服务的一系列活动。

二、投资后管理中获取信息的主要方式(理解)

> 考查概率:80%,在考试中所占分值约为1分。
>
> 命题角度:投资后管理阶段获取信息的三个主要方式。

主要方式	内　容
参加被投资企业股东会、董事会、监事会	投资机构参与被投资企业的股东会、董事会和监事会,可以获取与公司发展相关的重要信息,通过行使相应职权可以促进被投资企业发展,保护投资机构的利益。 (1)股东会。股东会是公司的权力机构,使下列职权:①选举和更换董事、监事,决定有关董事、监事的报酬事项;②审议批准董事会的报告;③审议批准监事会的报告;④审议批准公司的利润分配方案和弥补亏损方案;⑤对公司增加或者减少注册资本作出决议;⑥对发行公司债券作出决议;⑦对公司合并、分立、解散、清算或者变更公司形式作出决议;⑧修改公司章程;⑨公司章程规定的其他职权。 (2)董事会。董事会行使下列职权:①召集股东会会议,并向股东会报告工作;②执行股东会的决议;③决定公司的经营计划和投资方案;④制订公司的利润分配方案和弥补亏损方案;⑤制订公司增加或者减少注册资本以及发行公司债券的方案;⑥制订公司合并、分立、解散或者变更公司形式的方案;⑦决定公司内部管理机构的设置;⑧决定聘任或者解聘公司经理及其报酬事项,并根据经理的提名决定聘任或者解聘公司副经理、财务负责人及其报酬事项;⑨制定公司的基本管理制度;⑩公司章程规定或者股东会授予的其他职权。 (3)监事会。监事会作为公司内部专门行使监督权的监督机构,对公司董事和高管的行为是否符合法律法规和公司章程行使监督权。
关注被投资企业经营状况	投资机构通过被投资企业提交的经营报告了解企业业务进展情况,从而对项目发展进行有效监控。被投资企业提供的与企业经营状况相关的报告一般包括月度报告、季度报告、半年度报告、年度报告和有关专项报告等。
日常联络与沟通工作	(1)投资机构与被投资企业主要管理人员进行沟通的方式有电话、会面、到企业实地考察等。 (2)日常联络与沟通工作的目的是了解企业的日常经营状况,从而对其进行有针对性的咨询辅导和帮助。

第二节　投资后项目跟踪与监控

一、项目跟踪与监控的常用指标（理解）

常用指标	内　　容
经营指标	（1）项目跟踪与监控中需要重点关注的经营指标主要包括收入、净利润、市场占有率、网点建设、新市场进入、收入增长率等。 （2）企业价值与收入、利润、增长率等经营指标高度正相关，相关指标通常会在投资协议中进行约定，故投资机构需要重点了解与掌握企业的经营指标。 （3）通过经营指标预期与实现的对比分析，可以帮助投资机构充分了解企业的真实经营能力和行业环境变化带来的影响，帮助企业制订后续经营计划与各项重大决策，保证企业良性健康发展。
管理指标	项目跟踪与监控中需要重点关注的管理事项主要包括以下六个方面。 （1）公司战略与业务发展定位。企业家团队应不间断地修订和调整公司战略与业务发展的定位，了解企业的真正实力，避免企业资金资源的不当使用。投资机构利用自己的经验及时监督和发现问题，帮助企业构建科学的公司战略和业务发展定位。 （2）经营风险控制情况。企业经营管理面临的风险主要有财务风险、经营风险等内部风险，自然风险、社会风险、经济风险、政治风险等外部风险。投资机构利用自身的经验与优势视角，协助被投资企业监控相关情况，预判风险，增强企业抵御和防范风险的能力。 （3）公司治理情况。公司治理是企业发展和价值增值的重要基础，也是保障投资机构投资权益的重要制度安排。投资机构应高度关注被投资企业的公司治理、股东参与、投资者保护等问题，利用自身的经验和能力监控被投资企业的公司治理建设，协助被投资企业规范发展，实现投资目标。 （4）高层管理人员尽职与异动情况。投资机构应全面了解管理团队的真实能力、道德品质，关注管理团队的尽职状态，并提出建议。协助进行管理团队调整，引进合适人才充实管理团队。 （5）重大业务经营问题。 （6）危机事件处理情况。
财务指标	在投资后管理中应重点关注以下财务指标的情况。 （1）比率分析中的预警信号。比率分析具体包括流动比率、速动比率、存货周转率、负债率等分析。通过比率分析，能及时发现被投资企业的潜在问题。 （2）经营中的拖延付款。被投资企业管理层在支付各类经营款项、职工薪酬或者银行债务时拖延付款，是现金流紧张的表现。投资机构发现这些情况时，应进一步了解企业状况，帮助解决潜在问题。 （3）财务亏损。投资机构应当掌握被投资企业亏损情况，尤其要关注盈转亏的情况。投资机构应了解企业管理层对于扭转亏损状况的具体措施。

考查概率：80%，在考试中所占分值约为1分。

命题角度：项目跟踪与监控的三个常用指标及这三个指标的具体内容。

本考点要求考生能够理解并区分项目跟踪与监控中需要重点关注的经营指标、管理事项（6个）、财务指标（4个）。

财务指标反映企业经营管理的结果，财务报表信息可以反映企业的财务状况以及企业经营管理情况。

续 表

常用指标	内 容
财务指标	（4）资产负债表的重大改变。若被投资企业的资产负债表发生重大变化，投资机构应及时查明原因，确认是否存在资不抵债或资金周转困难等情况。

二、项目跟踪与监控的主要方式（掌握）

主要方式	内 容
跟踪协议条款的执行情况	在投资后管理阶段，投资机构应定期核查投资协议条款的执行情况，切实维护自身的合法权益。当协议执行中存在重大风险或出现不确定情况时，应即刻采取相应补救措施。
监控被投资企业的各类经营指标与财务状况	投资机构可以对被投资企业财务状况进行监控和分析，从而达到对被投资企业的风险监控。投资机构通常要求被投资企业定期提供财务报表和业绩报告，同时跟踪可能对公司生产经营、业绩、资产等产生重大影响的事宜，包括跟踪被投资企业重大合同等业务经营信息、重大的投资活动和融资活动、公司经营范围的变更、重要管理人员的任免等。
参与被投资企业的公司治理	投资机构直接参与被投资企业股东会、董事会和监事会，通过提出议案或参与表决的方式，监控被投资企业的经营管理，降低投资后的委托代理风险。

● 母 题 精 选

【单选题】下列不属于项目跟踪与监控的主要方式的是（   ）。
A.跟踪协议条款执行情况　　　　　B.监控被投资企业的各类经营指标
C.参与被投资企业的公司治理　　　D.监控被投资企业的管理层人员变动

【答案】 D 【解析】项目跟踪与监控的主要方式包括：跟踪协议条款执行情况、监控被投资企业的各类经营指标与财务状况、参与被投资企业的公司治理。

第三节 增值服务

一、增值服务的价值（理解）

项 目	内 容
增值服务的价值	（1）增值服务贯穿了投资后管理的整个环节，在投资机构的投资运作流程中具有十分重要的作用。在目前的市场环境中，增值服务能力基本可认为是投资机构的核心竞争力，具体表现在以下三个方面。 ①通过增值服务能协助被投资企业健康快速的发展。 ②通过增值服务能有效降低投资风险。 ③良好的增值服务能增加投资机构品牌内涵和价值，从而成为投资机构的"软实力"的体现。

考查概率：80%，在考试中所占分值约为1分。
命题角度：项目跟踪与监控的三个主要方式。
考生要理解三种项目跟踪与监控的方式的具体内容。

特殊情况下，投资机构可以依据投资协议约定的保护性条款，对可能损害投资机构权益的决策行使一票否决权。

考查概率：60%，在考试中所占分值约为1分。
命题角度：增值服务的价值。

本考点在考试中出现相对较少，考生应注意理解，不需要死记硬背。

续　表

项　目	内　容
增值服务的价值	（2）投资机构对于处在不同成长阶段的被投资企业的投资后管理中的参与程度和侧重点不同，主要体现为以下两方面。 ①对于处于早期阶段的被投资企业，投资机构重点协助其进行规范管理、业务开拓、后续再融资等。 ②对于发展较为成熟的被投资企业，投资机构重点协助其进行资源导入、兼并收购、上市推动等。

● 母 题 精 选

【单选题】对于处在不同成长阶段的被投资企业，投资机构对其在投资后管理中参与的程度与侧重点也有所不同。对于早期阶段的被投资企业，投资机构侧重于（　　）。

Ⅰ.资源导入　　　　Ⅱ.规范管理　　　Ⅲ.业务开拓　　　Ⅳ.后续再融资
　　A.Ⅰ、Ⅱ、Ⅲ、Ⅳ　　B.Ⅰ、Ⅱ、Ⅲ　　C.Ⅱ、Ⅲ、Ⅳ　　D.Ⅰ、Ⅲ、Ⅳ

【答案】　C　【解析】对于处在不同成长阶段的被投资企业，投资机构对其在投资后管理中参与的程度与侧重点也有所不同：①对于早期阶段的被投资企业，投资机构侧重于协助其进行规范管理、业务开拓、后续再融资等。②对于发展较为成熟的被投资企业，投资机构提供增值服务的内容往往侧重于资源导入、兼并收购、上市推动等。

二、增值服务的主要内容（理解）

👍考查概率：60%，在考试中所占分值约为1分。

命题角度：增值服务六个方面的主要内容。

主要内容	内　容
协助完善规范的公司治理架构	投资机构本身比较关注被投资企业的公司治理结构，因此可以为被投资企业的公司治理结构提供合理意见与建议，帮助被投资企业建立更加规范的公司治理结构。
协助建立规范的财务管理体系	投资机构利用自身在财务管理体系上的专业经验与能力，协助被投资企业引入专业财务管理人员，帮助被投资企业建立起以"规范管理、风险控制和全面预算"为基本准则的现代财务管理体系。
为企业提供管理咨询服务	投资机构为被投资企业提供的管理咨询服务包括提供战略、组织、财务、人力资源、市场营销等方面的咨询建议。
协助进行后续再融资工作	投资机构可以利用自己在资本市场和借贷市场的关系网，引荐其他投资机构或者商业银行，从而帮助被投资企业引入新的股权资金或者债权资金。被投资企业常常会选择在投资行业内有广泛关系网络的投资机构，以保证其后续融资活动的顺利进行。
协助上市及并购整合	一般而言，被投资企业擅长自身的业务发展，对于如何进行资本规划、股票公开发行和上市、并购整合较为薄弱；而与此相反，投资机构对资本市场的熟悉程度高、资本运作能力较强，因此，在为被投资企业提供资本运作增值服务方面，投资机构能够承担更多的责任。

续 表

主要内容	内 容
提供人才专家等外部关系网络	投资机构可以为被投资企业引入人才专家资源,并帮助其融入企业,形成企业竞争力。主要包括帮助被投资企业寻找合适的高级管理人才、核心技术人才、日常经营中的供应商和经销商、业务合作方、会计师事务所、律师事务所、管理咨询公司、专家顾问等。

● 母 题 精 选

【单选题】增值服务在投资机构的投资运作流程中具有重要地位,下列不属于投资机构为被投资企业提供的增值服务的是(　　)。

A. 协助完善规范的公司治理架构　　　B. 提供人才专家等外部关系网络

C. 协助管理投资人的基金账户　　　　D. 为企业提供管理咨询服务

【答案】　C　【解析】投资机构为被投资企业提供的增值服务主要包括协助完善规范的公司治理架构、协助建立规范的财务管理体系、为企业提供管理咨询服务、协助进行后续再融资工作、协助上市及并购整合、提供人才专家等外部关系网络。

章节练习

　　用手机微信扫描"章节练习"旁边的二维码或用电脑浏览器打开网址 https://www.ceweilai.cn/即可进入智能题库进行章节练习。

第七章　股权投资基金的项目退出

• 本章应试分析

本章首先介绍了股权投资基金项目退出的概念、意义及主要方式，然后分别详细介绍了项目退出的四种方式，即上市转让退出、挂牌转让退出、协议转让退出及清算退出。本章在考试中所占分值约为 7 分。

在考试中，对于项目退出的四种方式考查得较为细致且题目内容展现形式多样，因此要求考生在掌握总体的知识体系的基础上，要能够加深对相关知识点的理解，做到灵活运用。

• 思维导图

股权投资基金的项目退出
- 投资退出概述
  - 项目退出概述（理解）
  - 项目退出的主要方式（理解）
- 上市转让退出
  - 上市转让退出概述（理解）
  - 境内上市（理解）
  - 新《证券法》证券发行注册制的主要内容（理解）
  - 境外上市（理解）
  - 上市后的股权转让退出（掌握）
- 挂牌转让退出
  - 我国主要场外交易市场（了解）
  - 全国股转系统挂牌条件（了解）
  - 全国股转系统挂牌流程（了解）
  - 全国股转系统挂牌后的退出方式（了解）
- 协议转让退出
  - 协议转让退出概述（了解）
  - 并购退出（掌握）
  - 回购退出（理解）
- 清算退出
  - 清算退出概述（理解）
  - 清算退出的流程（理解）

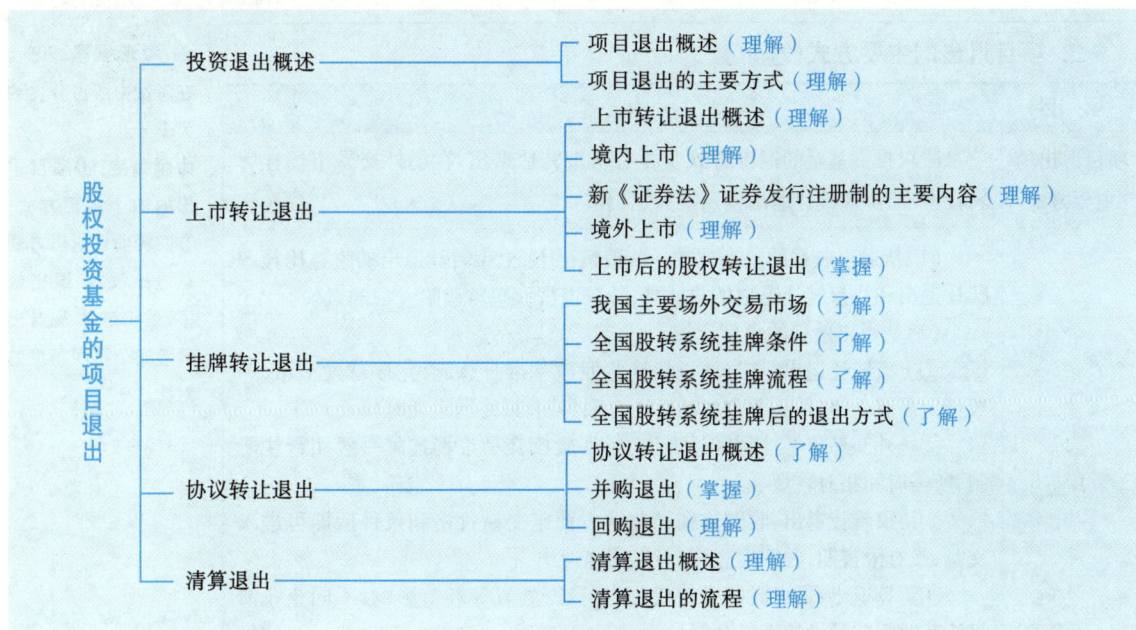

• 名师同步精讲

第一节　投资退出概述

视频讲解微信扫描

随书赠送智能题库获取方式见书背面

名师指导

一、项目退出概述（理解）

项　目	内　容
概念	股权投资基金的项目退出是指股权投资基金选择合适的时机，将其在被投资企业的股权变现，由股权形态转化为具有流动性的现金收益，以实现资本增值，或及时避免和降低损失。
意义	（1）实现投资收益，控制风险。股权投资的盈利不仅来自股息和红利，更来自股权价值的增加，股权投资基金选择恰当的时机退出，实现资本的增

👍考查概率：60%，在考试中所占分值约为 1 分。

命题角度：项目退出的概念和意义。

续 表

项 目	内 容
意 义	值。当预期收益无法实现甚至可能出现亏损时,及时进行项目退出可将投资风险降到最低。 (2)促进投资循环,保持资金流动性。股权投资基金持续的流动性是其持续发展的重要保障。股权投资基金退出机制恰好为股权投资基金提供了持续的流动性。股权投资基金的成功退出,能够为股权投资基金树立良好形象,从而吸引更多的社会资本加入股权投资之中。 (3)评价投资活动,体现投资价值。股权投资基金的投资对象一般为未公开上市的企业,投资方向通常是具有良好发展前景的企业。股权投资退出实现的收益可以衡量资本增值,进而发现、核算和评价投资活动的价值。

💡 股权投资基金的项目退出是整个投资的关键环节,项目成功退出是股权投资基金进行股权投资的最终目标。

二、项目退出的主要方式(理解)

项 目	内 容
项目退出的主要方式	股权投资基金的退出方式主要有上市转让退出、在场外交易市场挂牌转让退出、协议转让退出以及清算退出。
项目退出方式的比较	(1)从退出收益的角度比较。一般情况下,上市转让退出的收益比挂牌转让退出和协议转让退出的收益高;清算退出一般将面临亏损的风险。 (2)从退出效率的角度比较。 ①上市转让退出:从券商进场确定股改基准日算起,完成首发上市,一般至少需要2年时间,上市成功后还有限售期,最终退出耗时较长。 ②场外交易市场挂牌转让退出:场外股权交易市场挂牌一般实行注册制,所需时间相对较短。 ③协议转让退出:收购方与被收购方商定交易价格和条件后即可进入交割,没有限售期,收回现金快,可以快速退出。 ④清算退出:退出时间受债权公告、资产处置等环节影响,不同企业清算所花时间差异性较大。 (3)从退出成本的角度比较。 ①首发上市需要支付给承销商及其他市场服务机构高额的费用。 ②在场外交易市场挂牌一般需要支付所聘请的专业市场服务机构提供改制、辅导等服务的费用,但相较于上市,挂牌所需费用相对较低。 ③协议转让交易的双方达成协议,协议转让即可完成,无须支付高额的保荐、承销等费用。 ④清算退出需要优先支出清算费用。 (4)从退出风险的角度比较。 ①上市转让退出:股权投资基金一般要在企业上市一段时间后方可卖出其所持上市企业的股票,股权投资基金的退出收益必然受这期间股票价格波动的影响。 ②场外交易市场挂牌转让退出:场外股权交易市场的交易活跃度不高,市场流动性较差,故具有挂牌后一段时间内没有受让人或价格被低估的风险。

👍 考查概率:90%,在考试中所占分值约为1分。

命题角度:①项目退出的四个主要方式;②四种项目退出方式从退出收益、退出效率、退出成本及退出风险四个不同角度的对比。

💡 我国目前股票市场首发上市准入实行核准制,企业上市申请能否获得核准存在不确定性。

续 表

项 目	内 容
项目退出方式的比较	③协议转让退出:存在由于信息不对称所引起的价格不能充分反映被投资企业实际价值的风险。 ④清算退出:企业进入清算程序,在处置资产的过程中,部分流动性较差的资产变现能力差可能影响清算收入。

● 母 题 精 选

【单选题】关于股权投资项目清算退出的说法,错误的是(　　)。

A. 清算退出损失是可以避免的

B. 一旦所投资的风险企业经营失败,一般采用此种方法退出

C. 清算退出虽然是迫不得已,但却是避免深陷泥潭的最佳选择

D. 清算退出还能收回一部分投资,以用于下一个投资循环

【答案】 A 【解析】清算退出一般将面临亏损的风险;对清算退出而言,需要支出清算费用,且清算费用是需要优先支付的,因此清算退出的损失是不可避免的,故选项A说法错误。

第二节　上市转让退出

一、上市转让退出概述(理解)

项 目	内 容
上市转让退出概述	(1)概念:股票首次公开发行(IPO)并上市是指股权投资基金通过企业上市将其拥有的被投资企业股份转变成可以在公开市场上流通的股票,通过股票在公开市场转让实现投资退出和资本增值。股票首次公开发行并上市通常是在被投资企业经营达到理想状态时进行的。 (2)上市转让退出的积极作用:上市转让退出可以使股权投资基金获得较高的收益,实现被投资企业价值,资本增值可以产生较高的投资回报。上市转让退出是最为理想的退出方式之一。 (3)上市方式分为以下两类。 ①境内上市。境内IPO市场包括主板、中小企业板和创业板。 ②境外上市。在我国,境外IPO市场主要包括香港证券交易所、美国纳斯达克证券交易所(NASDAQ)、纽约证券交易所(NYSE)等。

考查概率:70%,在考试中所占分值约为1分。
命题角度:上市退出的概念、作用及上市方式分类。

二、境内上市(理解)

项 目	内 容
境内首次公开发行上市	境内首次公开发行上市的主要程序:改制设立股份有限公司、上市辅导、IPO申请文件制作、向中国证监会申报IPO申请文件、预先披露、中国证监会审核、路演、询价、发行、股票上市。境内首次公开发行上市的一般流程如下。

考查概率:60%,在考试中所占分值约为1分。
命题角度:①境内首次公开上市的一般流程;②间接上市。

续 表

项 目	内 容
境内首次公开发行上市	（1）改制。企业上市流程中的企业改制是指企业以在资本市场公开发行和交易股票为目的而进行的企业组织结构、资本资产等方面的改组行为。企业改制、上市发行一般需要聘请专业机构协助完成。 ①企业应首先确定证券公司，在证券公司的协助下选定其他中介机构。 ②在改制阶段，企业为有限责任公司的，应依法改制为股份有限公司并取得营业执照。 （2）辅导。根据中国证监会的规定，拟公开发行股票的股份有限公司在向中国证监会提出股票发行申请前，须由具有主承销资格的证券公司进行辅导。保荐人及其他中介机构应对拟上市企业进行尽职调查，并在此基础上帮助企业完善公司治理结构，明确业务发展目标，明确募集资金使用计划。此外，还应准备首次公开发行申请文件。 （3）申报审核。在申报阶段，企业和中介机构按照中国证监会的要求制作申请文件，保荐机构进行内部审核并出具保荐意见。 （4）股票发行及上市。发行审核委员会核准股票发行申请后，企业将取得中国证监会同意发行的批文。 ①股票发行：发行人在指定报刊、网站刊登招股说明书及发行公告，组织发行路演，通过询价程序确定发行价格，按照发行方案发行股票。 ②股票上市：股票发行成功后，企业刊登上市公告，在交易所的安排下完成上市交易。
间接上市	（1）间接上市方式：参与上市公司重大资产重组、借壳上市。 （2）间接上市成功后，股权投资基金持有的被投资企业股份或股权也可转变成为上市公司的股份，再借助公开市场转让实现退出。

💡 由证券公司（券商）协助选择的其他中介机构包括会计师事务所、律师事务所等。

• 母 题 精 选

【单选题】在境内首次公开发行上市的改制阶段，企业为有限责任公司的，应依法改制为（   ）并取得营业执照。

A. 股份有限公司 B. 上市公司　　　C. 股份两合公司　　　D. 合伙企业

【答案】 A 　【解析】在境内首次公开发行上市的改制阶段，企业为有限责任公司的，应依法改制为股份有限公司并取得营业执照。

三、新《证券法》证券发行注册制的主要内容（理解）

项 目	内 容
新《证券法》证券发行注册制的主要内容	新《证券法》规定，公开发行证券，必须符合法律、行政法规规定的条件，并依法报经国务院证券监督管理机构或者国务院授权的部门注册。未经依法注册，任何单位和个人不得公开发行证券。证券发行注册制的具体范围、实施步骤，由国务院规定。

👍 考查概率：75%，在考试中所占分值约为1分。

命题角度：本考点是2020年新增考点，主要是考查新《证券法》证券发行注册制的主要内容及对此规定的理解。

续　表

项　目	内　容
新《证券法》证券发行注册制的主要内容	新《证券法》的实施表明我国证券公开发行将全面推行注册制,结束证券发行的核准制。但是,授权国务院对证券发行注册制的具体范围、实施步骤进行规定,意味着,证券发行的注册制将是全面推行、渐进落地。

四、境外上市(理解)

项　目	内　容
境外上市的主要方式	(1)境外直接上市。境外直接上市是指企业直接以国内股份有限公司的名义向国外证券主管机构申请发行股票或其他衍生工具,向当地证券交易所申请上市。 ①境外直接上市的优点:可以直接进入境外资本市场,节约信息传递成本,提升企业国际知名度和影响力,获取外汇资金。 ②公司申请境外直接上市的条件有以下方面。 ◆符合我国有关境外上市的法律、法规和规则。 ◆筹资用途符合国家产业政策、利用外资政策及国家有关固定资产投资立项的规定。 ◆净资产不少于 4 亿元人民币,过去一年税后利润不少于 6000 万元人民币,并有增长潜力,按合理预期市盈率计算,筹资额不少于 5000 万美元。 ◆具有规范的法人治理结构及较完善的内部管理制度,有较稳定的高级管理层及较高的管理水平。 ◆上市后分红派息有可靠的外汇来源,符合国家外汇管理的有关规定。 ◆证监会规定的其他条件。 ③适用范围:企业境外上市适用于大型国有企业,如早期的中国石油、中国石化、中国移动,近期的四大国有商业银行的境外上市均采用了境外直接上市的模式。 (2)境外间接上市。境外间接上市是指境内公司将境内资产/权益,以股权/资产收购或协议控制等形式转移至境外注册的特殊目的公司,通过该境外特殊目的公司持有、控制境内资产及股权,并以境外特殊目的公司的名义申请境外交易所上市交易。
境外上市一般操作流程	(1)策划上市方案。具体内容包括选择上市模式(直接上市或间接上市)、选择发行及交易的股票交易所、初步确定融资规模和资金投向等。 (2)准备相关文件。聘请专业的承销商及其他市场服务机构,准备相关文件,由上市地认可的中介机构进行审计和资产评估。 (3)上市申报。保荐人协助发行人向境外证券监管部门和股票交易所提交发行和上市申报文件。 (4)公开发行及交易。境外上市核准或注册完成后,拟上市公司可开始路演及询价,或者先进行部分私募融资,最后再公开股票发行及交易。

👍 考查概率:60%,在考试中所占分值约为 1 分。

命题角度:①境外上市的两种主要方式(境外直接上市和境外间接上市);②境外上市一般操作流程。

💡 在境外资本市场发行股票并上市包括发行 H 股、N 股、S 股等。

💡 我国企业选择境外直接上市,应首先向中国证监会提出申请。

💡 境外直接上市的条件需要多加关注,尤其是相关的数字要准确记忆。

💡 注意境外直接上市和境外间接上市的概念。

五、上市后的股权转让退出(掌握)

(一)锁定期(限售期)概述

考查概率:80%,在考试中所占分值约为1分。
命题角度:①锁定期(限售期)的作用和分类;②我国证券交易所主要交易机制:竞价交易、大宗交易、要约收购和协议转让(重点)。

项 目	内 容
锁定期(限售期)概述	(1)项目退出完结的标志:股权投资机构所持有的股份在锁定期(限售期)届满或符合约定条件通过二级市场减持完毕。 (2)设置锁定期(限售期)的目的:保护中小投资者的利益,预防公司"内部人"即实际控制人、控股股东、董事、监事、高管等利用信息优势获得不当利益,或利用资本市场实现快速套现。 (3)分类。 ①强制锁定:指法律法规或交易所规则规定的关于股份锁定的规则。 ②自愿锁定:指在强制锁定的基础上,为了提升投资者信心,公司实际控制人、控股股东、董事、监事或高管自愿承诺在一定时间内不对外转让其持有的上市公司股份。 (4)锁定期(限售期)结束后,股份上市转让需要遵循交易所的交易机制和交易规则。

(二)我国证券交易所主要交易机制

交易机制	内 容
竞价交易	(1)竞价交易制度也称"委托驱动制度",主要包括集合竞价和连续竞价两种方式,具体内容如下。 ①集合竞价是指对一段时间内接受的买卖申报一次性撮合的竞价方式。 ②连续竞价是指对买卖申报逐笔连续撮合的竞价方式。 (2)证券交易所每个交易日的开市价格一般由集合竞价形成,随后交易系统对不断进入的投资者交易指令,按价格优先与时间优先原则排序,将买卖指令配对竞价成交(连续竞价阶段)。 (3)在集合竞价和连续竞价阶段,交易均实行涨跌幅限制,股票(含A股、B股)买卖在一个交易日内交易价格相对上一个交易日收市价格的涨跌幅不得超过10%,其中ST股票和*ST股票价格的涨跌幅不得超过5%。 记忆关键词:集合竞价、连续竞价;涨跌幅10%、5%
大宗交易	(1)概念:也称大宗买卖,是指达到规定最低限额的证券单笔买卖申报,买卖双方经过协商达成一致并经交易所确定成交的证券交易。 (2)大宗交易的特点体现为以下两方面。 ①定价灵活。大宗交易的买卖方可以就交易价格和数量等要素进行协议议价,卖方易获取更满意的价格。大宗交易不会冲击竞价交易的股票价格,有利于稳定市场。 ②高效率和低成本。大宗交易转让通过委托中介机构按照交易所规定的大宗交易业务办理流程办理,其交易经手费比集中竞价同品种证券的交易经手费低。

续表

交易机制	内 容
要约收购	（1）概念：要约收购是指收购人向所有的股票持有人发出购买上市公司股份的收购要约，收购该上市公司股份的行为。 （2）《上市公司收购管理办法》规定，投资者（收购人）自愿选择以要约方式收购上市公司股份的，可以向被收购公司所有股东发出收购其所持有的全部股份的要约，也可以向被收购公司所有股东发出收购其所持有的部分股份的要约。 （3）若收购人持有上市公司股份达到一定比例后继续进行收购，会被强制要求使用要约收购方式进行收购。 **记忆关键词：**全部要约或部分要约；一定比例（30%）
协议转让	（1）概念：协议转让是指买卖各方依据事先达成的转让协议，向股份上市所在证券交易所和登记机构申请办理股份转让过户的业务。 （2）协议转让的分类。 ①根据转让股份类型进行分类：流通股协议转让和非流通股协议转让。 ②根据转让主体类型进行分类：国有股协议转让和非国有股协议转让。 ③根据转让情形进行分类：协议收购、对价偿还、股份回购等。

💡《上市公司收购管理办法》规定，通过证券交易所的证券交易，收购人持有一个上市公司的股份达到该公司已发行股份的30%时，继续增持股份的，应当采取要约方式进行，发出全面要约或者部分要约。

💡考生应能够根据不同的分类标准，对转让协议进行准确分类。

● 母题精选

【单选题】锁定期（限售期）的设置，通常是为了保护（　　）的利益。
　　A. 中小投资者　　　　　　　　B. 公司实际控制人
　　C. 控股股东　　　　　　　　　D. 公司董事、监事、高级管理人员
【答案】A 【解析】锁定期（限售期）的设置，通常是为了保护中小投资者的利益。

【单选题】下列关于竞价交易机制的说法，错误的是（　　）。
　　A. 主要包括集合竞价和连续竞价
　　B. 证券交易所每个交易日的开市价格一般由连续竞价形成，随后进入集合竞价阶段
　　C. 在集合竞价和连续竞价阶段，交易均实行涨跌幅限制，无论是买入或者是卖出，股票（含A股、B股）在一个交易日内交易价格相对上一个交易日收市价格的涨跌幅不得超过10%
　　D. 交易系统对不断进入的投资者交易指令，按价格优先与时间优先原则排序，将买卖指令配对竞价成交
【答案】B 【解析】证券交易所每个交易日的开市价格一般由集合竞价形成，随后进入连续竞价阶段。

第三节　挂牌转让退出

一、我国主要场外交易市场（了解）

项 目	内 容
我国主要场外交易市场	挂牌转让退出主要在场外市场进行。我国场外市场主要包括以下两种。 （1）全国中小企业股份转让系统（NEEQ），简称全国股转系统，俗称"新三板"。 ①概念：全国中小企业股份转让系统是指经国务院批准设立的公司制全国性证券交易场所，全国中小企业股份转让系统有限责任公司（简称全国股转系统公司）为其运营管理机构。

👍考查概率：40%，本考点考查相对较少。
命题角度：全国中小企业股份转让系统和区域性股权交易市场的概念和作用。

续 表

项 目	内 容
我国主要场外交易市场	②定位:服务于创新型、创业型、成长型中小微企业。 ③作用:发挥主板和创业板的"孵化器"和"蓄水池"作用,为企业提供前期融资、估值、股权流动和企业展示的平台,是我国多层次资本市场的重要组成部分。全国股转系统挂牌股份转让退出成为股权投资基金的重要退出方式。 (2)区域性股权交易市场,俗称"四板"。 ①概念:区域性股权交易市场是指为市场所在地省级行政区域内的企业,特别是中小微企业提供股权、债权的转让和融资服务的场外交易市场。 ②作用:区域性股权交易市场促进了企业特别是中小微企业股权交易和融资,鼓励科技创新,激活民间资本,加强对实体经济薄弱环节的支持,是多层次资本市场的重要组成部分。

💡 区域性股权交易市场接受省级人民政府监管,中国证监会及其派出机构为区域性市场提供业务指导和服务。

👍 本考点考查形式比较单一,考生记住这六个条件即可准确答题。

二、全国股转系统挂牌条件(了解)

项 目	内 容
全国股转系统挂牌条件	股份有限公司申请股票在全国股份转让系统挂牌,不受股东所有制性质的限制,不限于高新技术企业,但应当符合下列条件: (1)依法设立且存续满2年,有限责任公司按原账面净资产值折股整体变更为股份有限公司的,存续时间可以从有限责任公司成立之日起计算。 (2)业务明确,具有持续经营能力。 (3)公司治理机制健全,合法规范经营。 (4)股权明晰,股票发行和转让行为合法合规。 (5)主办券商推荐并持续督导。 (6)全国股份转让系统公司要求的其他条件。

● 母题精选

【单选题】关于股份有限公司在全国中小企业股份转让系统挂牌的条件,下列选项中错误的是( )。

A. 依法设立且存续满2年,有限责任公司按原账面净资产值折股整体变更为股份有限公司的,存续时间可以从有限责任公司成立之日起计算

B. 主办券商推荐并持续督导

C. 业务明确,具有持续经营能力

D. 最近2年持续盈利,最近2年净利润累计不少于1000万元

【答案】 D 【解析】股份有限公司在全国中小企业股份转让系统挂牌,不受股东所有制性质的限制,不限于高新技术企业,但应当符合下列条件:①依法设立且存续满2年,有限责任公司按原账面净资产值折股整体变更为股份有限公司的,存续时间可以从有限责任公司成立之日起计算;②业务明确,具有持续经营能力;③公司治理机制健全,合法规范经营;④股权明晰,股票发行和转让行为合法合规;⑤主办券商推荐并持续督导;⑥全国股份转让系统公司要求的其他条件。

三、全国股转系统挂牌流程(了解)

考查概率:40%,本考点考查相对较少。
命题角度:全国股转系统挂牌的四个流程及其具体内容。

基本流程	内　容
决策改制阶段	(1)主要工作:选聘中介机构,配合中介机构进行尽职调查,选定改制基准日、整体变更为股份公司。股改是此阶段最关键的工作。 (2)股改步骤:召开股东会并作出同意改制的决议;名称预先核准;出具改制审计报告;出具改制评估报告;律师审查重大法律事项;召开股东会并形成确定股改内容的股东会决议;签署发起人协议;验资机构验资并出具验资报告;召开股份公司创立大会;召开第一届董事会第一次会议;召开第一届监事会第一次会议;办理股份公司设立手续。
材料制作阶段	(1)召开董事会、股东会,审议通过申请在全国股转系统挂牌的相关决议和方案。 (2)制作挂牌申请文件。会计师事务所、律师事务所等中介机构完成相应的审计和法律调查工作后,项目小组复核《资产评估报告》《审计报告》《法律意见书》等文件;主办券商制作《股份报价转让说明书》《尽职调查报告》及工作底稿等申报材料。 (3)主办券商内核。 (4)向全国股转系统报送挂牌申请及相关材料。
反馈审核阶段	(1)全国股权转让系统接收材料。 ①全国股份转让系统公司设接收申请材料的服务窗口。申请挂牌公开转让、股票发行的股份公司(以下简称申请人)通过窗口向全国股份转让系统公司提交挂牌(或股票发行)申请材料。申请材料应符合《全国中小企业股份转让系统业务规则(试行)》《全国中小企业股份转让系统挂牌申请文件内容与格式指引(试行)》等有关规定的要求。 ②全国股份转让系统公司对申请材料的齐备性、完整性进行检查。需要申请人补正申请材料的,按规定提出补正要求;申请材料形式要件齐备,符合条件的,全国股份转让系统公司出具接收确认单。 (2)全国股份转让系统公司审查反馈。 ①反馈。对于审查中需要申请人补充披露、解释说明或需要中介机构进一步核查落实的主要问题,审查人员撰写书面反馈意见,由窗口告知、送达申请人及主办券商。 ②落实反馈意见。申请人应当在反馈意见要求的时间内向窗口提交反馈回复意见;如需延期回复,应提交申请,但最长不得超过30个工作日。 (3)全国股转系统出具审查意见。 **记忆关键词:**接收材料、审查反馈、出具意见
登记挂牌阶段	此阶段主要是挂牌上市审核通过后的工作,工作内容:分配股票代码;办理股份登记存管;公司挂牌。登记挂牌阶段的工作由券商协同企业完成。

反馈审核阶段的主要工作是配合全国股转系统的审核,对全国股转系统的审核意见进行反馈。

四、全国股转系统挂牌后的退出方式（了解）

退出方式	内　　容
协议转让	(1)协议转让的委托方式有以下两种。 ①定价委托:指投资者委托主办券商设定股票价格和数量,但没有确定的交易对手方,交易信息将公开显示于交易大盘中。 ②成交确认委托:指买卖双方达成成交协议,委托主办券商向指定对手方发出确认成交的指令。 (2)协议转让的三种成交方式。 ①点击成交:指完成上述定价委托。 ②互报成交确认申报:双方通过约定价格、数量和约定号,统一提交到股转中心,完成交易。互报成交确认申报是老股东常用的方式。 ③收盘自动匹配成交:在每个收盘日15:00将盘中价格相同、交易方向相反的交易对手自动撮合。
做市转让	(1)概念:做市转让是指做市商在全国股转系统持续发布买卖双向报价,并在其报价价位和数量范围内履行与投资者成交义务的转让方式。 (2)作用:做市商为挂牌公司提供专业和公允的估值服务和报价服务,同时为挂牌公司引入外部投资者、申请银行贷款、进行股权质押融资等提供定价参考,以利于提高投融资效率,为其融资、并购等创造有利条件。

本考点内容比较简单,考生应了解:①协议转让的两种委托方式;②协议转让的三种成交方式;③做市转让的概念和作用。

全国股转系统挂牌股票可以采用协议转让、做市转让的方式,也可以采取中国证监会批准的其他转让方式。

● 母 题 精 选

【单选题】全国股转系统挂牌股票转让可采取协议方式转让,协议转让主要采用的委托方式有(　　)。
Ⅰ.意向委托　　　Ⅱ.定价委托　　　Ⅲ.成交确认委托
　　A.Ⅰ、Ⅱ　　　B.Ⅱ、Ⅲ　　　C.Ⅰ、Ⅲ　　　D.Ⅰ、Ⅱ、Ⅲ
【答案】　B　【解析】协议转让主要采用两种委托方式:定价委托和成交确认委托。

第四节　协议转让退出

一、协议转让退出概述（了解）

项　　目	内　　容
协议退出概述	此处协议转让特指未上市企业股权的非公开协议转让,通常包括并购和回购。具体内容如下。 (1)并购退出。并购退出是指股权投资基金向目标公司投资后,其他收购方购买股权投资基金所持目标公司的全部或部分股权,使股权投资基金实现退出。 (2)股权回购。股权回购是指通常由被投资企业大股东或创始股东、管理层、员工等出资购买股权投资基金持有的企业股份,从而使股权投资基金实现退出的行为。股权回购的两种情形如下。

考查概率:40%,本考点考查相对较少。
命题角度:①并购退出和股权回购的概念;②采取股权回购的两种情形。

并购及回购退出是股权投资基金的重要退出途径。

续 表

项 目	内 容
协议退出概述	①股权投资基金管理人认为所投资企业效益没有达到预期或被投资企业无法达到投资协议中的特定条款,可依据投资协议要求被投资企业股东及其他当事人回购股权,实现退出。 ②若被投资企业股东看好企业未来发展潜力,也可通过协商主动回购股权投资基金持有的股权,从而使股权投资基金实现退出。

二、并购退出(掌握)

项 目	内 容
公司股权转让的相关规定	有限责任公司股权转让可以分为以下两种类型。 (1)内部转让:现有股东之间相互转让股权。我国公司法对非上市股份有限公司的股份转让没有特殊规定。 (2)外部转让:现有股东向股东以外的人转让股权。有限责任公司股权的外部转让需要征得其他股东过半数同意,公司章程另有约定的除外。
并购退出程序	(1)股权转让交易双方协商并达成初步意向。股权转让方与受让方就股权转让事宜进行初步谈判,并签署股权转让意向书,约定受让方对目标公司开展尽职调查的相关安排、受让方在一定期间内的独家谈判权、双方的保密义务等。 (2)受让方对目标公司进行尽职调查。根据股权转让意向书的约定,股权受让方可以聘请法律、财务、商务等专业中介机构对目标公司进行尽职调查。 (3)履行必需的法律程序,转让方股权转让必须符合公司法的规定,且部分股权并购交易需经政府主管部门批准后方可实施。 (4)转让方与受让方谈判并签署股权转让协议。 (5)股权转让协议签署后,目标公司应当根据所转让股权的数量,注销或变更转让方的出资证明书,向受让方签发出资证明书,并相应修改公司章程和股东名册中的相关内容。 (6)向工商行政管理部门申请公司变更登记。

考查概率:100%,在考试中所占分值约为1分。

命题角度:①内部转让和外部转让的概念;②并购退出的程序(重点)。

考生要熟练掌握并购退出的六个程序,在考试中一般不会直接考查这六个程序的内容,往往需要考生在理解的基础上能够灵活判断选项内容的正确与否。

● 母 题 精 选

【单选题】关于并购退出程序中,双方协商并达成初步意向时应当涉及的内容,描述错误的是(　　　)。

A. 双方的保密协议　　　　　　　　B. 签署股权转让意向书

C. 开展尽职调查的相关安排　　　　D. 股权转让协议

【答案】　D　【解析】股权转让交易双方协商并达成初步意向,股权转让方与受让方对股权转让事宜进行初步谈判,并可签署股权转让意向书,约定受让方对目标公司开展尽职调查的相关安排、受让方在一定期间内的独家谈判权以及双方的保密义务等,故选项D表述错误。

【单选题】以并购方式实现退出的程序,表述错误的是(　　　)。

A. 因为涉及商业机密,股权转让交易流程中不能有第三方机构参与

B. 有些股权转让行为需要得到政府主管部门的批准

C.公司应向工商行政管理部门申请变更登记

D.尽职调查可能涉及公司法律、财务、商务等方面

【答案】 A 【解析】以并购方式实现退出的程序,可分为六个步骤:①股权转让交易双方协商并达成初步意向。②受让方对目标公司进行尽职调查。按照股权转让意向书的约定,股权受让方可聘请法律、财务、商务等专业中介机构对目标公司进行尽职调查(选项D正确、选项A错误)。③履行必需的法律程序,转让方股权转让必须符合公司法的规定,同时,部分股权并购交易需经政府主管部门批准后方可实施(选项B正确)。④转让方与受让方谈判并签署股权转让协议。⑤股权转让协议签署后,目标公司应当根据所转让股权的数量,注销或变更转让方的出资证明书,向受让方签发出资证明书,并相应修改公司章程和股东名册中的相关内容。⑥向工商行政管理部门申请公司变更登记(选项C正确)。

三、回购退出(理解)

考查概率:80%,在考试中所占分值约为1分。

命题角度:①股权回购的分类及相关概念;②股权回购的一般流程(重点)。

项 目	内 容
股权回购的分类	(1)控股股东回购:指被投资企业的控股股东在回购条件满足时自筹资金回购股权投资基金所持有的股权(股份),控股股东回购是股权回购中比较常见的方式。 (2)管理层回购(MBO):指被投资企业的管理层在回购条件满足时,自筹资金回购股权投资基金所持有的股权(股份),从而实现股权投资基金的退出。 (3)员工收购(EBO):指目标公司的员工集体出资将股权投资基金所持有的股权(股份)收购,从而实现股权投资基金的退出。
股权回购的一般流程	(1)发起。在回购发起之前,出让方与受让方应评估股权回购的可行性,双方达成初步意向,股权回购正式发起。 (2)协商。股权回购协商的过程涉及了回购方案的制订、价格谈判、融资安排,审计、资产评估,并准备相关的申报材料。协商过程的关键是定价与融资,协商成果是双方签订股权转让协议。 (3)执行。根据股权回购协议,回购双方进行交割,回购方按约定的进度向股权投资基金支付议定的回购金额。按照有关法律法规,部分股权回购交易需经政府主管部门批准后方可实施。 (4)变更登记。股权回购完成后,企业股东发生变化,应及时在工商行政管理部门办理变更登记。变更登记事项涉及修改公司章程的,应向公司登记机关提交修改后的公司章程或公司章程修正案。 记忆关键词:发起、协商、执行、变更登记

股权投资基金和被投资企业股东、管理层都可以担任股权回购的发起人。发起人在发起股权回购时,应在合适时机提出回购要约。

● 母 题 精 选

【单选题】下列属于股权回购方式的有(　　)。

Ⅰ.控股股东回购　　　　Ⅱ.管理层回购　　　　Ⅲ.董事会回购　　　　Ⅳ.员工收购

A.Ⅰ、Ⅲ、Ⅳ　　　　B.Ⅰ、Ⅱ、Ⅳ　　　　C.Ⅰ、Ⅱ、Ⅲ　　　　D.Ⅰ、Ⅱ、Ⅲ、Ⅳ

【答案】 B 【解析】股权回购通常可以分为控股股东回购、管理层回购(MBO)和员工收购(EBO)。

【单选题】股权回购的基本运作程序通常由发起、协商、执行和变更登记四部分构成。下列关于股权回购的一般流程,说法错误的是(　　)。

A. 在发起之前,出让方与受让方对股权回购可行性进行评估,出让方与受让方达成初步意向,股权回购才会正式发起

B. 股权回购协商的过程涉及回购方案的制订、价格谈判、融资安排,审计、资产评估,并准备相关的申报材料

C. 股权回购交易均不需要经政府主管部门批准,仅需登记即可实施

D. 股权回购协商的关键是定价与融资,阶段的成果是买卖双方签订股权转让协议

【答案】　C　【解析】根据协商形成的股权回购协议,回购双方进行交割,回购方按约定的进度向股权投资基金支付议定的回购金额。根据国家有关法律法规,部分股权回购交易需经政府主管部门批准后方可实施。

第五节　清算退出

一、清算退出概述(理解)

项　目	内　容
清算退出的概念	清算退出是指股权投资基金通过被投资企业清算实现退出,主要是投资项目失败后的一种退出方式。
清算退出的方式	(1)解散清算。解散清算是指公司因经营期满,或者因经营方面的其他原因致使公司不宜或者不能继续经营时,自愿或被迫宣告解散而进行的清算。根据公司法的规定,公司应当进行解散清算的情形有以下几种。 ①公司章程规定的营业期限届满或者公司章程规定的其他解散事由出现。 ②股东会决议解散。 ③因公司合并或分立需要解散。 ④公司依法被吊销营业执照、责令关闭或者被撤销。 ⑤公司经营管理发生严重困难,继续存续会使股东利益受到重大损失,通过其他途径不能解决的,持有公司10%以上表决权的股东,可以请求人民法院解散公司。 (2)破产清算。破产清算是指公司不能清偿到期债务,并且资产不足以清偿全部债务或者明显缺乏清偿能力时,公司被法院宣告破产,并由法院组织对公司进行的清算。

考查概率:80%,在考试中所占分值约为1分。

命题角度:清算退出的概念和退出方式(解散清算和破产清算)。

通过破产清算退出的,股东收回全部投资的可能性很小,通常会损失全部投资。

母题精选

【单选题】下列选项中,不属于公司型股权投资基金清算的原因是(　　)。

A. 董事会议决定解散

B. 依法被吊销营业执照、责令关闭或者被撤销

C. 因公司合并或者分立需要解散

D. 公司章程规定的营业期限届满或者公司章程规定的其他解散事由出现

【答案】　A　【解析】公司应当进行解散清算的情形之一是股东会决议解散,故选项A不属于。

二、清算退出的流程(理解)

项 目	内 容
清算退出的流程	(1)清查公司财产,制订清算方案。主要包括以下内容。 ①调查和清理公司财产。清算组在催告债权人申报债权的同时,应当调查和清理公司的财产。根据债权人的申请和调查清理的情况编制公司资产负债表、财产清单和债权、债务目录。 ②制订清算方案。编制公司财务会计报告之后,清算组应当制订清算方案,提出收取债权和清偿债务的具体安排。 ③提交股东会通过或者报主管机关确认。 ④公司财产不足清偿债务的,清算组应向有管辖权的人民法院申请宣告破产。经人民法院裁定宣告破产后,清算组应当将清算事务移交人民法院。 (2)了结公司债权、债务,处理公司未了结的业务。 ①清偿已经到期的公司债权。对于未到期的公司债权,应当尽可能要求债务人提前清偿,若债务人不同意提前清偿的,清算组可以通过转让债权等方法变相清偿。 ②清算公司债务。公司清算组清理公司财产、编制资产负债表和财产清单之后,确认公司现有的财产和债权大于所欠债务,并且足以偿还公司全部债务时,应当按照法定的顺序向债权人清偿债务。 ③处理公司未了结的业务。清算期间,公司不得开展新的经营活动,但是公司清算组为了清算的目的,有权处理公司尚未了结的业务。 (3)分配公司剩余财产。公司清偿了全部债务之后,如果公司财产还有剩余的,清算组可将公司剩余财产分配给包括股权投资基金在内的股东。股东之间如果依法约定了分配顺序和份额,可以按约定进行分配;没有约定的,则按股权比例进行分配。

考查概率:80%,在考试中所占分值约为1分。

命题角度:清算退出的流程。

本考点考查题型一般是判断关于清算退出流程说法的正确与否。题目略有一定难度,要求考生在记住三个清算步骤的基础上,对每一个步骤的具体内容有一定的理解。

● 母 题 精 选

【单选题】关于清算的说法,错误的是( )。

    A.人民法院裁定宣告公司破产后,清算组应当继续推进清算事务的执行

    B.清算组在催告债权人申报债权的同时,应当调查和清理公司的财产

    C.解散清算,即企业股东自主启动清算程序来解散被投资企业

    D.调查和清理公司财产的工作主要由清算组进行

【答案】 A 【解析】若公司财产不足清偿债务的,清算组有责任向有管辖权的人民法院申请宣告破产。经人民法院裁定宣告破产后,清算组应当将清算事务移交人民法院。故选项A说法错误。解散清算是公司因经营期满,或者因经营方面的其他原因致使公司不宜或者不能继续经营时,自愿或被迫宣告解散而进行的清算。选项C正确。清算组在催告债权人申报债权的同时,应当调查和清理公司的财产。选项B、D正确。

章节练习

用手机微信扫描"章节练习"旁边的二维码或用电脑浏览器打开网址 https://www.ceweilai.cn/即可进入智能题库进行章节练习。

第八章　股权投资基金的内部管理

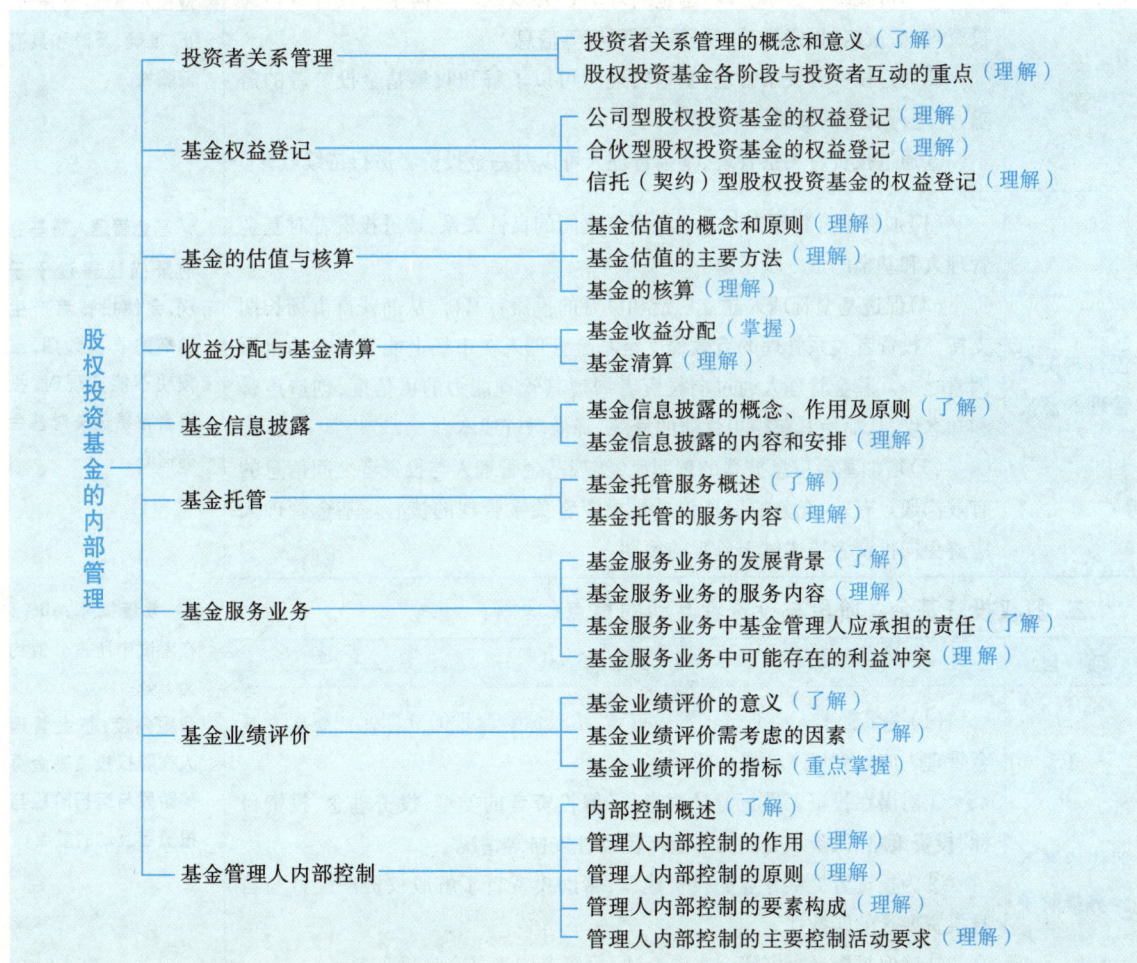

• 本章应试分析

　　本章从投资者关系管理、基金权益登记、基金的估值与核算、基金收益分配与基金清算、基金信息披露、基金托管、基金服务业务、基金业绩评价及基金管理人内部控制九个方面阐述了股权投资基金的内部管理。本章在考试中所占分值约为 16 分。

　　本章重难点是基金收益分配的概念和方式、基金业绩评价的三个指标（内部收益率、已分配收益倍数、总收益倍数），考生要多加关注。管理人内部控制的相关内容在考试中也经常出现，这部分内容重在理解。

• 思 维 导 图

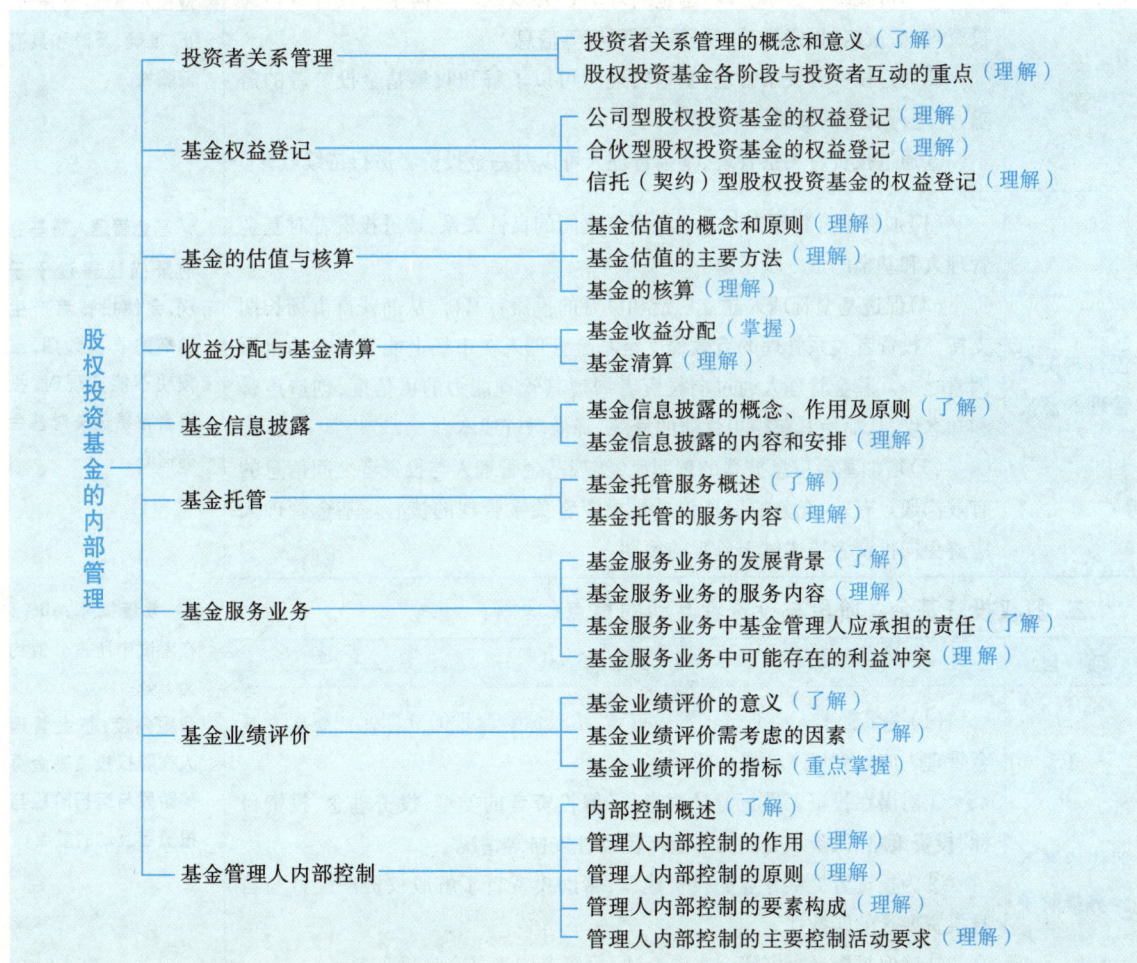

股权投资基金的内部管理	投资者关系管理	投资者关系管理的概念和意义（了解）
		股权投资基金各阶段与投资者互动的重点（理解）
	基金权益登记	公司型股权投资基金的权益登记（理解）
		合伙型股权投资基金的权益登记（理解）
		信托（契约）型股权投资基金的权益登记（理解）
	基金的估值与核算	基金估值的概念和原则（理解）
		基金估值的主要方法（理解）
		基金的核算（理解）
	收益分配与基金清算	基金收益分配（掌握）
		基金清算（理解）
	基金信息披露	基金信息披露的概念、作用及原则（了解）
		基金信息披露的内容和安排（理解）
	基金托管	基金托管服务概述（了解）
		基金托管的服务内容（理解）
	基金服务业务	基金服务业务的发展背景（了解）
		基金服务业务的服务内容（理解）
		基金服务业务中基金管理人应承担的责任（了解）
		基金服务业务中可能存在的利益冲突（理解）
	基金业绩评价	基金业绩评价的意义（了解）
		基金业绩评价需考虑的因素（了解）
		基金业绩评价的指标（重点掌握）
	基金管理人内部控制	内部控制概述（了解）
		管理人内部控制的作用（理解）
		管理人内部控制的原则（理解）
		管理人内部控制的要素构成（理解）
		管理人内部控制的主要控制活动要求（理解）

• 名师同步精讲

第一节　投资者关系管理

视频讲解 微信扫描

随书赠送智能题库获取方式见书背面

一、投资者关系管理的概念和意义（了解）

项　目	内　容
投资者关系管理的概念	（1）概念：投资者关系管理（IRM）是指基金管理人通过充分的沟通与信息披露，向基金投资者详尽地展示基金的经营情况和发展前景，从而增加基金投资者对基金与管理人的了解以及投资者与管理人之间的相互联系。投资者关系管理是基金管理人的战略管理职责。 （2）投资者关系管理的作用主要包括以下三个方面。 ①通过投资者关系管理，基金管理人以开放的方式向基金投资者传递投资理念、策略、投资活动、项目进展程度等信息。 ②通过投资者关系管理，基金管理人可以了解和收集基金投资者的需求，并进行及时的反馈。 ③通过投资者关系管理，基金管理人可以对基金投资者进行持续教育。
投资者关系管理的意义	（1）加强基金管理人与基金投资者之间的良性关系，增进投资者对基金管理人和基金的进一步了解。 （2）促进基金管理人建立稳定和良好的投资者基础，从而获得市场长期支持。投资者关系管理的有效程度是基金管理人在市场上能否成功的重要因素之一。基金管理人通过向投资者展现其管理能力的可信度，创造声誉和知名度，从而使其获得更优质的资源，降低融资成本。 （3）增加基金信息披露的透明度，实现基金管理人与投资者之间信息的有效沟通。有效、充分的信息传递是投资者关系管理的核心。基金管理人应避免向投资者描述过于乐观的预期。

考查概率：40%，本考点考查相对较少。

命题角度：投资者关系管理的概念和意义。

💡 投资者关系管理应遵循的原则：公开、公正、准确、及时和具有前瞻性。

💡 基金管理人将基金前景描述得过于乐观，会使投资者产生过高的收益预期，当预期不能实现时，投资者容易丧失对基金的信心。

二、股权投资基金各阶段与投资者互动的重点（理解）

项　目	内　容
股权投资基金募集阶段	（1）基金管理人应充分了解投资者，给投资者合理的资产配置建议。基金管理人应做到以下三点。 ①对潜在投资者进行背景调查，了解投资者的类型、投资理念、投资目标、投资策略、风险承受能力和资产流动性安排等情况。 ②为投资者提供专业的投资建议，帮助投资者了解股权资产配置与自身投资要求的匹配性。 ③确保投资者投资资金来源合法，投资者应当是合格投资者。 （2）基金管理人开展投资者教育。基金管理人应向投资者介绍股权投资基金的相关知识和法律常识，应重点提示股权投资基金的投资风险。

考查概率：70%，在考试中所占分值约为1分。

命题角度：基金管理人在股权投资基金募集阶段与运行阶段与投资者互动的重点。

续 表

项 目	内 容
股权投资基金募集阶段	（3）帮助投资者对基金管理人进行充分调研。专业的投资者通常会对基金管理人进行尽职调查，调研的内容主要包括基金管理人的制度完备情况、往期资产管理业绩表现、核心团队成员从业经历、拟投资领域和项目的可行性研究等。 （4）帮助投资者充分理解股权投资基金的协议约定。基金管理人和投资者在签订基金合同及相关协议前，基金管理人应全面、准确地向投资者披露基金的各项募集业务文件，并向投资者说明其权利、义务及投资中可能遇到的风险。同时，要告知投资者该项投资无任何业绩承诺。 **记忆关键词：** 充分了解、资产配置、投资者教育、充分调研、协议约定
股权投资基金运行阶段	（1）基金管理人召集基金年度会议。按照基金合同的约定，通常每年应至少召开1次年度投资者会议。在会议中，基金管理人的高级管理人员和核心团队人员需要向投资者介绍的内容包括基金投资策略、行业发展、投资机会和进展、基金基本情况、已投项目公司的经营情况、基金财务状况等。 （2）基金管理人发布定期报告。定期报告需要披露的内容包括基金基本情况、投资进展、项目情况、相关财务数据，报告期间项目退出预期、退出方式、已向投资者返还的投资本金和收益情况等。 （3）基金管理人告知重大事项。重大事项包括提款通知、分配通知、合伙人变动通知、基金投资策略转变、基金投资项目重大进展、基金管理人核心员工变动、基金托管机构变更、基金清算及基金其他重大事项等。 （4）基金管理人反馈投资者的需求。基金管理人应当在不影响其他投资者权益、不影响基金运作，同时遵循公平原则和遵守相关法律法规的基础上，及时对投资者的需求进行反馈。 **记忆关键词：** 年度会议、定期报告、告知重大事项、反馈需求

💡 进行充分调研，审慎选择基金管理人，是基金投资者投资股权投资基金的重要前提。

💡 需要披露的募集业务文件主要包括基金合同、基金募集推介资料、风险揭示书、风险调查问卷等。

💡 定期报告的编写要准确、及时、具有前瞻性。

💡 对于需要保密的信息，可以告知投资者暂时无法进行披露，以取得投资者的理解。

第二节　基金权益登记

一、公司型股权投资基金的权益登记（理解）

项 目	内 容
公司型股权投资基金的增资、减资	公司型股权投资基金实行注册资本认缴制，全体股东应当按照公司章程的规定按期足额缴纳出资。 （1）公司型股权投资基金的增资。 ①概念：公司型股权投资基金的增资是指公司型股权投资基金成立后，为了扩大基金规模，按照法定程序增加注册资本金的行为。 ②公司型股权投资基金的增资方式有以下两种。 ◆有限责任公司型股权投资基金增资方式：原有股东增加出资、原有股东以外的其他人出资。

👍 **考查概率：80%**，在考试中所占分值约为1分。
命题角度： 公司型股权投资基金的增资、减资、股权/股份转让、收益分配、清算退出和登记等。

💡 本考点涉及了公司型股权投资基金各个方面的权益变动和权益登记，考查点较多，考生在学习时应注意理解，相关内容不要混淆。

续 表

项 目	内 容	
公司型股权投资基金的增资、减资	◆股份有限公司型股权投资基金增资方式:发行新股。 (2)公司型股权投资基金的减资。 ①概念:公司型股权投资基金的减资是指公司型股权投资基金成立后,按照法定程序减少注册资本金的行为。 ②公司型股权投资基金的减资方式有以下两种。 ◆减少出资总额,同时改变原出资比例。 ◆减少各股东出资但不改变出资比例(减资完成后股东出资比例维持不变)。 (3)公司型股权投资基金增资或减资的决策程序:公司型股权投资基金作出增资或减资的决定,应当通过董事会决议及股东会决议,签订相关的决议文件。 ◆有限责任公司型股权投资基金作出增资或减资决议,应当经代表2/3以上表决权的股东通过。 ◆股份有限公司型股权投资基金作出增资或减资决议,应当经出席会议的股东所持表决权的2/3以上通过。 **记忆关键词:**股东增加出资、发行新股;出资比例;2/3	发行新股可以依法向社会公众公开募集,也可以向特定主体定向募集。 注意有限责任公司型和股份有限公司型股权投资基金增资方式及决策程序的区别。
公司型股权投资基金的股权/股份转让	(1)概念:公司型股权投资基金的股权/股份转让是指原有股东依法将自己持有的股权/股份让渡给他人,使他人成为新股东或者增加股东权益的行为。 (2)分类:根据受让人不同,分为以下两类。 ①内部转让:股东将自己持有的股权/股份全部或部分转让给公司的其他股东,即股东之间的转让。 ②外部转让:股东将自己持有的股权/股份全部或部分转让给股东以外的第三人。 (3)公司型股权投资基金的股权/股份转让的限制。 ①有限责任公司:股东之间可以相互转让其全部或者部分股权。股东向股东以外的人转让股权,应当经其他股东过半数同意。经股东同意转让的股权,在同等条件下,其他股东有优先购买权。 ②股份有限公司:股份转让限制相对较少,但对公司的内部治理有更加严格的规范和要求。 **记忆关键词:**股东之间转让、股东以外第三人;过半数、受限少	有限责任公司具有人合性特征,股份有限公司则属于资合性公司。
公司型股权投资基金的收益分配	(1)概念:公司型股权投资基金的收益分配是指基金实现投资收益后将其分配给股东的行为。 (2)收益分配形式:①有限责任公司型·现金分配;②股份有限公司型:现金分配、以分红金额派发新股。	公司型股权投资基金的收益分配由董事会制订分配方案,并由股东会决议通过。

续 表

项 目	内 容
公司型股权投资基金的收益分配	(3)公司型股权投资基金的收益分配原则。 ①有限责任公司型股权投资基金:投资者按照其实缴出资比例分配收益,但是全体股东约定不按照出资比例分配的除外。 ②股份有限公司型股权投资基金:按照股东持有的股份比例分配,但股份有限公司章程规定不按持股比例分配的除外。
公司型股权投资基金的清算退出	(1)清算退出情形:①全部投资项目已到期退出;②营业期限届满;③出现其他公司章程规定的解散事由。 (2)清算退出的资产分配顺序:公司财产在分别支付清算费用、职工的工资、社会保险费用和法定补偿金,缴纳所欠税款,清偿公司债务后的剩余财产,有限责任公司按照股东的出资比例分配,股份有限公司按照股东持有的股份比例分配。
公司型股权投资基金的登记	(1)设立登记。公司型股权投资基金设立,向工商行政管理机关办理注册登记手续。 (2)变更登记。公司型股权投资基金增资、减资、股权/股份转让、收益分配向工商行政管理机关办理工商变更登记。 (3)注销登记。公司型股权投资基金终止清算的,应向工商行政管理机关办理注销手续。

💡 股份有限公司型股权投资基金除发起人以外的股东发生变更的,因不影响法人财产权,故无须向工商行政管理机关办理登记手续。

• 母 题 精 选

【单选题】关于公司型股权投资基金的减资,表述错误的是( )。
Ⅰ.可以减少出资总额,同时改变原有基金投资者的出资比例
Ⅱ.可以减少原有基金投资者的出资,减资完成后股东出资比例维持不变
Ⅲ.减资决议必须获得全体基金投资者的同意
Ⅳ.公司型基金可以随意减资,无须通知基金投资者以外的任何其他人
    A. Ⅰ、Ⅲ   B. Ⅰ、Ⅱ、Ⅳ   C. Ⅲ、Ⅳ   D. Ⅱ、Ⅲ
【答案】 C 【解析】公司型股权投资基金减资可以采用两种方式:①减少出资总额,同时改变原出资比例;②以不改变出资比例为前提,减少各股东出资,减资完成后股东出资比例维持不变。故Ⅰ、Ⅱ项表述正确。有限责任公司型股权投资基金作出增资或者减资决议,应当经代表2/3以上表决权的股东通过;股份有限公司型股权投资基金作出增资或者减资决议,应当经出席会议的股东所持表决权的2/3以上通过。故Ⅲ、Ⅳ项表述错误。

二、合伙型股权投资基金的权益登记(理解)

👍 考查概率:80%,在考试中所占分值约为1分。

命题角度:合伙型股权投资基金的入伙/增加出资、退伙/减少出资、财产份额转让、收益分配、清算退出及其登记。

项 目	内 容
合伙型股权投资基金的入伙/增加出资、退伙/减少出资	(1)合伙型股权投资基金的入伙/增加出资。 ①入伙的概念:合伙型股权投资基金的入伙是指基金成立后,新的合伙人投入一定数量的资本,并按照规定比例享受合伙企业的权益,加入合伙企业的行为。

续　表

项　目	内　容
合伙型股权投资基金的入伙/增加出资、退伙/减少出资	②增加出资的概念:合伙型股权投资基金的增加出资指原有合伙人追加资本并按照追加部分享受新增权益的行为。 ③合伙企业法规定,新合伙人入伙,除合伙协议另有约定外,应当经全体合伙人一致同意,并依法订立书面入伙协议。订立入伙协议时,原合伙人应当向新合伙人如实告知原合伙企业的经营状况和财务状况。入伙的新合伙人与原合伙人享有同等权利,承担同等责任。入伙协议另有约定的,从其约定。新入伙的有限合伙人对入伙前有限合伙企业的债务,以其认缴的出资额为限承担责任。 (2)合伙型股权投资基金的退伙/减少出资。 ①概念:合伙型股权投资基金的退伙/减少出资是指合伙人按照合伙企业的约定,全部或者部分变现其持有的合伙企业财产份额,退出或者部分退出合伙企业的行为。 ②合伙企业法规定,退伙人在合伙企业中财产份额的退还办法,由合伙协议约定或者由全体合伙人决定,可以退还货币,也可以退还实物。 **记忆关键词:**全体合伙人、无限连带责任
合伙型股权投资基金的财产份额转让	(1)合伙企业法规定,除合伙协议另有约定外,合伙人向合伙人以外的人转让其在合伙企业中的全部或者部分财产份额时,须经其他合伙人一致同意。合伙人之间转让在合伙企业中的全部或者部分财产份额时,应当通知其他合伙人(仅通知即可,不必经其他合伙人一致同意)。 (2)合伙企业法规定,合伙人向合伙人以外的人转让其在合伙企业中的财产份额的,在同等条件下,其他合伙人有优先购买权;但是,合伙协议另有约定的除外。
合伙型股权投资基金的收益分配	(1)概念:合伙型股权投资基金的收益分配是指基金的投资收入在扣除相关费用后所剩利润,在各合伙人之间进行的分配。 (2)合伙企业的利润分配、亏损分担,按照合伙协议的约定办理;合伙协议未约定或者约定不明确的,由合伙人协商决定;协商不成的,由合伙人按照实缴出资比例分配、分担;无法确定出资比例的,由合伙人平均分配、分担。
合伙型股权投资基金的清算退出	(1)合伙型股权投资基金应当解散的情形:①合伙型股权投资基金存续期届满且合伙人决定不再经营的;②全部投资项目到期退出的;③全体合伙人决定解散的;④法律、行政法规及合伙协议约定的其他解散事由。 (2)合伙型股权投资基金的清算:合伙型股权投资基金解散应当由清算人进行清算。 (3)清算退出的资产分配顺序:合伙型股权投资基金财产在支付清算费用和职工工资、社会保险费用、法定补偿金以及缴纳所欠税款、清偿债务后的剩余财产,向合伙人进行分配。

💡合伙型股权投资基金按照合伙协议的约定,办理财产份额转让手续。

💡合伙型股权投资基金在清算期间,仍然存续,但不得开展与清算无关的经营活动。

续表

项　目	内　容
合伙型股权投资基金的登记	（1）设立登记。合伙型股权投资基金设立,应向工商行政管理机关办理注册登记手续。 （2）变更登记。合伙型股权投资基金增加出资、减少出资、合伙人变更,应向工商行政管理机关办理工商变更登记。 （3）注销登记。合伙型股权投资基金终止清算的,应向工商行政管理机关办理注销手续。

● 母 题 精 选

【单选题】对于有限合伙型股权投资基金,不构成其解散清算事由的情形为(　　)。

A. 全部投资项目到期退出　　　　　　　B. 全体合伙人决定解散的

C. 合伙期限届满,合伙人决定不再经营　　D. 基金的某项投资失败,业绩不佳

【答案】 D 【解析】合伙企业有下列情形之一的,应当解散：①合伙型股权投资基金存续期届满且合伙人决定不再经营的；②全部投资项目到期退出的；③全体合伙人决定解散的；④法律、行政法规及合伙协议约定的其他解散事由。

三、信托(契约)型股权投资基金的权益登记(理解)

项　目	内　容
信托(契约)型股权投资基金的认缴出资、退出	（1）认缴出资的概念：信托(契约)型股权投资基金的认缴出资是指基金投资者与基金管理人签订基金合同,承诺认缴金额,并按照基金合同的约定缴纳出资购买基金份额的行为。 （2）退出的概念：信托(契约)型股权投资基金的退出是指在基金成立后,持有基金份额的基金投资者按照基金合同的约定将基金份额兑换为现金的行为。 （3）信托(契约)型股权投资基金合同中约定认缴出资、退出事项等具体规则及安排。基金管理人按照合同约定计算认缴出资及退出的价格,若由基金托管人进行托管的,应由基金托管人进行复核。权益登记机构根据最终确定的价格计算基金投资者出资应得的基金份额以及退出应得的退出金额。
信托(契约)型股权投资基金的份额转让	（1）信托(契约)型股权投资基金的基金投资者可以依法转让其持有的基金份额。 （2）份额转让规则及流程按照基金合同的约定办理。基金份额的转让一般涉及出让方、受让方及基金管理人。
信托(契约)型股权投资基金的收益分配	基金管理人、基金投资者及其他合同当事人(若有)在基金合同中约定收益分配原则。每份基金份额应具有同等的合法权益,基金合同另有约定的除外。

👍 考查概率：60%,在考试中所占分值约为1分。

命题角度：信托(契约)型股权投资基金的认缴出资、退出、份额转让、收益分配、清算及登记。

💡 出让方、受让方及基金管理人协商同意,即可按照基金合同的约定办理基金份额的转让手续,无须征得其他基金投资者的同意。

母题精选微信扫描

105

续 表

项 目	内 容
信托(契约)型股权投资基金的清算	（1）概念:信托(契约)型股权投资基金的清算是指当基金存续期限届满,或者全部投资项目清算退出,或出现基金合同约定的其他基金清算事由时,对基金财产进行处理和分配的行为。 （2）基金的清算由清算小组负责。基金管理人负责组织清算小组,清算小组成员包括基金管理人、基金托管人以及相关中介服务机构。信托(契约)型股权投资基金的清算分配方案由基金合同约定,清算小组应编制清算报告,并向基金投资者进行披露。
信托(契约)型股权投资基金的登记	（1）办理股权投资基金的权益登记(份额登记)方式:基金管理人可以自行办理,也可以委托基金服务机构代为办理。 （2）基金管理人应当承担的登记职责不因委托而免除。

💡 信托(契约)型股权投资基金无须在工商行政管理机关办理工商登记手续。

第三节 基金的估值与核算

一、基金估值的概念和原则(理解)

👍 考查概率:80%,在考试中所占分值约为1分。

命题角度:基金估值的概念、计算公式和原则。

💡 本考点要求考生能够计算基金资产的净值,并能够根据投资项目的具体情况判断投资项目公允价值的确定方法。

项 目	内 容
基金估值的概念	（1）概念:股权投资基金的估值是指通过对基金所持有的全部资产及应承担的全部负债按一定的原则和方法进行评估与计算,最终确定基金资产净值(NAV)的过程。 （2）估值方式:先根据估值方法确定基金投资的每一个单一投资项目的价值及项目价值总和,加上基金持有的其他资产价值,扣减基金应承担的费用等负债,最终得到基金资产净值。用公式表示为: 基金资产净值 = 项目价值总和 + 其他资产价值 − 基金费用等负债
基金估值的原则	（1）若投资项目属于存在活跃市场的投资品种,则采用活跃市场的市价确定该投资项目的公允价值。 （2）若投资项目无相应的活跃市场,则采用市场参与者普遍认同,且被以往市场实际交易价格验证具有可靠性的估值方法确定公允价值。 （3）有充足理由表明按以上估值原则仍不能客观反映相关投资项目的公允价值的,基金管理人应在与相关当事人商定或咨询其他专业机构之后,按最能适当地反映投资项目公允价值的价格估值。

💡 基金的估值重点在投资之后对投资项目价值进行持续评估。

● 母 题 精 选

【单选题】A股权投资基金已投资三个股权项目甲、乙、丙,甲项目当前项目价值为2000万元,乙项目当前项目价值3000万元,丙项目当前项目价值1500万元。基金资产还包括300万元的银行存款,已产生的应付未付管理费用、托管费用等负债总金额500万元。则当前的基金资产净值为(　　)万元。

A. 4500　　　　　B. 6000　　　　　C. 6300　　　　　D. 6500

【答案】C 【解析】基金资产净值 = 2000 + 3000 + 1500 + 300 − 500 = 6300(万元)。

二、基金估值的主要方法(理解)

项　目	内　容
成本法	(1)概念:成本法是一项反映当前重置资产服务能力所需要的金额(即"现行重置成本")的估值技术。 (2)分类:复原重置成本法、更新重置成本法等。
市场法	(1)概念:市场法是一种采用从设计相同或可比(类似)资产、负债或资产负债组合的市场交易中得出的价格及其他相关信息的估值方法。 (2)市场法可以分为以下三种类型。 ①有效市场价格法:对于存在活跃市场的投资品种,如估值日有市价的,应采用市价确定公允价值。交易所上市股票可以使用收盘价估值。 ②近期交易价格法:若待估值的投资项目的交易是近期发生的,其成本就充分反映了公允价值,故该交易成本就可作为该股投资项目的公允价值。 ③乘数法:通过分析可比公司的交易和营运系统数据得到该公司在公开的资本市场的隐含价值。 ◆主要使用的可比指标包括市盈率、市销率、市净率等。 ◆优点:乘数法是基于市场公开的价值信息,认可程度高。 ◆缺点:寻找可比公司较难,市场价值易受政策的影响而导致结果不准确。
收入法	(1)概念:收入法是指将投资项目多项未来金额(现金流入和流出)换算成一项当前金额(折现)的估值方法。 (2)需要分析的内容:预测期间投资项目的发展计划、盈利能力、财务状况等。 (3)适用范围:增长稳定、业务简单、现金流平稳的企业。使用收入法对具有较高不确定性的企业进行估值预测时,可能会出现较大的偏差。

考查概率:60%,在考试中所占分值约为1分。

命题角度:成本法、市场法和收入法的概念、分类、使用情形。

💡公允价值是指市场参与者在计量日发生的有序交易中,出售一项资产所能收到或者转移一项负债所需支付的价格。

💡近期交易价格法适用于相关投资项目发生交易后一段有限的时间内;乘数法则适用于稳定且有清晰、连续、可持续盈利的企业的估值。

• 母 题 精 选

【单选题】下列关于基金估值的方法,说法错误的是(　　)。

A. 成本法是一项反映当前重置资产服务能力所需要的金额的估值技术

B. 市场法主要包括有效市场价格法、近期交易价格法和乘数法

C. 收入法适用于对稳定企业的估值,且该企业有清晰的、连续的、可持续的盈利

D. 使用收入法对具有较高不确定性的企业进行估值预测时,可能会出现较大的偏差

【答案】C 【解析】乘数法适用于对稳定企业的估值,且该企业有清晰的、连续的、可持续的盈利。

三、基金的核算(理解)

项　目	内　容
基金费用	基金费用的类型包括以下几种。 (1)基金管理费:基金管理人因投资管理基金资产而向基金收取的费用。 (2)基金托管费:基金托管人为基金提供托管服务而向基金收取的费用。

考查概率:65%,在考试中所占分值约为1分。

命题角度:①基金费用的类型;②基金会计核算的主要内容。

续表

项　目	内　容
基金费用	（3）**基金运作有关的其他费用**：为保证基金正常运作而发生的应由基金承担的费用，具体包括以下内容。 ①基金合同生效后的信息披露费用。 ②与基金设立及运作过程相关的会计师费和律师费。 ③基金相关账户开立费用及账户维护费用、银行汇划费用。 ④基金管理及基金财产投资运用过程中产生的审计费、律师费、评估费等聘请中介机构的费用以及保险费、公证费、咨询费、财务顾问费及其他费用。 ⑤基金合同终止时的清算费用。 ⑥按照国家有关规定和基金合同的约定，可以在基金财产中列支的其他费用。
基金会计核算	（1）概念：基金会计核算是指收集、整理、加工有关基金投资运作的会计信息，准确记录基金资产变化情况，及时向相关各方提供财务数据的过程。 （2）核算主体：基金。 （3）会计责任主体：基金管理人。 （4）股权投资基金会计核算的主要内容如下。 ①资产核算：基金定期或不定期对其投资的项目及其他资产按约定的估值方法进行估值核算，并于当日将投资估值增（减）值确认为公允价值变动损益。 ②负债核算：反映基金在一定时期内按照合同的约定应当偿还的经济债务，是基金必须履行的一种义务。如应付管理费、应付托管费、应付税费。 ③损益核算：反映基金在一段时间内投资项目所获得的利润或亏损，是反映基金投资经营情况的重要指标。 ④权益核算：基金出现权益变动时进行所有者权益核算。
基金财务报告	（1）基金财务会计报告分类：年度、半年度。 （2）基金财务会计报告包括资产负债表、利润表、会计报表附注。 （3）基金托管人有义务复核基金管理人编制的财务报告。

> 💡 基金管理费和托管费按照基金规模作为计算基数收取或者按照合同约定的其他方式计算收取。基金运作有关的其他费用通常在发生时直接计入基金损益。

> 💡 需要进行权益核算的权益变动有：新的投资者参与、老的投资者退出以及基金收益分配等。

第四节　收益分配与基金清算

一、基金收益分配（掌握）

项　目	内　容
基金分配的基本概念	基金管理人与基金投资者应进行充分沟通与协商，确定收益分配机制，并在基金合同中约定相应的条款。基金的收益分配涉及的基本概念如下。 （1）**基金管理人的业绩报酬**。业绩报酬是指基金管理人在为基金创造了超额收益后，参与到基金的收益分配中来，按照约定的比例提取已经实现

> 👍 考查概率：100%，在考试中所占分值约为1分。
>
> **命题角度**：①基金收益分配的五个基本概念；②股权投资基金的两种收益分配方式。

续　表

项　目	内　容	
基金分配的 基本概念	的基金收益,作为对基金管理人创造超额收益的奖励。常见的业绩报酬分配模式为"二八模式"。 　　(2)瀑布式的收益分配体系。此分配体系是指项目投资退出的资金先返还给基金投资者,当投资者收回全部投资本金后,再按约定的门槛收益率(如有)向基金投资者分配门槛收益。最后,基金管理人才参与基金的收益分配。 　　(3)门槛收益率。如果股权投资基金设置了门槛收益率条款,股权投资基金向全体基金投资者返还投资本金后,继续向基金投资者进行分配,直至投资者获得按照门槛收益率计算的投资回报(门槛收益)之后,才开始向基金管理人分配业绩报酬。 　　(4)追赶机制。追赶机制是指在向基金投资者分配投资本金及门槛收益之后,将剩余收益先行向基金管理人分配,直至达到门槛收益与当前"追赶"金额之和的既定比例,作为基金管理人的业绩报酬。 　　(5)回拨机制。回拨机制是指在基金清算或其他约定时点,对已经分配的收益进行重新计算,如果基金投资者实际获得的收益率低于门槛收益率,或者收益分配比例不符合基金合同约定的,基金管理人需要将已经分得的部分或全部业绩报酬返还至基金资产,并分配给基金投资者。	💡 "二八模式"是指基金收益或超额收益的20%作为业绩报酬分配至基金管理人,80%分配至基金投资者。
收益分 配方式	(1)按照单一项目的收益分配方式。该收益分配方式的具体分配流程如下。 　　①投资项目退出后,退出资金先向投资者分配,直至分配金额达到投资者针对该退出部分对应的投资本金。 　　②剩余资金向基金投资者分配,用于弥补之前已处置的项目产生的投资亏损金额。 　　③剩余资金继续向基金投资者分配,直至基金投资者获得截至分配时点已收回的投资本金及门槛收益率计算的门槛收益。 　　④以上分配完成后,根据基金是否有追赶机制,再进行如下分配。 　　◆若基金无追赶机制,则最后的剩余资金按照约定的分配比例在基金管理人和基金投资者之间进行分配。 　　◆若基金有追赶机制,则剩余资金先向基金管理人进行分配,直至基金管理人获得已分配门槛收益部分对应的业绩报酬;最后的剩余资金,按照约定的分配比例,在基金管理人和基金投资者之间进行分配。 　　在前期项目盈利并提取了业绩报酬而后期项目出现亏损时,可能出现以下两种情况。 　　①基金管理人已提取的业绩报酬金额超过基金整体盈利部分既定比例。 　　②基金投资者获取的投资收益不足门槛收益。 　　此时,可应用回拨机制,要求基金管理人退回部分或全部业绩报酬,保障基金投资者的利益。	💡 按照单一项目的收益分配方式进行分配,在满足约定条件后,基金管理人针对每笔投资后退出收入都参与收益分配。 💡 注意区分有无追赶机制两种情况下剩余资金的分配情况。

续 表

项 目	内 容
收益分配方式	（2）按照基金整体的收益分配方式。该收益分配方式的具体分配流程如下。 ①每个投资项目退出后，退出资金先向投资者分配，直至分配金额达到投资者针对基金的全部投资本金。 ②剩余资金继续向基金投资者分配，直至基金投资者获得按照全部投资本金及门槛收益率计算的门槛收益。 ③同按照单一项目的收益分配方式的第④步。

母题精选

【单选题】某股权投资基金认缴总额 5 亿元，于基金设立时一次缴清。门槛收益率为 8% 并按照单利计算，超额收益为"二八模式"并不实行追赶机制，在不考虑管理费、托管和税收等费用的情况下，基金存续期 5 年后所有投资退出，基金清算可分配总金额为 8 亿元，则基金管理人与投资者分别获得分配金额为（　　）。

A. 管理人分配获得 0.52 亿元，投资者分配获得 7.48 亿元

B. 管理人分配获得 0.6 亿元，投资者分配获得 7.4 亿元

C. 管理人分配获得 0.2 亿元，投资者分配获得 7.8 亿元

D. 管理人分配获得 0.8 亿元，投资者分配获得 7.2 亿元

【答案】　C　【解析】不实行追赶机制，即门槛收益后的剩余收益按照"二八模式"分别分配至基金管理人与基金投资者。第一轮分配：先返还基金投资者的投资本金，向投资者分配 5 亿元；分配完成后剩余可分配资金 3 亿元。第二轮分配：向投资者返还门槛收益。全体投资者可分得门槛收益金额为 $5 \times 8\% \times 5 = 2$（亿元）；分配完成后剩余可分配资金 1 亿元。第三轮分配：按照 20% : 80% 的比例向基金管理人与基金投资者分配，基金管理人可分配业绩报酬为 $1 \times 20\% = 0.2$（亿元）；基金投资者可分配金额为 $1 \times 80\% = 0.8$（亿元）。因此，全体基金投资者可分得金额为 $5 + 2 + 0.8 = 7.8$（亿元）；基金管理人可分得金额为 0.2 亿元。故选 C。

【单选题】下列关于股权投资基金的收益分配方式，说法错误的是（　　）。

A. 股权投资基金的分配，通常采用按照单一项目的收益分配方式和按照基金整体的收益分配方式

B. 按照单一项目的收益分配方式分配，每个投资项目退出后，退出资金先向投资者分配，直至分配金额达到投资者针对该退出部分对应的投资本金

C. 按照基金整体的收益分配方式分配，每个投资项目退出后，退出资金先向投资者分配，直至分配金额达到投资者针对基金的全部投资本金

D. 按照基金整体的收益分配方式分配，在满足约定条件后，基金管理人针对每笔投资后退出收入都参与收益分配

【答案】　D　【解析】按照单一项目的收益分配方式分配，在满足约定条件后，基金管理人针对每笔投资后退出收入都参与收益分配。

二、基金清算（理解）

考查概率：80%，本考点属于常考点，在考试中所占分值约为 1 分。（接下页）

项 目	内 容
基金清算的基本含义	股权投资基金的清算是指在基金存续期限面临终止的情况下，负有清算义务的主体，按照法律法规规定和基金合同约定的方式、程序对基金的资产、负债、权益等进行全面清理和处置的行为。

续　表

命题角度：①基金清算的基本含义；②基金清算的原因；③基金清算的主要程序。

项　目	内　　容
基金清算的原因	(1)基金合同约定的存续期届满。 (2)基金全部投资项目实现清算退出，且基金管理人决定不再重复投资。 (3)基金股东会、全体合伙人或份额持有人大会决定基金清算。 (4)法律法规规定或基金合同约定的其他基金清算事由。
基金清算的程序	(1)确认清算主体。 ①公司型股权投资基金的清算由清算组负责。清算组由董事组成，但是公司章程另有规定或者股东会决议另选他人的除外。逾期不成立清算组进行清算或者成立清算组后不清算的，利害关系人可以申请人民法院指定有关人员组成清算组进行清算。人民法院应当受理该申请，并及时组织清算组进行清算。 ②合伙型股权投资基金的清算由清算人负责。合伙企业法规定，清算人由全体合伙人担任；经全体合伙人过半数同意，可以自合伙企业解散事由出现后15日内指定1个或者数个合伙人，或者委托第三人，担任清算人。自合伙企业解散事由出现之日起15日内未确定清算人的，合伙人或者其他利害关系人可以申请人民法院指定清算人。 ③信托(契约)型股权投资基金的清算由清算小组负责。基金管理人、基金托管人(若有)及相关人员组成清算小组。基金清算小组也可以聘用必要工作人员。 (2)通知债权人。公司型和合伙型股权投资基金在清算时，清算主体应当按照法律法规的规定通知未了结债务的债权人。 (3)清理和确认基金财产。基金财产分配之前，首先需要清理基金财产。清算主体编制基金资产负债表和财产清单，最后制订分配方案。 (4)分配基金财产。不同组织形式的股权投资基金的清算分配顺序不同。 ①公司型及合伙型股权投资基金在支付清算费用和职工工资、社会保险费用、法定补偿金以及缴纳所欠税款、清偿债务后的剩余财产，向基金投资者进行分配。 ②信托(契约)型股权投资基金先支付清算费用及其他应支付的费用后，再按照基金合同的约定向基金投资者分配剩余基金资产。 (5)编制清算报告。清算工作完成后，清算主体编制清算报告，并履行相应通知和报备工作。

第五节　基金信息披露

一、基金信息披露的概念、作用及原则(了解)

考查概率：40%，本考点考查相对较少。
命题角度：信息披露概念、目的、作用以及原则。

项　目	内　　容
概念	股权投资基金的信息披露是指相关信息披露义务人按照法律法规、自律规则的规定和基金合同的约定，在基金募集、投资、运营等一系列环节中，向基金投资者进行的信息披露行为。

续 表

项 目	内 容
作用	(1)帮助基金投资者作出理性判断。 (2)防范利益输送与利益冲突。 (3)促进股权投资基金市场的长期稳定。
原则	(1)基金信息披露内容上应遵循的原则： ①及时性原则:不同类型的信息披露需遵循不同的时间准则。如定期报告披露时间不得超出法定或约定的时间。 ②真实性原则:基金信息披露需保障披露内容的真实性,这是基金信息披露最根本、最重要的原则。 ③准确性原则:基金要使用规范的语言及形式进行信息披露,避免由于内容或表达方式的不当而造成误解。 ④完整性原则:基金信息披露必须对所有与基金相关的重要事项进行披露,不得有选择性地披露或者遗漏与基金投资者相关的重要事项。 ⑤风险揭示原则:信息披露义务人必须向投资者充分披露基金的所有相关事项,充分揭示与基金投资运作相关的风险。 ⑥公平披露原则:应确保对当前所有的基金持有人进行披露,不得只向特定的对象进行局部披露。 (2)基金信息披露形式上应遵循的原则： ①规范性原则:应按照法律法规等规定和基金合同约定的内容和格式进行披露。 ②易解性原则:信息披露的表述应当简要易懂。 ③易得性原则:应采取便捷的披露渠道和方式进行信息披露。 **记忆关键词**:及时、真实、准确、完整、风险揭示、公平披露;规范、易解、易得

对于基金信息披露的原则,考生要掌握在内容上应遵循的六个原则和形式上应遵循的三个原则,具体内容大致了解即可。

二、基金信息披露的内容和安排(理解)

项 目	内 容
信息披露义务人	信息披露义务人是指股权投资基金管理人、股权投资基金托管人,以及法律、行政法规、中国证监会和中国证券投资基金业协会规定的负有信息披露义务的法人和其他组织。
信息披露的内容	(1)基金相关法律协议及募集推介材料。基金管理人或销售机构向投资者进行基金销售推介时,应披露的内容包括基金合同、托管协议、募集推介材料等信息。 (2)基金运作期间相关的重要信息。基金管理人应向投资者披露的内容包括基金的投资情况、收益分配情况、基金资产负债情况、基金主要财务指标、其他与基金投资者权益相关的重要信息等。 (3)其他应当依法披露的信息。

考查概率:80%,在考试中所占分值约为1分。

命题角度:①信息披露义务人的概念;②信息披露的具体内容;③处于不同生命周期的股权投资基金的信息披露。

续表

项　目	内　容
信息披露的安排	（1）股权投资基金的基金合同中应当明确信息披露义务人向投资者进行信息披露的内容、披露频度、披露方式、披露责任以及信息披露渠道等事项。 （2）信息披露义务人在披露信息时，根据股权投资基金所处生命周期的不同阶段，披露不同的基金信息。具体分为以下三类。 ①募集期间的信息披露。在此期间的信息披露应全面、完整、客观地披露基金重要信息，包括基金的基本信息、投资信息、募集期限、出资方式、基金承担的费用情况、收益分配方式等。基金投资者根据这些信息作出是否投资的决策判断。 ②运作期间的定期披露。在此期间，信息披露义务人以定期报告形式披露基金投资、运作情况。 ◆定期报告的分类：季度报告和年度报告。 ◆定期报告的内容：基金的基本信息、基金当事人以及相关服务机构的信息、基金已投资项目的基本情况、项目退出情况、基金会计数据和财务指标、利润分配情况、承担的费用情况、基金管理人报告信息等。 ③运作期间的临时披露。基金运作期间，当基金管理人或者股权投资基金出现相关的重大事项时，信息披露义务人应当临时披露该重大事项。重大事项包括基金管理人和托管人发生重大事项变更、股权投资基金发生重大损失、管理费率或者托管费率变更、清盘或者清算、重大关联交易、提取业绩报酬等。 **记忆关键词**：定期披露—定期报告；重大事项—临时披露

💡 本考点在考试中经常出现，考查点比较多，考生应重点掌握募集期间、运作期间（定期和临时）信息披露。

● 母 题 精 选

【单选题】股权投资基金信息披露义务人包括（　　）。

Ⅰ.基金托管人　　Ⅱ.基金管理人　　Ⅲ.基金出资人　　Ⅳ.基金法律顾问

A.Ⅱ、Ⅲ　　　　B.Ⅰ、Ⅱ、Ⅲ　　　　C.Ⅰ、Ⅱ　　　　D.Ⅰ、Ⅱ、Ⅲ、Ⅳ

【答案】　C　【解析】信息披露义务人是指股权投资基金管理人、股权投资基金托管人，以及法律、行政法规、中国证监会和中国证券投资基金业协会规定的负有信息披露义务的法人和其他组织。

【单选题】基金运作期间，信息披露义务人应当将基金报告期间的投资、运作情况，以（　　）的形式向投资者进行信息披露。

A.定期报告　　　B.临时报告　　　C.招股说明书　　　D.上市公告书

【答案】　A　【解析】基金运作期间，信息披露义务人应当将基金报告期间的投资、运作情况，以定期报告的形式向投资者进行信息披露。

【单选题】在股权投资基金运作期间，当出现与基金管理人或者股权投资基金相关的重大事项时，信息披露义务人应当将重大事项进行临时披露。一般来说，重大事项包括（　　）。

Ⅰ.股权投资基金发生重大损失　　　　Ⅱ.清盘或者清算

Ⅲ.提取业绩报酬　　　　　　　　　　Ⅳ.管理费率或者托管费率变更

A．Ⅰ、Ⅲ、Ⅳ   B．Ⅰ、Ⅱ、Ⅲ   C．Ⅰ、Ⅱ、Ⅲ、Ⅳ   D．Ⅱ、Ⅲ、Ⅳ

【答案】 C 【解析】在股权投资基金运作期间,当出现与基金管理人或者股权投资基金相关的重大事项时,信息披露义务人应当将重大事项进行临时披露。一般来说,重大事项包括基金管理人和托管人发生重大事项变更、股权投资基金发生重大损失、管理费率或者托管费率变更、清盘或者清算、重大关联交易、提取业绩报酬等。

第六节　基金托管

一、基金托管服务概述（了解）

考查概率：60%,在考试中所占分值约为1分。

命题角度：①股权投资基金托管的概念；②基金托管的作用；③基金托管资格获取；④基金托管的基本原则。

项　目	内　容
基金托管的含义	（1）股权投资基金托管是指具有托管业务资格的商业银行或者其他金融机构担任托管人,按照法律法规的规定及基金合同或托管协议的约定,对基金履行安全保管财产、开设基金资金账户、办理清算交割、复核审查资产净值、开展投资监督、召集基金份额持有人大会等职责的行为。 （2）不同基金的托管要求体现为以下两方面。 ①公募基金:强制托管。 ②非公募基金:无强制要求,全体投资者和基金管理人可以在基金合同中约定不托管,但应明确保障基金财产安全的措施和纠纷解决机制。股权投资基金不进行托管时,可选择资产保管机构作为基金管理人的代理人保管基金资产。
基金托管的作用	（1）基金托管制度能够完善基金治理结构。 （2）提升股权投资基金运作的专业化水平。 （3）保障基金资产的安全。 （4）保护基金投资者的利益。
基金托管资格的获取	证券投资基金法规定,基金托管人由依法设立的商业银行或者其他金融机构担任。商业银行担任基金托管人的,由国务院证券监督管理机构会同国务院银行业监督管理机构核准;其他金融机构担任基金托管人的,由国务院证券监督管理机构核准。
基金托管的原则	（1）合规性原则:在协议约定的权限范围内,根据国家法律法规和基金合同的要求履行托管职责。 （2）安全性原则:在协议约定的范围内确保托管资产的安全和完整。 （3）独立性原则:将基金资产与其他资产以及托管人自有资产严格分离保管,为基金单独建账、独立核算。 （4）保密性原则:除法律法规及相关约定外,不得以任何形式泄露或公开基金资产的状况和投资运作情况。

基金托管人具有基金当事人的法律地位,托管人可以制衡基金管理人,形成有效的基金治理结构。

● 母 题 精 选

【单选题】股权投资基金托管人按照法律法规及基金合同的约定,对基金履行的职责包括:安全保管财产、办理清算交割以及(　　)。

A. 复核审查资产净值、开展投资监督　　B. 确定收益分配方案、开展投后管理

C. 确定收益分配方案、开展投资监督　　D. 复核审查资产净值、开展投后管理

【答案】 A 【解析】股权投资基金托管是指具有托管业务资格的商业银行或者其他金融机构担任托管人,按照法律法规的规定及基金合同或托管协议的约定,对基金履行安全保管财产、开设基金资金账户、办理清算交割、复核审查资产净值、开展投资监督、召集基金份额持有人大会等职责的行为。

二、基金托管的服务内容(理解)

服务内容	内　　容
资产保管	(1)基金托管人职责:资产托管是其首要职责,基金托管人应按规定独立、完整、安全地保管所托管基金的财产,保证基金财产的安全完整。 (2)不同资产类型的保管方式。 ①现金类资产:保存在托管人为基金开立的托管账户中。 ②非现金类资产:如投资项目股权,通过保存股权凭证或权利证明文件等方式实现资产保管。 (3)证券投资基金法规定,基金财产独立于基金管理人、基金托管人的固有财产。基金管理人、基金托管人不得将基金财产归入其固有财产。基金财产的债权不得与基金管理人、基金托管人固有财产的债务相抵销;不同基金财产的债权债务不得相互抵销。
账户管理	(1)基金托管人按照法规规定及合同约定负责开立并管理基金资产账户,一般包括基金托管账户及投资交易可能用到的其他账户。 (2)基金托管人以基金的名义在银行开立基金托管账户,作为基金名下资金往来的结算账户。
资产清算	基金托管人按照基金合同的约定,根据基金管理人的投资指令,及时办理清算、交割事宜;基金托管人没有自行运用、处分、分配基金财产的权利。
投资监督	(1)基金托管人按照规定监督基金管理人的投资运作。 (2)监督内容:基金投资范围、投资对象、投资比例及基金投资禁止行为等。 (3)证券投资基金法规定,基金托管人发现基金管理人的投资指令违反法律、行政法规和其他有关规定,或者违反基金合同约定的,应当拒绝执行,立即通知基金管理人,并及时向国务院证券监督管理机构报告。
会计核算	托管人根据基金合同约定的记账方法和会计处理原则,与管理人分别独立进行账簿设置、账套管理、账务处理及基金净值计算,托管人按照规定对基金管理人的会计核算结果进行复核。
基金估值	基金管理人通过对基金所拥有的全部资产以及所有负债按一定的原则和方法进行核算,从而确定资产价值并编制基金估值表。基金托管人应当对基金管理人的估值核算结果进行复核。

👍 考查概率:80%,在考试中所占分值约为1分。

命题角度:资产保管、账户管理、资产清算、投资监督、会计核算、基金估值以及信息披露的具体内容。

💡 基金托管人必须将基金资产与其自有资产,以及不同基金的资产严格隔离。不同基金之间在账户设置、资金划拨、账册记录等方面应完全独立,实行专户、专人管理。

💡 基金托管人复核的内容包括基金账务、资金头寸、资产净值、财务报表、基金费用与收益分配等。

续 表

服务内容	内　容
信息披露	（1）基金托管人根据托管资产运营情况向基金管理人进行信息通告或发布，并定期提交基金托管报告。 （2）托管报告内容包括股权投资基金托管资产运作情况、托管人应承担的托管职责履行情况等。

● 母 题 精 选

【单选题】下列关于股权投资基金托管的服务内容，说法不正确的是（　　）。

A. 资产保管是股权投资基金托管的基础服务，也是托管人的首要职责

B. 资金清算时，基金托管人有权自行运用、处分、分配基金财产

C. 基金托管人对资产估值核算结果进行复核

D. 基金托管报告主要内容包括但不限于股权投资基金托管资产运作情况、托管人应承担的托管职责履行情况等

【答案】 B 【解析】基金托管人应严格按照基金管理人的投资指令、资金划拨指令等及时办理资金清算。基金托管人没有自行运用、处分、分配基金财产的权利。

第七节　基金服务业务

一、基金服务业务的发展背景（了解）

考查概率：10%，本考点较少考查。

命题角度：基金服务业务的发展背景。

项　目	内　容
基金服务业务的发展背景	（1）基金管理行业发展到一定阶段必然产生基金服务业务，同时市场竞争与基金管理人专业化经营也需要基金服务业务的支持。 （2）在2012年修订的证券投资基金法生效以前，基金服务机构及私募投资基金没有正式的法律地位及认可，基金服务业务尚不成规模，仅有极少数的合伙型基金产品聘请了基金服务机构提供估值核算、份额登记计算等服务。 （3）2012年修订的证券投资基金法首次提出了基金服务机构的概念，同时赋予了包括股权投资基金在内的私募投资基金正式的法律地位。基金服务行业不断发展扩大。 （4）中国证券投资基金业协会发布了基金服务业务的相关指引文件，标志着基金服务行业步入了新的发展阶段。

二、基金服务业务的服务内容（理解）

（一）服务内容

考查概率：80%，在考试中所占分值约为1分。（接下页）

项　目	内　容
基金募集服务	（1）概念：基金募集服务是指基金服务机构代理基金管理人宣传推介股权投资基金，发售基金份额，办理基金参与、退出等活动。

续　表

项　目	内　容
基金募集服务	（2）基金服务机构提供基金销售募集服务，需要取得相应的业务资格，并与基金管理人签订书面代销协议，基金募集需要严格遵循股权投资基金的销售募集流程。
投资顾问服务	（1）概念：投资顾问服务是指投资顾问接受客户委托，按约定向客户提供投资建议服务，辅助客户作出投资决策，并直接或间接获取经济利益的经营活动。 （2）提供投资顾问服务的机构，需要满足法律法规、监管机构规定的条件，并签订相关委托协议。
份额登记服务	（1）概念：份额登记服务是指基金服务机构代理基金管理人为股权投资基金办理基金份额登记过户、存管、结算等活动。 （2）基本职责：建立并管理投资者的基金账户、负责基金份额的登记及资金结算、基金交易确认、代理发放红利、保管投资者名册、法律法规或服务协议规定的其他职责。
估值核算服务	（1）概念：估值核算服务是指基金服务机构代理基金管理人办理基金估值、会计核算等活动。 （2）基本职责：开展基金会计核算、估值、报表编制，相关业务资料的保存管理，配合基金管理人聘请的会计师事务所进行审计，法律法规及服务协议规定的其他职责。
信息技术系统服务	信息技术系统服务是指基金服务机构为基金管理人、基金托管人和其他基金服务机构提供基金业务核心应用系统、信息系统运营维护及安全保障等服务。

（二）法定职责和义务

基金服务机构	法定职责
基金募集机构	基金销售机构应当向投资人充分揭示投资风险，并根据投资人的风险承担能力销售不同风险等级的基金产品。
投资顾问	基金投资顾问机构及其从业人员提供基金投资顾问服务，应当具有合理的依据，对其服务能力和经营业绩进行如实陈述，不得以任何方式承诺或者保证投资收益，不得损害服务对象的合法权益。
份额登记机构	（1）基金份额登记机构应当妥善保存登记数据，并将基金份额持有人名称、身份信息及基金份额明细等数据备份至国务院证券监督管理机构认定的机构。其保存期限自基金账户销户之日起不得少于20年。 （2）基金份额登记机构应当保证登记数据的真实、准确、完整，不得隐匿、伪造、篡改或者毁损。

👍 命题角度：①基金服务业务的服务内容（五个方面）；②基金服务机构的法定职责和义务。

💡 基金服务机构开展这五种基金服务业务的，应当在中国证券投资基金业协会进行登记。中国证券投资基金业协会为基金服务机构办理登记不代表其对基金服务机构服务能力、持续合规情况的认可，也不代表对基金财产和投资者财产安全的保证。

💡 基金服务机构的义务：基金服务机构应当勤勉尽责、恪尽职守，建立应急等风险管理制度和灾难备份系统，不得泄露与基金份额持有人、基金投资运作相关的非公开信息。

续　表

基金服务机构	法定职责
估值核算机构	（1）开展基金会计核算、估值、报表编制并负责相关业务资料的保存管理。 （2）配合基金管理人聘请的会计师事务所进行审计。
信息技术系统服务机构	（1）基金管理人、基金托管人、基金服务机构的信息技术系统应当符合规定的要求。 （2）国务院证券监督管理机构可以要求信息技术系统服务机构提供该信息技术系统的相关资料。

三、基金服务业务中基金管理人应承担的责任（了解）

项　目	内　容
基金服务业务中基金管理人的责任	基金管理人应当审慎地选择基金服务机构，持续评估基金服务机构的服务能力。基金管理人依法承担职责且不因委托而免除。 （1）基金管理人开展基金服务业务前的准备工作。 ①对基金服务机构展开尽职调查，了解基金服务机构的人员储备、业务隔离措施、软硬件设施、专业能力、诚信状况等情况。 ②与基金服务机构签订书面服务协议，约定双方的权利义务及违约责任。 （2）基金管理人开展基金服务业务时的持续评估。基金服务业务开展后，基金管理人应建立对基金服务机构的持续评估机制，定期检查基金服务机构的业务开展情况。

考查概率：40%，本考点考查相对较少。

命题角度：基金服务业务中基金管理人应承担的责任。

四、基金服务业务中可能存在的利益冲突（理解）

项　目	内　容
基金服务业务中可能存在的利益冲突	基金服务机构应加强基金服务业务的独立性，采取有效的内控与隔离措施保障基金服务业务独立运营，防范利益冲突与输送。具体要求如下。 （1）基金服务业务所涉及的基金财产和投资者财产应独立于基金服务机构的自有财产。基金服务机构破产或者清算时，基金服务业务所涉及的基金财产和投资者财产不属于其破产或清算财产。 （2）基金服务机构应当对提供服务业务所涉及的基金财产和投资者财产分账管理，保障基金财产和投资者财产的安全，禁止任何单位或个人以任何形式挪用基金财产和投资者财产。 （3）基金管理人不得委托基金托管人担任同一基金的基金服务机构，除非该托管人能够分离其托管职能和基金服务职能，能够识别、管理、监控潜在的利益冲突，并披露给投资者。 （4）基金服务机构应当具备开展服务业务的营运能力和风险承受能力，审慎评估基金服务的潜在风险与利益冲突，建立健全防火墙制度与业务隔离制度，有效执行信息隔离等内部控制制度，防范利益输送。

考查概率：60%，在考试中所占分值约为1分。

命题角度：基金服务业务中存在的利益冲突。

第八节　基金业绩评价

一、基金业绩评价的意义（了解）

项　目	内　容
基金业绩评价的意义	（1）从股权投资基金投资者角度来说，选择基金产品可参考股权投资基金管理人过去的历史业绩。横向比较当前已投资基金的业绩，可以了解已投资基金在市场上的业绩水平，并大概预测基金未来的回报水平。 （2）从股权投资基金管理人角度来说，评价所管理的股权投资基金业绩，能够促进管理人了解基金运营状况和潜在的问题，帮助管理人有针对性地开展投资组合的投资后管理工作，并调整和完善投资策略。

考查概率：10%，本考点较少考查。

命题角度：基金业绩评价的意义。

二、基金业绩评价需考虑的因素（了解）

考虑因素	内　容
投资领域因素	对基金业绩进行比较时，应考虑针对不同的投资领域采取不同的对标基准。 （1）并购基金投资项目通常为成熟期企业，其商业模式较成熟，预期收益率较高，基金业绩较稳定；创业投资基金风险和期望收益均较高，单一投资项目获得高额回报或巨大亏损的可能性较大。 （2）创业投资基金获得收益的周期较长；投资上市公司的股权投资基金的投资标的流动性较好，一般持有所投资项目的期限会短于创业投资基金。
时间因素	（1）股权投资基金的投资标的因信息不透明，准确估值较难，甚至在不同时点的估值或退出都会引发基金估值或现金流较大波动，从而使基金的业绩指标发生改变。 （2）不同年份成立的股权投资基金处于经济周期的不同阶段，宏观经济对业绩的影响也不同，故设立时间不同的基金难以进行业绩比较。

考查概率：40%，本考点考查相对较少。

命题角度：基金业绩评价需考虑投资领域和时间因素。

股权投资基金的业绩进行比较时应考虑的时间因素：①基金设立的时间应尽量接近；②业绩评价的时间应尽量统一。

● 母 题 精 选

【单选题】投资上市公司的股权投资基金的投资标的流动性较好，一般持有所投资项目的期限会（　　）创业投资基金。

　　A. 短于　　　　　　B. 长于　　　　　　C. 等同于　　　　　　D. 无法比较

【答案】　A　【解析】投资上市公司的股权投资基金的投资标的流动性较好，一般持有所投资项目的期限会短于创业投资基金。

三、基金业绩评价的指标（重点掌握）

项　目	内　容
内部收益率	（1）概念：内部收益率（IRR）是指截至某一特定时点，倒推计算至基金成立后第一笔现金流产生时，基金资金流入现值加上资产净值现值总额与资金流出现值总额相等，即净现值（NPV）等于零时的折现率，体现了投资资金的时间价值。

考查概率：100%，在考试中所占分值为3~4分。

命题角度：内部收益率、已分配收益倍数和总收益倍数概念及计算等。

续 表

项 目	内 容
内部收益率	(2)计算方法:内部收益率的计算,通常在基金处于退出期后,根据截至某一确定时点基金在存续期内每年的投资经营现金流,以及该时点的资产净值,算出期初净现值等于零时相应的折现率。 (3)计算公式: $$NPV = C_0 + \frac{C_1}{1+r} + \frac{C_2}{(1+r)^2} + \cdots + \frac{C_n}{(1+r)^n} + \frac{NAV}{(1+r)^n} = \sum_{t=0}^{n} \frac{C_t}{(1+r)^t} + \frac{NAV}{(1+r)^n}$$ 其中,$C_0, C_1, C_2, \cdots, C_n$ 为每年现金流,既包含正现金流,也包含负现金流;r 为折现率;NAV 一般是以公允价值对未退出项目估值后的净资产。根据内部收益率的定义,当净现值为 0 时,r 才是该基金在第 n 年时的内部收益率。 (4)根据计算口径的不同,将内部收益率分为以下两类。 ①毛内部收益率(GIRR):计算基金项目投资和回收现金流的内部收益率,反映基金投资项目的回报水平。 ②净内部收益率(NIRR):计算投资者出资和分配现金流的内部收益率,反映投资者投资基金的回报水平。
已分配收益倍数	(1)概念:已分配收益倍数(DPI)是指截至某一特定时点,投资者已从基金获得的分配金额总和与投资者已向基金缴款金额总和的比率,体现了投资者现金的回收情况。 (2)计算公式: $$DPI = \frac{D_0 + D_1 + D_2 + \cdots + D_n}{PI_0 + PI_1 + PI_2 + \cdots + PI_n} = \frac{\sum_{t=0}^{n} D_t}{\sum_{t=0}^{n} PI_t}$$ 其中,$D_0, D_1, D_2, \cdots, D_n$ 为投资者历年从基金获得的分配额,$PI_0, PI_1, PI_2, \cdots, PI_n$ 为投资者历年向基金支付的实缴出资额,均为正数。
总收益倍数	(1)概念:总收益倍数(TVPI)是指截至某一特定时点,投资者已从基金获得的分配金额加上资产净值(NAV)与投资者已向基金缴款金额总和的比率,体现了投资者的账面回报水平。 (2)计算公式: $$TVPI = \frac{D_0 + D_1 + D_2 + \cdots + D_n + NAV}{PI_0 + PI_1 + PI_2 + \cdots + PI_n} = \frac{\sum_{t=0}^{n} D_t + NAV}{\sum_{t=0}^{n} PI_t} = DPI + \frac{NAV}{\sum_{t=0}^{n} PI_t}$$ 其中,$D_0, D_1, D_2, \cdots, D_n$ 为投资者历年从基金获得的分配额,$PI_0, PI_1, PI_2, \cdots, PI_n$ 为投资者历年向基金支付的实缴出资额,均为正数。 (3)评价:已分配收益倍数和总收益倍数都是站在投资者的角度来评价股权投资基金的,投资者更重视其出资的回报情况。投资早期项目的基金实际取得的回报往往最终小于先前的估值,因此投资者评价基金业绩需结合已分配收益倍数和总收益倍数。 **记忆关键词:**资金时间价值;现金回收情况;账面回报水平

💡 净内部收益率是在毛内部收益率基础上加入了基金费用和管理人业绩报酬对投资者现金流的影响。

💡 通常情况下,基金费用和管理人业绩报酬为负现金流,因此 GIRR > NIRR。

💡 本考点涉及的计算公式较复杂,一般不会考计算题,公式理解即可。常考查的是三个基金业绩评价指标的概念、分类、评价等。考生应能够将知识点与实际的案例结合起来灵活运用。

母题精选

【单选题】关于总收益倍数(TVPI),说法错误的是(   )。

A.从定义和计算公式可以看出,除非基金已经清算并结束存续期,否则只要还在运营中,部分变量数会发生变化

B.反映了投资人的账面回报水平

C.是指截至某一特定时点,投资人已从基金获得的分配金额与投资人已向基金缴款全额总和的比率

D.通常大于已分配收益倍数 DPI

【答案】 C **【解析】**总收益倍数(TVPI)是指截至某一特定时点,投资人已从基金获得的分配金额加上资产净值(NAV)与投资人已向基金缴款金额总和的比率,体现了投资人的账面回报水平。故选项 C 说法错误。其余选项说法均正确。

【单选题】善投基金管理有限公司(以下简称"管理人")于 2010 年 1 月设立了两只股权投资基金:善投 1 号和善投 2 号,由 A 银行进行托管,善投 1 号和善投 2 号于 2010—2012 年分别陆续投资了 3 个和 4 个投资项目。

2017 年年初,善投 1 号和善投 2 号的最大共同投资人甲要求管理人提供两只基金 2016 年年末的权威估值,并提出希望这个估值是由托管行直接计算得出的公允估值,管理人接到该需求后联系托管人,要求其提供两只基金截至 2016 年年末的估值计算表。与此同时,管理人打算评估一下善投 1 号和善投 2 号截至 2016 年年末的内部收益率,以对两只基金的业绩表现做一个比较;投资人甲希望管理人提供善投 1 号和善投 2 号截至 2016 年年末的现金回收情况评估,向管理人索取相关信息。

(1)关于投资人甲希望托管人提供基金的估值计算表,正确的做法是(   )。

A.托管人通常不应直接做基金的估值,但由于重要投资人的要求,可以视具体情况妥协一次

B.托管人应当请管理人提供估值计算表,由其复核、监督,不能代为履行管理人职责

C.托管人可以做好估值表给管理人,由管理人盖章确认,然后提交投资人

D.托管人可以提供估值计算表给管理人,由其提交给投资人

【答案】 B **【解析】**基金管理人通过对基金所拥有的全部资产以及所有负债按一定的原则和方法进行核算,从而确定资产价值并编制基金估值表。基金托管人应当对基金管理人的估值核算结果进行复核。故选项 B 正确。

(2)关于管理人对善投 1 号和善投 2 号进行业绩比较,以下表述正确的是(   )。

Ⅰ.计算内部收益率要考虑折现率

Ⅱ.计算内部收益率要考虑基金适用的所得税率

Ⅲ.善投 1 号和 2 号设立时间较为接近,于 2016 年年末通过同一业绩评价指标进行比较通常是有意义的

Ⅳ.管理人通过计算基金的内部收益率可以了解基金的现金回收情况

A.Ⅰ、Ⅱ、Ⅲ   B.Ⅰ、Ⅲ、Ⅳ   C.Ⅲ、Ⅳ   D.Ⅰ、Ⅲ

【答案】 D **【解析】**内部收益率是指截至某一特定时点,基金资金流入现值加上资产净值现值总额与资金流出现值总额相等,即净现值等于零时的折现率,体现了投资资金的时间价值。故Ⅰ项正确。股权投资基金的业绩一般不考虑税负影响,即均以税前所得作为计算基础。故Ⅱ项表述错误。股权投资基金的业绩进行比较时应考虑两方面的时间因素:①基金设立的时间应尽量接近;②业绩评价的时间应尽量统一。故Ⅲ项说法正确。已分配收益倍数体现了投资人现金的回收情况,故Ⅳ项说法错误。故选 D。

(3)针对投资人甲希望管理人提供善投 1 号和善投 2 号截至 2016 年年末的现金回收情况评估的要求,管理人提供的最合适指标是(   )。

A.净内部收益率   B.已分配收益倍数

C.总收益倍数   D.毛内部收益率

【答案】 B **【解析】**已分配收益倍数(DPI)是指截至某一特定时点,投资者已从基金获得的分配金额总和与投资者已向基金缴款总和的比率,体现了投资者现金的回收情况。故选 B。

第九节　基金管理人内部控制

一、内部控制概述(了解)

考查概率:20%,本考点较少考查。

项　目	内　容
内部控制概述	(1)概念:股权投资基金管理人内部控制是指股权投资基金管理人为防范和化解风险,保证各项业务的合法合规运作,实现经营目标,在充分考虑内外部环境的基础上,对经营过程中的风险进行识别、评价和管理的制度安排、组织体系和控制措施。 (2)基金管理人的内部控制要求部门设置遵循权责明确、相互制约的原则。具体包括以下内容。 ①严格授权控制。 ②建立完善的岗位责任制度和科学、严格的岗位分离制度。 ③严格控制基金财产的财务风险。 ④建立完善的信息披露制度。 ⑤建立严格的信息技术系统管理制度。 ⑥强化内部监督稽核和风险管理系统。

命题角度:①内部控制的概念;②基金管理人内部控制对部门设置的要求。

二、管理人内部控制的作用(理解)

考查概率:60%,在考试中所占分值约为1分。

项　目	内　容
管理人内部控制的作用	(1)管理人内部控制可以保证管理人经营运作严格遵守国家有关法律法规和行业监管规则,自觉形成守法经营、规范运作的经营思想和理念。 (2)管理人内部控制可以管理经营风险,提高经营管理效益,促进经营业务的稳健运行,实现持续、稳定、健康发展。 ①风险具有客观性。风险包括以下两方面。 ◆外部风险:来自法律法规、经济、社会、文化与自然等方面。 ◆内部风险:来自决策失误、执行不力、操作风险等方面。 ②在风险评估的基础上,基金管理人应加强内部控制,建立风险防范机制。具体内容包括建立企业风险评估机构、制定防范或规避风险的措施、建立风险信息反馈机制及制定防范风险的奖惩制度等。 (3)管理人内部控制可以保障股权投资基金财产的安全、完整。 (4)管理人内部控制可以确保基金和基金管理人的财务和其他信息真实、准确、完整、及时。

命题角度:管理人内部控制四个方面的作用。

本考点内容简单,考生理解管理人内部控制的四个方面的作用即可。

●母题精选

【单选题】股权投资基金管理人在市场经济环境中会遇到各种风险,下列属于外部风险的是(　　)。

A.来自决策失误的风险　　　　B.来自操作的风险

C.来自法律法规的风险　　　　D.来自执行不力的风险

【答案】C 【解析】风险有外部风险和内部风险,外部风险主要来自法律法规、经济、社会、文化与自然等方面。内部风险主要来自决策失误、执行不力、操作风险等方面。

三、管理人内部控制的原则(理解)

考查概率:80%,在考试中所占分值约为1分。
命题角度:管理人内部控制的六个原则。

原　则	内　容
全面性原则	管理人内部控制应当覆盖包括各项业务、各个部门和各级人员,并涵盖资金募集、投资研究、投资运作、运营保障和信息披露等主要环节。
相互制约原则	(1)相互制约原则是指基金管理人组织结构应当权责分明、相互制约。 　　(2)相互制约应考虑横向控制和纵向控制制约关系。 　　①横向控制:完成某项工作需由来自彼此独立的两个平行部门或人员协调运作、相互监督、相互制约、相互证明。 　　②纵向控制:完成某项工作需经过至少两个纵向岗位和环节,从而使下级受上级监督,上级受下级牵制。
执行有效原则	(1)通过科学的内控手段和方法,建立合理的内控程序,维护内控制度的有效执行。 　　(2)基金管理人内部控制的有效性主要包括以下两个方面的含义。 　　一方面是指基金管理人所实施的内部控制政策与措施能否适应基金监管的法律法规要求。 　　另一方面是指基金管理人内部控制在设计完整、合理的前提下,在基金管理的运作过程中,能够得到持续的贯彻执行并发挥作用,为实现提高公司经营效率、财务信息的可靠性和法律法规的遵守提供合理保证。
独立性原则	(1)各部门和岗位职责应当保持相对独立,基金财产、管理人固有财产、其他财产的运作应当分离。 　　(2)在设置岗位时需要考虑授权岗位和执行岗位的分离、执行岗位和审核岗位的分离、保管岗位和记账岗位的分离等。通过不相容职责的划分,保证各部门和人员之间的独立性,从而有效防止员工舞弊行为的发生。
成本效益原则	(1)以合理的成本控制达到最佳的内部控制效果,内部控制与基金管理人的管理规模和员工人数等方面相匹配,契合自身实际情况。 　　(2)在设计基金管理人内部控制制度时,需要考虑控制投入成本和控制产出效益之比。 　　①对于关键控制点(在业务处理过程中发挥较大作用、影响范围较广的控制点),如投资、研究和交易等,应进行严格控制。 　　②对于一般控制点(只在局部发挥作用、影响特定范围的控制点),只要能起到监控作用即可,不必花费大量的人力、物力进行控制。
适时性原则	(1)股权投资基金管理人应当定期评价内部控制的有效性,并随着有关法律法规的调整和经营战略、方针、理念等内外部环境的变化同步适时修改或完善。 　　(2)针对基金管理人内外部环境变化,做出以下不同修改和完善。 　　①针对基金管理人组织体系内的变化:需要重新评估内部控制体系是否能够继续满足变化后的内部控制要求,否则需进行完善以保证内部控制的有效性。

通过横向控制和纵向控制的核查和制约,可以减少工作中发生的错弊,同时便于纠正发生的问题。

内部控制应约束基金管理人内部涉及基金管理工作的所有人员。

续表

原　则	内　容
适时性原则	②针对外部环境的变化:如投资领域的方针政策、监管要求、法律法规等发生调整,基金管理人的内部控制必须按要求同步调整。

● 母 题 精 选

【单选题】股权投资基金管理人组织结构应当权责分明、相互制约,这是内部控制制度(　　)的要求。

　　A. 全面性原则　　　B. 执行有效原则　　C. 独立性原则　　D. 相互制约原则

【答案】　D　【解析】基金管理人内部控制的原则包括:全面性原则、相互制约原则、执行有效原则、独立性原则、成本效益原则、适时性原则。其中,相互制约原则是指组织结构应当权责分明、相互制约。

四、管理人内部控制的要素构成(理解)

要素构成	内　容
内部环境	(1)内部环境包括经营理念和内控文化、治理结构、组织结构、人力资源政策和员工道德素质等,内部环境是实施内部控制的基础。 (2)基金管理人应当牢固树立合法合规经营的理念和风险控制优先的意识,培养从业人员的合规与风险意识,营造合规经营的制度文化环境,保证管理人及其从业人员诚实信用、勤勉尽责、恪尽职守。 (3)基金管理人应当健全治理结构,防范不正当关联交易、利益输送和内部人控制风险,保护投资者利益和自身合法权益。 (4)基金管理人组织结构应当体现职责明确、相互制约的原则,建立必要的防火墙制度与业务隔离制度,各部门有合理及明确的授权分工,操作相互独立。
风险评估	(1)及时识别、系统分析经营活动中与内部控制目标相关的风险,合理确定风险应对策略。 (2)基金管理人应建立科学严密的风险评估体系,对公司内外部风险进行识别、评估和分析,及时防范和化解风险。 (3)基金管理人应更多运用现代科技信息,促进风险管理的现代化。
控制活动	(1)根据风险评估结果,采取相应的控制措施,将风险控制在可承受范围之内。 (2)授权控制应当贯穿于基金管理人资金募集、投资研究、投资运作、运营保障和信息披露等主要环节的始终。基金管理人应当建立健全授权标准和程序,确保授权制度的贯彻执行。授权控制的内容包括以下四个方面。 ①股东会、董事会、监事会和管理层充分了解和履行各自的职权,建立健全公司授权标准和程序,确保授权制度的贯彻执行。 ②各业务部门、分支机构和员工应当在规定授权范围内行使相应的职责。 ③重大业务的授权应当采取书面形式,授权书应明确授权内容和时效。 ④授权要适当,对已获授权的部门和人员应建立有效的评价和反馈机制,对已不适用的授权应及时修改或取消。

考查概率:60%,在考试中所占分值约为1分。

命题角度:基金管理人内部控制的五个要素。

💡 本考点内容源自《私募投资基金管理人内部控制指引》。

💡 投资和交易、交易和清算、基金会计和管理人财务核算会计等重要岗位不得有人员的重叠,重要业务部门和岗位应进行物理隔离。

续 表

要素构成	内　容
控制活动	（3）基金管理人应当建立完善的财产分离制度，基金财产与基金管理人固有财产之间、不同基金财产之间、基金财产和其他财产之间要实行独立运作，分别核算。
信息与沟通	（1）及时、准确地收集、传递与内部控制相关的信息，确保信息在内部、企业与外部之间进行有效沟通。 （2）基金管理人应保证信息沟通渠道的畅通，建立清晰的报告系统。在公司管理和基金运作中，各部门应保持各自独立向管理层报告的渠道。
内部监督	（1）对内部控制建设与实施情况进行周期性监督检查，评价内部控制的有效性，发现内部控制缺陷或因业务变化导致内控需求有变化的，应当及时加以改进、更新。 （2）基金管理人应对内部控制制度的执行情况进行定期和不定期的检查、监督及评价，排查内部控制制度是否存在缺陷及实施中是否存在问题，并及时予以改进，确保内部控制制度的有效执行。

💡 管理层应保证所有员工得到充分、最新的规章制度以及应得知的信息。管理人应定期与员工沟通，保证员工及时知悉公司的战略方向、经营方针、长短期目标等。

● 母题精选

【单选题】股权投资基金管理人内部控制的信息与沟通要素是指（　　　）。

A. 及时、准确地收集、传递基金管理人内部和外部信息，确保信息在内部、企业与外部之间进行有效沟通

B. 高效、深入地收集、加工和传递基金管理人内部和外部信息，确保信息在内部、企业与外部之间进行有效沟通

C. 及时、准确地收集、传递与内部控制相关的信息，确保信息在内部、企业与外部之间进行有效沟通

D. 及时、准确地收集、加工和传递基金管理人内部信息，确保信息在内部、企业与外部之间进行有效沟通

【答案】 C 【解析】股权投资基金管理人内部控制的信息与沟通要素是指及时、准确地收集、传递与内部控制相关的信息，确保信息在内部、企业与外部之间进行有效沟通，故选项C正确。

五、管理人内部控制的主要控制活动要求（理解）

项目	内　容
业务流程控制	基金管理人应当建立科学严谨的业务操作流程，利用部门分设、岗位分设、外包、托管等方式实现业务流程的控制。
授权控制	授权控制应当贯穿于基金管理人资金募集、投资研究、投资运作、运营保障和信息披露等主要环节的始终。基金管理人应当建立健全授权标准和程序，确保授权制度的贯彻执行。
募集控制	（1）基金管理人自行募集的，应设置有效机制，切实保障募集结算资金安全；基金管理人应当建立合格投资者适当性制度。 （2）基金管理人委托募集的，应当委托获得中国证监会基金销售业务资格且成为中国证券投资基金业协会会员的机构募集股权投资基金，并制定募集机构遴选制度，切实保障募集结算资金安全；确保募集机构向合格投资者募集以及不变相进行公募。

👍 考查概率：80%，在考试中所占分值约为1分。

命题角度：管理人内部控制应规范的十一个方面。

💡 考生要能够掌握管理人内部控制应规范的十一个方面的内容，同时要能够理解其具体内容，并一一对应。

续　表

项　目	内　容
财产分离	基金管理人应当建立完善的财产分离制度,基金财产与基金管理人固有财产之间、不同基金财产之间、基金财产和其他财产之间要实行独立运作,分别核算。
防范利益冲突	基金管理人应建立健全相关机制,防范管理的各股权投资基金之间的利益输送和利益冲突,公平对待管理的各股权投资基金,保护投资者利益。
投资控制	基金管理人应当建立健全投资业务控制,保证投资决策严格按照法律法规规定,符合基金合同所规定的投资目标、投资范围、投资策略、投资组合和投资限制等要求。
托管控制	除基金合同另有约定外,基金财产应当由基金托管人托管,基金管理人应建立健全股权投资基金托管人遴选制度,切实保障资金安全。基金合同约定股权投资基金不进行托管的,基金管理人应建立保障基金财产安全的制度措施和纠纷解决机制。
外包控制	(1)基金管理人开展业务外包应制定相应的风险管理框架及制度。基金管理人根据审慎经营原则制定其业务外包实施规划,确定与其经营水平适宜的外包活动范围。 (2)基金管理人应建立健全外包业务控制,并至少每年开展一次全面的外包业务风险评估。在开展业务外包的各个阶段,关注外包机构是否存在与外包服务相冲突的业务,以及外包机构是否采取有效的隔离措施。
信息系统和会计系统控制	基金管理人自行承担信息技术和会计核算等职能的,应建立相应的信息系统和会计系统,保证信息技术和会计核算等的顺利运行。

💡 本考点内容源自《私募投资基金管理人内部控制指引》。

• 母 题 精 选

【单选题】确定某基金的份额登记业务是否应外包给第三方服务机构,是(　　)的责任。

　　A. 监管部门　　　　B. 全体投资人　　　C. 基金管理人　　　D. 基金投管行

【答案】 C 【解析】股权投资基金管理人应当建立科学严谨的业务操作流程,利用部门分设、岗位分设、外包、托管等方式实现业务流程的控制。

【单选题】股权投资基金管理人利用部门分设、岗位分设、外包、托管等方式实现(　　)。

　　A. 专业化运营　　 B. 业务流程控制　　 C. 内部控制　　　　D. 授权流程管理

【答案】 B 【解析】股权投资基金管理人应当建立科学严谨的业务操作流程,利用部门分设、岗位分设、外包、托管等方式实现业务流程的控制。

章节练习

用手机微信扫描"章节练习"旁边的二维码或用电脑浏览器打开网址 https://www.ceweilai.cn/即可进入智能题库进行章节练习。

第九章　股权投资基金的政府管理

● 本章应试分析

　　本章首先简单介绍了政府管理的历史演变和主体,然后详细介绍了政府管理的主要内容,最后阐述了政府管理的形式与手段及对创业投资基金的政策支持。本章在考试中所占分值约为16分。政府监管的主要内容是本章考试重点,内容较多,考生应注意结合考试要求进行学习。

● 思维导图

```
                                    ┌─ 政府管理的历史演变过程（了解）
                    政府监管概述 ─────┤
                                    └─ 政府管理的主体（了解）

                                    ┌─ 政府管理的法律依据（了解）
                                    ├─ 行政监管——对股权投资基金的基本合规要求（掌握）
                                    ├─ 行政监管——对股权投资基金管理人的要求（掌握）
                                    ├─ 行政监管——对登记备案的要求（理解）
                                    ├─ 行政监管——对合格投资者的要求（重点掌握）
 股权                 政府管理的     ├─ 行政监管——对资金募集的要求（理解）
 投资                 主要内容 ──────┤
 基金                                ├─ 行政监管——对投资运作的要求（掌握）
 的                                  ├─ 行政监管——对信息披露的要求（掌握）
 政府                                ├─ 行政监管——对股权投资服务机构的基本要求（了解）
 管理                                ├─ 跨境股权投资基金的政府管理（了解）
                                    └─ 防范和处置非法集资等刑事犯罪（掌握）

                    政府管理的       ┌─ 监管机构的调查手段（了解）
                    形式与手段 ──────┤
                                    └─ 违反法律法规时的处理方式（理解）

                                    ┌─ 对创业投资的税收优惠政策（掌握）
                    对创业投资基金   ├─ 财政性引导基金的主要政策和作用（了解）
                    的政策支持 ──────┤
                                    ├─ 促进创业投资发展的相关政策措施（了解）
                                    └─ 上市公司创业投资基金股东减持股份的特别规定（理解）
```

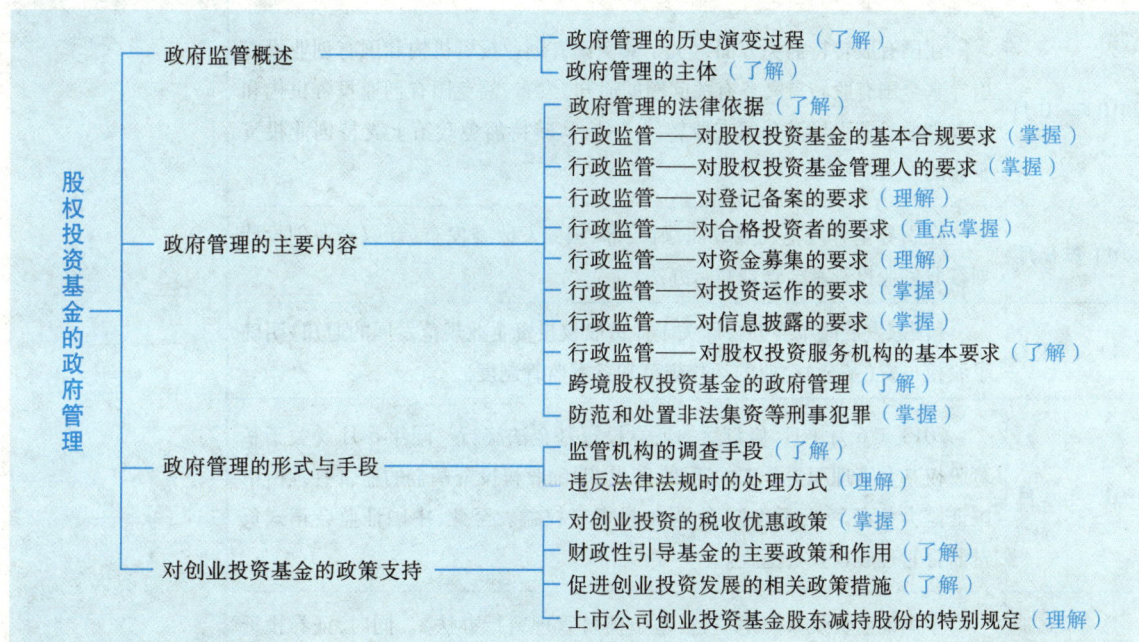

● 名师同步精讲

名师指导

第一节　政府监管概述

随书赠送智能题库获取方式见书背面

一、政府管理的历史演变过程（了解）

考查概率:10%,本考点较少考查。
命题角度:不同的时间点发生的事件。

时间	内　容
2001年8月	《关于设立外商投资创业投资企业的暂行规定》颁布,对外商投资创业投资企业进行规范和管理。
2003年2月	《外商投资创业投资企业管理规定》颁布,对外商投资创业投资企业进行进一步规范和管理。
2005年11月	经国务院批准,《创业投资企业管理暂行办法》发布。该办法明确国家对创业投资企业实行备案管理,备案管理部门分国务院管理部门和省级(含副省级城市)管理部门两级,国务院管理部门为国家发展和改革委员会(以下简称国家发改委)。

续　表

时间	内　容
2007 年 2 月	在税收支持方面,《财政部、国家税务总局关于促进创业投资企业发展有关税收政策的通知》发布,该通知明确创业投资企业采取股权投资方式投资于未上市中小高新技术企业 2 年以上(含 2 年),凡符合条件的,可按其对中小高新技术企业投资额的 70% 抵扣该创业投资企业的应纳税所得额。
2008 年 10 月	在引导基金规范发展方面,2008 年 10 月,国务院办公厅发布《关于创业投资引导基金规范设立与运作的指导意见》。
2010 年 10 月	在国有股转持豁免方面,《关于豁免国有创业投资机构和国有创业投资引导基金国有股转持义务有关问题的通知》发布,豁免国有创业投资机构和国有创业投资引导基金国有股转持义务,从转持豁免政策上支持创业投资企业的发展。
2011 年 8 月	在引导基金规范发展方面,财政部、国家发改委发布《新兴产业创投计划参股创业投资基金管理暂行办法》。
2011 年 11 月	《国家发展改革委办公厅关于促进股权投资企业规范发展的通知》明确了股权投资(基金)企业的运作规范和备案监管制度。
2013 年 6 月	2013 年 6 月 1 日,修订后的证券投资基金法施行。同年 6 月,《关于私募股权基金管理职责分工的通知》印发,明确股权投资基金的监督管理由中国证监会负责,实行适度监管,保护投资者权益。至此,中国证监会正式负责监督管理股权投资基金。
2014 年 8 月	中国证监会发布《私募投资基金监督管理暂行办法》。同时,证券投资基金法授权基金行业协会开展自律管理。至此,由中国证监会监督管理、中国证券投资基金业协会开展自律管理的股权投资基金管理体系形成。

二、政府管理的主体(了解)

考查概率:本考点考查相对较少,考生了解即可。

项　目	内　容
中国证监会	(1)中国证监会是股权投资基金的监督管理部门。 (2)中国证监会为国务院直属正部级事业单位,依照法律、法规和国务院授权,统一监督管理全国证券期货市场,维护证券期货市场秩序,保障其合法运行。 (3)中国证监会设私募基金监管部,其职能包括以下内容。 ①拟订监管私募投资基金的规则、实施细则。 ②拟订私募投资基金合格投资者标准、信息披露规则等。 ③负责私募投资基金的信息统计和风险监测工作。 ④组织对私募投资基金开展监督检查。

私募基金监管部的七个职能要掌握。

续　表

项　目	内　容
中国证监会	⑤牵头负责私募投资基金风险处置工作。 ⑥指导协会及其会管机构开展备案和服务工作。 ⑦负责私募投资基金的投资者教育保护、国际交往合作等工作。
中国证监会派出机构	(1)证监局监管职责：对辖区内股权投资基金及市场服务机构进行统计、监测、检查，与地方政府合作打击非法集资行为。 (2)惩罚措施：针对事中事后检查中发现的问题，中国证监会、各证监局可以视具体情况，对其进行行政监管、行政处罚、移送司法机关、交由中国证券投资基金业协会采取自律管理等。
其他相关政府部门和司法机关	其他相关政府部门和司法机关在各自职责范围内行使对股权投资基金的管理职权。具体包括以下内容。 (1)工商行政管理部门承担公司型和合伙型股权投资基金的工商登记职责。 (2)财政部和国家发改委负责政府投资基金的管理和规范工作。 (3)商务部和国家外汇管理局对跨境股权投资基金活动承担相应监管职责。 (4)财政部和国家税务总局负责股权投资基金相关的税收政策管理。 (5)国务院国资委和各地国资委分别负责中央和地方国有企业参与股权投资基金的监督管理。 (6)公安机关、人民检察院、人民法院打击利用股权投资基金的名义进行非法集资活动。

💡中国证监会各地证监局作为中国证监会的派出机构，在股权投资基金事中事后监管中发挥重要作用。

● 母 题 精 选

【单选题】我国股权投资基金的监管机构是(　　)。

A. 中国证券投资基金业协会　　　　B. 中国证券监督管理委员会

C. 国家发改委　　　　　　　　　　D. 财政部

【答案】 B 【解析】中国证监会是股权投资基金的监督管理部门。

【单选题】中国证监会设私募基金监管部,关于其职能说法不正确的是(　　)。

A. 拟订监管私募投资基金的规则、实施细则

B. 负责私募投资基金的信息统计和风险监测工作

C. 组织对私募投资基金开展监督检查

D. 负责政府投资基金的管理和规范工作

【答案】 D 【解析】选项D不属于私募基金监管部的职能,财政部和国家发改委负责政府投资基金的管理和规范工作。

第二节 政府管理的主要内容

一、政府监管的法律依据（了解）

项 目	内 容
政府监管的法律依据	《证券法》《证券投资基金法》《私募投资基金监督管理暂行办法》是行政监管的主要法律法规依据，行政监管主要从股权投资基金、股权投资基金管理人、登记备案、合格投资者、资金募集、投资运作、信息披露、服务机构、行业自律等方面进行。同时，对创业投资基金实施差异化监督管理和行业自律。

👍 本考点内容较少，但是在考试中属于常考点，考生应记住政府监管的法律依据。

二、行政监管——对股权投资基金的基本合规要求（掌握）

项 目	内 容
对股权投资基金的要求	（1）股权投资基金应当坚持专业化运作原则，在基金合同、基金公司章程、基金合伙协议等文件中明确基金类别及与之相对应的投资范围。根据中国证券投资基金业协会的分类标准，与企业非公开交易私人股权投资相关的基金类型有创业投资基金、股权投资基金、创业投资基金类FOF基金、股权投资基金类FOF基金。 （2）证券投资基金法规定，基金财产独立于基金管理人、基金托管人的固有财产。基金管理人、基金托管人不得将基金财产归入其固有财产。基金管理人、基金托管人因基金财产的管理、运用或者其他情形而取得的财产和收益，归入基金财产。基金管理人、基金托管人因依法解散、被依法撤销或者被依法宣告破产等原因进行清算的，基金财产不属于其清算财产。 （3）证券投资基金法规定，基金财产不得用于下列投资或者活动：①违反国家宏观政策或者产业政策的投资；②违规向他人贷款或者提供担保；③从事承担无限责任的投资；④法律、行政法规以及金融监管部门禁止的其他投资或者活动。此外，以股权投资基金财产向基金管理人、基金托管人出资，通常也会受到一定程度的限制或禁止。 （4）股权投资基金一般不得投资二级市场公开交易的股票，但是所投资的未上市企业上市后，股权投资基金所持股份的未转让部分及其配售部分不在此限。

👍 考查概率：85%，在考试中所占分值约为1分。
命题角度：对股权投资基金的基本合规要求。

💡 通常股权投资基金的闲置资金只能存放银行、购买国债或其他固定收益类的证券。

三、行政监管——对股权投资基金管理人的要求（掌握）

项 目	内 容
身份标识	（1）股权投资基金管理人应当为依法设立的公司或者合伙企业。 （2）股权投资基金管理人的名称和经营范围中应当包含"基金管理"或者"投资管理""资产管理""股权投资""创业投资"等相关字样，法律法规另有规定的除外。
专业化运营	股权投资基金管理人不能兼营与股权投资基金无关的其他业务。

👍 考查概率：80%，在考试中所占分值约为1分。
命题角度：对股权投资基金管理人的八个方面的要求。

续　表

项　目	内　容
注册资本	（1）股权投资基金管理人应具有充足的资本金，从而保障股权投资基金管理业务的开展。 （2）新设股权投资基金管理人，注册时实缴的注册资本应能满足公司一定阶段内的合理运营成本的需求。
办公场所	股权投资基金管理人应具备固定营业场所、满足业务运营需要的设施，从而保障股权投资基金管理业务的正常开展。
高管及从业人员要求	（1）股权投资基金管理人应具有与其股权投资基金管理业务相匹配的一定数量的从业人员。 （2）通常，管理人、法定代表人或者执行事务合伙人委派代表、董事、监事、高级管理人员最近3年不得因重大违法违规行为受到行业禁入等行政处罚或者刑事处罚，且不存在因涉嫌违法违规行为正在被调查或者正处于整改期间的情形。 （3）法定代表人或者执行事务合伙人委派代表、高级管理人员，以及从事销售、投资、风险控制、运营等核心岗位的从业人员应当符合相应资质要求。高级管理人员是指总经理、副总经理、合规风控负责人等。
内部治理结构	（1）股权投资基金管理人应建立与其业务特点和规模相匹配的内部治理结构。 （2）股权投资基金管理人应当指定至少1名高级管理人专职担任合规风控负责人，负责监督检查机构经营运作的合法合规性和风险管理状况。
业务环节的管理制度	（1）股权投资基金管理人应当建立资金募集、投资运作、信息披露、合规风控、业务外包、会计核算、投资者适当性管理等管理制度，并有效执行。 （2）股权投资基金管理人管理可能导致利益输送或者利益冲突的不同股权投资基金的，应当建立防范利益输送和利益冲突的机制。
关联机构和分支机构	股权投资基金管理人应当加强对关联机构和分支机构的管理。

💡 对股权投资基金管理人进行规范的具体办法，应依照对公募基金进行规范的原则制定。从规范性要求看，通常会在八个方面进行规范。考生应掌握这八个方面的具体要求。

💡 股权投资基金管理人应考虑的成本因素有：人力、物业、办公、差旅等。

● 母题精选

【单选题】股权投资基金管理人从事投资业务活动时，不得（　　）。

A. 在基金合同中明确约定私募基金不进行托管，且在基金合同中明确保障私募基金财产安全的制度措施和纠纷解决机制

B. 管理可能导致利益输送或者利益冲突的不同私募基金时，未建立防范利益输送和利益冲突的机制

C. 建立与其业务特点和规模相匹配的内部治理结构

D. 加强对关联机构和分支机构的管理

【答案】　B　【解析】股权投资基金管理人从事投资业务活动时，管理可能导致利益输送或者利益冲突的不同基金的，应当建立防范利益输送和利益冲突的机制。

四、行政监管——对登记备案的要求(理解)

项 目	内 容
对登记备案的要求	(1)设立股权投资基金管理人和股权投资基金不设行政审批,股权投资基金管理人依法可以向累计不超过法律规定数量的投资者发行基金。 (2)对股权投资基金管理人和股权投资基金采取登记备案管理,登记备案不是行政许可,不用履行审批程序。 (3)登记备案管理是引导、督促行业规范发展,加强事中事后监管,监测行业发展情况及系统性风险的要求。 (4)中国证券投资基金业协会根据登记股权投资基金管理人和备案股权投资基金的合规情况、诚信情况、规模和风险状况等进行分类公示,并建立黑名单制度。 中国证券投资基金业协会为股权投资基金和股权投资基金管理人办理备案登记不构成对股权投资基金管理人投资管理能力、持续合规情况的认可,不作为基金资产安全的保证。

考查概率:80%,在考试中所占分值约为1分。

命题角度:对登记备案的要求。

● 母题精选

【单选题】如果股权投资基金未完成备案,( )不是该股权投资基金及其基金管理人面临的问题。
A.未备案的股权投资基金投资项目的选择受限、退出困难
B.未备案股权投资基金在运营中存在操作不规范的可能
C.未备案股权投资基金的收益比已备案基金的收益低
D.未备案股权投资基金管理人可能受到中国证券投资基金业协会的处罚
【答案】 C 【解析】基金业协会为股权投资基金管理人和股权投资基金办理登记备案并不构成对股权投资基金管理人投资能力、持续合规情况的认可,也不能作为对基金财产安全的保证。故选C。

五、行政监管——对合格投资者的要求(重点掌握)

项 目	内 容
合格投资者三要素	(1)具备风险识别能力和承担能力(核心要素)。 (2)投资额不低于规定限额。 (3)资产规模或者收入水平达到一定要求。
《私募投资基金监督管理暂行办法》的规定	(1)股权投资基金应当向合格投资者募集,单只股权投资基金的投资者人数累计不得超过证券投资基金法、公司法、合伙企业法等法律规定的特定数量。即有限责任公司型和有限合伙型股权投资基金投资者人数不超过50人,股份有限公司型和信托(契约)型股权投资基金投资者人数不超过200人。 投资者转让基金份额的,受让人应当为合格投资者且基金份额受让后投资者人数应当符合规定。任何机构和个人不得为规避合格投资者标准,募集以股权投资基金份额或其收益权为投资标的的金融产品,或者将股权投资基金份额或其收益权进行非法拆分转让,变相突破合格投资者标准。

考查概率:100%,在考试中所占分值约为4分。

命题角度:①合格投资者三要素;②单只股权投资基金的投资者人数;③合格投资者的标准;④视为合格投资者的情形;⑤投资者的穿透核查。

合格投资者的相关内容属于必考点,考生要全面掌握本考点的内容。考查形式可以是直接考查,也可以是结合其他知识点通过案例的形式进行综合考查,题目有一定难度。

续　表

项　目	内　容
《私募投资基金监督管理暂行办法》的规定	（2）股权投资基金的合格投资者是指具备相应风险识别能力和风险承担能力，投资于单只私募基金的金额不低于 100 万元且符合下列相关标准的单位和个人：①净资产不低于 1000 万元的单位；②金融资产不低于 300 万元或者最近 3 年个人年均收入不低于 50 万元的个人。 　　金融资产包括银行存款、股票、债券、基金份额、资产管理计划、银行理财产品、信托计划、保险产品、期货权益等。 　　（3）下列投资者视为合格投资者。 ①社会保障基金、企业年金等养老基金，慈善基金等社会公益基金。 ②依法设立并在基金业协会备案的投资计划。 ③投资于所管理私募基金的私募基金管理人及其从业人员。 ④中国证监会规定的其他投资者。 　　（4）以合伙企业、契约等非法人形式，通过汇集多数投资者的资金直接或者间接投资于股权投资基金的，股权投资基金管理人或者股权投资基金销售机构应当穿透核查最终投资者是否为合格投资者，并合并计算投资者人数。但是，符合上述第（3）点第①、②、④项规定的投资者投资股权投资基金的，不再穿透核查最终投资者是否为合格投资者和合并计算投资者人数。

💡募集机构应当确保投资者已知悉股权投资基金的投资条件，投资者应当书面承诺其为自己购买股权投资基金。

💡此处的金融资产不包括房屋、土地、汽车等资产。

● 母题精选

【单选题】下列有关有限责任公司型股权投资基金设立表述中，错误的是（　　）。

　　A．应按规定申请设立，并领取营业执照　　　　B．出资最低限额应不低于 100 万元

　　C．股东人数应当在 200 人以下　　　　　　　　D．公司章程需由所有股东签字并确认

【答案】　C　【解析】有限责任公司型股权投资基金投资者人数不得超过 50 人，故选项 C 表述错误。

【单选题】某有限责任公司型股权投资基金有 48 名投资者，其中一名投资者拟对外转让基金份额，可以向（　　）转让基金份额。

　　A．一只有 4 名投资者，未在中国证券投资基金业协会备案的契约型股权投资基金

　　B．一只有 4 名合伙人，未在中国证券投资基金业协会备案的有限合伙型股权投资基金

　　C．一只养老基金

　　D．4 名自然人

【答案】　C　【解析】对于公司型基金的人数限制，有限责任公司不得超过 50 人。投资者转让基金份额的，受让人应当为合格投资者，且基金份额受让后投资者人数应当仍然符合相关法律规定的特定数量。选项 A、B 不是合格投资者，不能作为受让人；选项 D 无法确定自然人中合格投资者人数；养老基金视为当然合格投资者，且转让后投资者人数符合规定，故选项 C 正确。

【单选题】股权投资基金的合格投资者是指具备相应风险识别能力和风险承担能力，投资于单只股权投资资金的金额不低于 100 万元，且符合相关标准的单位和个人，以下符合相关标准的是（　　）。

　　A．自然人丙有资管计划产品额度 200 万元，近三年年均收入 20 万元

B. 自然人甲持有某有限责任公司 500 万元的出资,近三年年均收入 20 万元

C. 自然人丁持有某信托计划 100 万元,近三年年均收入 60 万元

D. 自然人乙最近三年个人年均收入 30 万元,无任何金融资产

【答案】 C 【解析】股权投资基金的合格投资者是指具备相应风险识别能力和风险承担能力,投资于单只股权投资基金的金额不低于 100 万元且符合下列相关标准的单位和个人:①净资产不低于 1000 万元的单位;②金融资产不低于 300 万元或者最近 3 年个人年均收入不低于 50 万元的个人。金融资产包括银行存款、股票、债券、基金份额、资产管理计划、银行理财产品、信托计划、保险产品、期货权益等。所以自然人丁符合标准,故选 C。

【单选题】关于投资者购买基金的做法,正确的是( )。

A. 投资者应当以书面方式承诺只能通过份额拆分突破投资者人数限制,而不能进行收益权拆分

B. 机构投资者应当以书面方式承诺其为自己购买基金,个人投资者允许进行各类方式的灵活转让

C. 投资者应该以书面方式承诺其为自己购买基金,任何机构和个人不得以收益权拆分为目的购买基金,但可以募集以基金份额为投资标的的金融产品以突破投资者人数限制

D. 投资者应当以书面方式承诺其为自己购买基金,任何机构和个人不得以份额拆分和收益权拆分为目的购买基金

【答案】 D 【解析】单位或个人不得为规避合格投资者标准,募集以股权投资基金份额或其收益权为投资标的的金融产品,或者将股权投资基金份额或其收益权进行非法拆分转让,变相突破合格投资者标准。募集机构应当确保投资者已知悉股权投资基金的投资条件,投资者应当书面承诺其为自己购买股权投资基金。

【单选题】股权投资基金的合格投资者是指具备相应风险识别能力和风险承担能力的单位或个人,其中个人投资者的标准包括:金融资产不低于 300 万元或者近 3 年个人年均收入不低于 50 万元。这里的"金融资产"不包括( )。

A. 债券　　　　　B. 银行存款　　　　　C. 股票　　　　　D. 房产

【答案】 D 【解析】题目中的金融资产包括银行存款、股票、债券、基金份额、资产管理计划、银行理财产品、信托计划、保险产品、期货权益、期权权益等。不包括房屋、土地、汽车等资产。

【单选题】下述投资者中视为当然合格投资者的是( )。

A. 未备案的契约型股权投资基金　　　　　B. 未备案的合伙型股权投资基金

C. 某有限责任公司　　　　　D. 已备案的资产管理计划

【答案】 D 【解析】下列投资者视为当然合格投资者:①社会保障基金、企业年金等养老基金,慈善基金等社会公益基金;②依法设立并在中国证券投资基金业协会备案的投资计划;③投资于所管理股权投资基金的股权投资基金管理人及其从业人员;④中国证监会规定的其他投资者。

【单选题】以下需要核查最终投资者是否为合格投资者并合并计算投资者人数的情况是( )。

A. 依法设立并在中国证券投资基金业协会备案作为投资计划的投资人投资于私募基金

B. 慈善基金作为投资人投资于私募基金

C. 以合伙企业形式汇集多数投资者的资金直接投资于私募基金

D. 社会保障基金作为投资人投资于私募基金

【答案】 C 【解析】以下主体投资股权投资基金的,不再穿透核查最终投资者是否为合格投资者和合并计算投资者人数:①社会保障基金、企业年金等养老基金,慈善基金等社会公益基金;②依法设立并在基金业协会备案的投资计划;③中国证监会规定的其他投资者。故选 C。

【单选题】关于核查投资者是否为合格投资者,表述正确的是(　　)。

A. 以公司形式汇集多数投资者资金直接投资于基金的,应核查最终投资者是否为合格投资者

B. 以契约形式汇集多数投资者资金间接投资于基金的,应当核查最终投资者是否为合格投资者,但无须穿透核查并合并计算投资者人数

C. 以契约形式汇集多数投资者资金直接投资于基金的,无须核查最终投资者是否为合格投资者

D. 以非法人形式汇集多数投资者资金间接投资于基金的,应该核查最终投资者是否为合格投资者,且需穿透核查并合并计算投资者人数

【答案】 D　**【解析】**以合伙企业、契约等非法人形式,通过汇集多数投资者的资金直接或者间接投资于基金的,基金管理人或者基金销售机构应当穿透核查最终投资者是否为合格投资者,并合并计算投资者人数。

六、行政监管——对资金募集的要求(理解)

👍 考查概率:100%,在考试中所占分值为1~2分。

命题角度: 资金募集的规则。

💡 股权投资基金的募集规则在考试中经常出现,题目不难,考生理解知识点的内容即可准确答题。

项　目	内　容
资金募集的主要要求	对股权投资基金募集的主要要求有向合格投资者募集、非公开方式募集、充分信息披露、不作本金不受损失及固定收益的承诺、依法规范募集行为。
资金募集的规则	(1)股权投资基金管理人可以自行宣传推介股权投资基金,或者委托有资质的销售机构宣传推介其管理的基金。股权投资基金管理人委托销售机构宣传推介基金的,应当建立遴选机制,制作统一的宣传推介材料,向销售机构详细说明基金有关信息。 (2)股权投资基金管理人和销售机构在宣传推介过程中不得有以下行为。 ①向合格投资者之外的单位和个人募集资金;或者为投资者提供多人拼凑、资金借贷等满足投资金额的建议或者便利。 ②通过报刊、电台、电视、互联网等公众传播媒体或者讲座、报告会、分析会和布告、传单、手机短信、微信、博客和电子邮件等方式,向不特定对象宣传推介。 ③口头或者通过签订回购协议、承诺函等方式直接或者间接向投资者承诺投资本金不受损失或者最低收益,或者预测收益率。 ④宣传推介材料有虚假记载、误导性陈述或者重大遗漏。 ⑤夸大宣传、片面宣传股权投资基金,违规使用安全、承诺、保险、避险、有保障、高收益、无风险、本金无忧等可能使投资者认为投资股权投资基金没有风险的表述。 ⑥诋毁其他股权投资基金管理人、托管人或者销售机构。 ⑦登载任何自然人、法人或者其他组织的祝贺性、恭维性或者推荐性文字。 ⑧向投资者宣传的股权投资基金投向与股权投资基金合同约定的投向不符。 ⑨未充分披露股权投资基金交易结构、各方权利义务、收益分配、费用安排、关联交易(如有)、委托投资顾问(如有)等情况。 ⑩中国证监会认定的其他行为。

续 表

项 目	内 容
资金募集的规则	（3）股权投资基金宣传推介材料可以登载该股权投资基金、股权投资基金管理人管理的其他股权投资基金的过往业绩，股权投资基金宣传推介材料登载过往业绩的，应遵循的原则有：①基金合同已生效一段时间，如 6 个月以上；②应登载完整的业绩记录；③如基金存续期间较长，可登载近几年的完整、连续业绩，如近 5 年完整的业绩记录。 股权投资基金宣传推介材料对不同基金的业绩进行比较的，应当使用具有可比性的数据来源、统计方法和比较期间，并且应当确保数据来源、统计方法公平、准确。 （4）股权投资基金管理人自行销售股权投资基金的，应当采取问卷调查等方式，对投资者的风险识别能力和风险承担能力进行评估，由投资者书面承诺符合合格投资者条件；应当制作风险揭示书，由投资者签字确认。 （5）股权投资基金管理人自行销售或者委托销售机构销售股权投资基金，应当自行或者委托第三方机构对股权投资基金进行风险评级，向风险识别能力和风险承担能力相匹配的投资者推介股权投资基金。 （6）股权投资基金管理人或者股权投资基金销售机构在销售股权投资基金时，应当核查投资者的身份、财产与收入状况、投资经验和风险偏好等信息，审查其是否符合合格投资者条件。 投资者应当如实填写风险识别能力和承担能力问卷，如实承诺资产或者收入情况，并对其真实性、准确性和完整性负责。填写虚假信息或者提供虚假承诺文件的，应当承担相应责任。 （7）投资者应当确保投资资金来源合法，不得非法汇集他人资金投资股权投资基金。 **记忆关键词：** 书面承诺是合格投资者；风险揭示书（签字确认）；资金来源合法

股权投资基金宣传推介材料登载基金过往业绩的，应当特别声明股权投资基金的过往业绩并不预示其未来表现，股权投资基金管理人管理的其他股权投资基金的业绩不构成该股权投资基金业绩表现的保证。

● 母题精选

【单选题】关于股权投资基金募集，下列说法正确的是（   ）。

A. 投资者为了获得投资机会，可虚报收入情况已符合合格投资者条件

B. 投资者可以向私募基金管理人口头承诺符合合格投资者条件

C. 投资者应当确保投资资金来源合法，不得非法汇集他人资金投资私募基金

D. 投资者无须签字确认风险揭示书，仅阅读了解即可

【答案】 C 【解析】股权投资基金管理人自行销售股权投资基金的，应当采取问卷调查等方式，对投资者的风险识别能力和风险承担能力进行评估，由投资者书面承诺符合合格投资者条件（选项 A、B 错误）；应当制作风险揭示书，由投资者签字确认（选项 D 错误）。股权投资基金管理人委托销售机构销售股权投资基金的，股权投资基金销售机构应当采取前述评估、确认等措施。投资者应当确保投资资金来源合法，不得非法汇集他人资金投资股权投资基金（选项 C 正确）。

【单选题】股权投资基金管理人不应(　　)。

A. 委托销售私募基金时,自行或委托第三方对股权投资基金进行风险评级

B. 通过传播媒体向特定对象进行宣传

C. 自行销售私募基金时,采取问卷调查等等方式,对投资者的风险识别能力和风险承担能力进行评估

D. 向投资者承诺投资资本金不受损失

【答案】 D 【解析】股权投资基金管理人、股权投资基金销售机构不得向投资者承诺投资本金不受损失或者承诺最低收益。

【单选题】在购买股权投资基金份额时,投资者的做法不符合现行监督要求的是(　　)。

Ⅰ.以书面方式确认其资金来源合法

Ⅱ.由于自身不符合合格投资者标准,借用他人名义购买股权投资基金100万元投资份额

Ⅲ.自己出资50万元,向他人募资50万元,以自身名义购买股权投资基金100万元投资份额

Ⅳ.向股权投资基金购买100万元投资份额,后将其中30万元份额的收益权转售他人

A. Ⅲ、Ⅳ　　　　B. Ⅱ　　　　C. Ⅱ、Ⅲ、Ⅳ　　　　D. Ⅰ、Ⅱ

【答案】 C 【解析】投资者应当确保投资资金来源合法,不得非法汇集他人资金投资股权投资基金。股权投资基金的投资者应当为具备相应风险识别能力和风险承担能力的合格投资者。单位或个人不得为规避合格投资者标准,募集以股权投资基金份额或其收益权为投资标的的金融产品,或者将股权投资基金份额或其收益权进行非法拆分转让,变相突破合格投资者标准。故Ⅱ、Ⅲ、Ⅳ项做法均不符合现行监督要求。

七、行政监管——对投资运作的要求(掌握)

👍考查概率:100%,在考试中所占分值为1~2分。

命题角度:①对基金合同的要求;②对托管的要求;③投资运作中的禁止行为(重点);④对档案管理的要求。

项　目	内　容
基金合同	(1)募集股权投资基金,应当制定并签订基金合同。基金合同应当包括下列内容:①基金份额持有人、基金管理人、基金托管人的权利、义务;②基金的运作方式;③基金的出资方式、数额和认缴期限;④基金的投资范围、投资策略和投资限制;⑤基金收益分配原则、执行方式;⑥基金承担的有关费用;⑦基金信息提供的内容、方式;⑧基金份额的认购、赎回或者转让的程序和方式;⑨基金合同变更、解除和终止的事由、程序;⑩基金财产清算方式;⑪当事人约定的其他事项。 (2)证券投资基金法第94条规定,按照基金合同约定,非公开募集基金可以由部分基金份额持有人作为基金管理人负责基金的投资管理活动,并在基金财产不足以清偿其债务时对基金财产的债务承担无限连带责任。 前款规定的非公开募集基金,其基金合同还应载明下列内容。 ①承担无限连带责任的基金份额持有人和其他基金份额持有人的姓名或者名称、住所。 ②承担无限连带责任的基金份额持有人的除名条件和更换程序。 ③基金份额持有人增加、退出的条件、程序以及相关责任。 ④承担无限连带责任的基金份额持有人和其他基金份额持有人的转换程序。

💡公司型股权投资基金的基金合同体现为公司章程,合伙型股权投资基金的基金合同体现为合伙协议。

续 表

项 目	内 容
托管	（1）根据证券投资基金法的规定，股权投资基金托管人由依法设立的商业银行或者其他金融机构担任。商业银行担任基金托管人的，由国务院证券监督管理机构会同国务院银行业监督管理机构核准；其他金融机构担任基金托管人的，由国务院证券监督管理机构核准。 （2）担任股权投资基金托管人，应当具备下列条件。 ①净资产和风险控制指标符合有关规定。 ②设有专门的基金托管部门。 ③取得基金从业资格的专职人员达到法定人数。 ④有安全保管基金财产的条件。 ⑤有安全高效的清算、交割系统。 ⑥有符合要求的营业场所、安全防范设施和与基金托管业务有关的其他设施。 ⑦有完善的内部稽核监控制度和风险控制制度。 ⑧法律、行政法规规定的和经国务院批准的国务院证券监督管理机构、国务院银行业监督管理机构规定的其他条件。 （3）股权投资基金托管人发现基金管理人的投资指令违反法律、行政法规和其他有关规定，或者违反基金合同约定的，应当拒绝执行，立即通知基金管理人，并及时向国务院证券监督管理机构报告。
投资运作中的禁止行为	（1）根据《私募投资基金监督管理暂行办法》第23条的规定，股权投资基金管理人、股权投资基金托管人、股权投资基金销售机构及其他市场服务机构及其从业人员从事股权投资基金业务，不得有以下行为。 ①将其固有财产或者他人财产混同于基金财产从事投资活动。 ②不公平地对待其管理的不同基金财产。 ③利用基金财产或者职务之便，为本人或者投资者以外的人牟取利益，进行利益输送。 ④侵占、挪用基金财产。 ⑤泄露因职务便利获取的未公开信息，利用该信息从事或者明示、暗示他人从事相关的交易活动。 ⑥从事损害基金财产和投资者利益的投资活动。 ⑦玩忽职守，不按照规定履行职责。 ⑧从事内幕交易、操纵交易价格及其他不正当交易活动。 ⑨法律、行政法规和中国证监会规定禁止的其他行为。 （2）其他禁止性行为还包括以下内容。 ①未针对每只股权投资基金设置独立账户，或者开展借新还旧、期限错配等业务。 ②进行商业贿赂。

💡 股权投资基金托管人发现基金管理人依据交易程序已经生效的投资指令违反法律、行政法规和其他有关规定，或者违反基金合同约定的，应当立即通知基金管理人，并及时向国务院证券监督管理机构报告。

💡 投资运作中的禁止行为属于常考点，考查内容不难，考生要在理解的基础上进行记忆。

续 表

项 目	内 容
投资运作中的禁止行为	③将账户出借给第三方进行交易，或者违反账户实名制的规定，下设子账户、分账户、虚拟账户等。 ④直接或间接参与场外配资活动或者为场外配资活动提供服务或便利。 ⑤外接未经监管机构或者自律组织认证的其他交易系统，为违法证券期货业务活动提供端口服务便利。 ⑥通过境外机构或者境外系统下达投资交易指令。
档案管理	股权投资基金管理人、股权投资基金托管人及股权投资基金销售机构应当妥善保存股权投资基金投资决策、交易和投资者适当性管理等方面的记录及其他相关资料，保存期限自基金清算终止之日起不得少于10年。

● 母 题 精 选

【单选题】关于股权投资基金管理人的行为，下列说法错误的是( )。

A.不得"侵占、挪用基金财产"

B.不得"利用个人财产进行投资"

C.不得"不公平地对待其管理的不同基金财产"

D.不得"利用基金财产或者职务之便为他人牟取利益，进行利益输送"

【答案】 B 【解析】股权投资基金管理人可以利用个人财产进行投资，故选项B说法错误。选项A、C、D均为股权投资基金管理人的禁止性行为。

【单选题】基金管理人从事股权投资基金业务时，禁止的行为包括( )。

Ⅰ.不公平地对待自己管理的不同基金财产

Ⅱ.挪用基金财产

Ⅲ.将自身固有财产与基金财产混同投资

Ⅳ.每个会计年度结束后4个月内，向中国证券投资基金业协会报送所管理的基金年度投资运作基本情况

A.Ⅱ、Ⅲ、Ⅳ   B.Ⅰ、Ⅱ、Ⅳ

C.Ⅰ、Ⅱ、Ⅲ   D.Ⅰ、Ⅱ、Ⅲ、Ⅳ

【答案】 C 【解析】Ⅰ、Ⅱ、Ⅲ项均为股权投资基金管理人从事股权投资基金业务时的禁止性行为，Ⅳ项为基金管理人的义务。故选C。

八、行政监管——对信息披露的要求（掌握）

考查概率：80%，在考试中所占分值约为1分。

命题角度：①向中国证券投资基金业协会报送相关信息的要求；②向投资者披露信息的要求。

项 目	内 容
向中国证券投资基金业协会报送相关信息	（1）股权投资基金管理人应当根据中国证券投资基金业协会的规定，及时填报并定期更新管理人及其从业人员的有关信息、所管理股权投资基金的投资运作情况和杠杆运用情况，保证所填报内容真实、准确、完整。发生重大事项的，应当在10个工作日内向中国证券投资基金业协会报告。

续 表

💡 本考点内容源自《私募投资基金信息披露管理办法》。

项 目	内 容
向中国证券投资基金业协会报送相关信息	(2)股权投资基金管理人应当于<u>每个会计年度结束后的4个月内,</u>向中国证券投资基金业协会报送经会计师事务所审计的年度财务报告和所管理股权投资基金年度投资运作基本情况。
向投资者披露信息	(1)信息披露义务人应当按照中国基金业协会的规定以及基金合同、公司章程或者合伙协议约定向投资者进行信息披露。信息披露义务人应当保证所披露信息的真实性、准确性和完整性。 (2)股权投资基金管理人、股权投资基金托管人应当按照合同约定,如实向投资者披露基金投资、资产负债、投资收益分配、基金承担的费用和业绩报酬、可能存在的利益冲突情况以及可能影响投资者合法权益的其他重大信息,不得隐瞒或者提供虚假信息。 (3)基金合同中应当明确信息披露义务人向投资者进行信息披露的内容、披露频度、披露方式、披露责任以及信息披露渠道等事项。 (4)股权投资基金运行期间,信息披露义务人应当在每季度结束之日起10个工作日以内向投资者披露基金净值、主要财务指标以及投资组合情况等信息。 (5)股权投资基金运行期间,信息披露义务人应当在每年结束之日起4个月以内向投资者披露以下信息:报告期末基金净值和基金份额总额;基金的财务情况;基金投资运作情况和运用杠杆情况;投资者账户信息;投资收益分配和损失承担情况;基金管理人取得的管理费和业绩报酬;基金合同约定的其他信息。 (6)股权投资基金管理人和托管人发生重大事项变更,信息披露义务人应当在10个工作日内向投资者披露。 **记忆关键词:10个工作日以内、4个月以内**

💡 重大事项包括:股权投资基金发生触及基金止损线或者预警线、管理费率或托管费率变更、清盘或者清算、重大关联交易、提取业绩报酬等影响投资者利益的事项。

• 母题精选

【单选题】股权投资基金管理人、股权投资基金托管人应当在基金合同中约定向投资者披露( )。
Ⅰ.资产负债　　Ⅱ.基金投资　　Ⅲ.投资收益分配　　Ⅳ.基金承担的费用
A.Ⅰ、Ⅱ　　B.Ⅱ、Ⅲ　　C.Ⅰ、Ⅲ、Ⅳ　　D.Ⅰ、Ⅱ、Ⅲ、Ⅳ
【答案】D 【解析】股权投资基金管理人、股权投资基金托管人应当在基金合同中约定向投资者披露基金投资、资产负债、投资收益分配、基金承担的费用和业绩报酬、可能存在的利益冲突情况以及可能影响投资者合法权益的其他重大信息,不得隐瞒或者提供虚假信息。

九、行政监管——对股权投资服务机构的基本要求(了解)

考查概率:40%,本考点考查相对较少。
命题角度:对股权投资服务机构的基本要求。

项 目	内 容
服务机构	(1)股权投资基金管理人委托服务机构提供服务时,应当注意防范利益冲突、禁止委托服务事项的转包或变相转包、保障基金财产独立。股权投资基金管理人在聘请股权投资基金服务机构前,应当对股权投资基金服务机构的基本情况进行尽职调查。

续　表

项　目	内　容
服务机构	（2）股权投资基金销售机构应当**具有基金销售业务资格**。基金销售结算资金、基金份额独立于基金销售机构、基金销售支付机构或者基金份额登记机构的自有财产。基金销售机构、基金销售支付机构或者基金份额登记机构破产或者清算时，基金销售结算资金、基金份额不属于其破产财产或者清算财产。非因投资人本身的债务或者法律规定的其他情形，不得查封、冻结、扣划或者强制执行基金销售结算资金、基金份额。 （3）股权投资基金管理人委托第三方机构担任投资顾问的，应当在基金合同中明确约定基金管理人和投资顾问的权责划分。股权投资基金管理人应当向投资者充分揭示其聘用投资顾问开展股权投资基金业务所面临的风险。 （4）股权投资基金投资顾问及其从业人员从事投资顾问活动，不得有以下行为：①泄露委托人的投资决策计划信息；②利用投资顾问服务与他人合谋操纵市场或者进行内幕交易；③为本机构、特定客户或者利益相关人的利益损害委托人的合法权益；④以投资顾问机构从业人员个人名义收取投资顾问费用。 （5）股权投资基金的销售、销售支付、份额登记、估值、投资顾问、评价、信息技术系统服务等基金服务业务机构，应当按照国务院证券监督管理机构的规定进行注册或者备案，接受中国证券投资基金业协会的自律管理。 （6）律师事务所、会计师事务所接受股权投资基金管理人、股权投资基金托管人的委托，为有关基金业务活动出具法律意见书、审计报告、内部控制评价报告等文件，应当勤勉尽责，对所依据的文件资料内容的真实性、准确性、完整性进行核查和验证。其制作、出具的文件有虚假记载、误导性陈述或者重大遗漏，给他人财产造成损失的，应当与委托人承担连带赔偿责任。 （7）股权投资基金服务机构应当勤勉尽责、恪尽职守，建立应急等风险管理制度和灾难备份系统，不得泄露与基金份额持有人、基金投资运作相关的非公开信息。

💡销售结算资金从投资者资金账户划出，到达股权投资基金财产账户或者托管账户之前，属于投资者合法财产。

十、跨境股权投资基金的政府管理（了解）

（一）跨境股权投资基金活动概述

项　目	内　容
跨境股权投资基金活动概述	跨境股权投资基金活动主要包括以下两类行为。 （1）跨境设立股权投资基金：指外国基金管理人或外国投资者在中国境内参与发起或设立股权投资基金的行为。 （2）股权投资基金的跨境投资：指设立于中国境外的股权投资基金投资于中国境内企业或设立于中国境内的股权投资基金投资于境外企业的行为。

👍考查概率：60%，在考试中所占分值约为1分。
命题角度：①境外投资者在境内参与设立股权投资基金的政府管理；②股权投资基金跨境投资的政府管理。

(二)境外投资者在境内参与设立股权投资基金的政府管理

项　目	内　容
对外商投资创业投资企业的管理	(1)对外商投资创业投资企业进行规范和管理的相关规定。 ①2001年8月,《关于设立外商投资创业投资企业的暂行规定》颁布。 ②2003年2月,《外商投资创业投资企业管理规定》颁布。 (2)外商投资创业投资企业的概念:指外国投资者或外国投资者与中国投资者根据规定在中国境内设立的以创业投资为经营活动的外商投资企业。 (3)设立外商投资创业投资企业的基本要求。 ①组织形式:创业企业可以采取公司制组织形式或非法人制组织形式。创业企业采取非法人制组织形式,投资者对创投企业的债务承担连带责任,也可以在创投企业合同中约定必备投资者承担连带责任,其他投资者以其认缴的出资额为限承担责任。 ②必备投资者:外商投资创业投资企业应<u>至少拥有1个必备投资者。</u>根据《外商投资创业投资企业管理规定》的规定,必备投资者应当具备下列条件。 ◆以创业投资为主营业务。 ◆在申请前3年其管理的资本累计不低于1亿美元,且其中至少5000万美元已经用于进行创业投资。在必备投资者为中国投资者的情形下,业绩要求为:在申请前3年其管理的资本累计不低于1亿元人民币,且其中至少5000万元人民币已经用于进行创业投资。 ◆拥有3名以上具有3年以上创业投资从业经验的专业管理人员。 ◆如果某一投资者的关联实体满足上述条件,则该投资者可以申请成为必备投资者。关联实体是指该投资者控制的某一实体或控制该投资者的某一实体或与该投资者共同受控于某一实体的另一实体。其中,控制是指控制方拥有被控制方超过50%的表决权。 ◆必备投资者及其上述关联实体均应未被所在国司法机关和其他相关监管机构禁止从事创业投资或投资咨询业务或以欺诈等原因进行处罚。 ◆非法人制创投企业的必备投资者,对创投企业的认缴出资及实际出资分别不低于投资者认缴出资总额及实际出资总额的1%,且应对创投企业的债务承担连带责任;公司制创投企业的必备投资者,对创投企业的认缴出资及实际出资分别不低于投资者认缴出资总额及实际出资总额的30%。 (4)"创投国十条"相关规定如下。 ①按照对内外资一视同仁的原则,放宽外商投资准入,简化管理流程,鼓励外资扩大创业投资规模,加大对种子期、初创期创业企业的支持力度。 ②鼓励和支持境内外投资者在跨境创业投资及相关的投资活动中使用人民币。 ③允许外资创业投资企业按照实际投资规模将外汇资本金结汇所得的人民币划入被投资企业。

💡2016年9月16日,国务院发布了《国务院关于促进创业投资持续健康发展的若干意见》,即"创投国十条"。

续 表

项　目	内　容
对合格境外有限合伙人（QFLP）试点管理	（1）QFLP制度的概念：QFLP制度即合格境外有限合伙人制度,指境外机构投资者通过资格审批和外汇资金的监管程序后,将境外资本兑换为人民币资金,投资于境内的股权投资基金市场。 （2）QFLP试点地区：北京、上海、天津、深圳、重庆、青岛等地。 （3）试点探索内容：境外投资人的资格认定、境内管理人的资格认定、基金最低规模认定、结汇流程等相关规定。
外商投资的有限合伙	2010年3月1日,《外国企业或者个人在中国境内设立合伙企业管理办法》正式实施,外国企业或者个人在华设立合伙企业成为可能,为外资以有限合伙的形式设立股权投资基金奠定了法律基础。

💡 QFLP制度与QFII（合格境外机构投资者）制度的区别：①QFLP针对的是股权投资基金；②QFII针对的是证券投资基金。

● 母 题 精 选

【单选题】设立外商投资企业,至少有（　　）个投资者应符合必备投资者的要求。
　　A.1　　　　　B.3　　　　　C.2　　　　　D.5
【答案】　A　【解析】设立外商投资创业投资企业,至少有1个投资者应符合必备投资者的要求,故选项A正确。

（三）股权投资基金跨境投资的政府管理

项　目	内　容
境外股权投资基金向境内目标公司的投资	（1）境外股权投资基金向境内目标公司投资需要完成相关审批或备案程序,通常包括商务部、国家发改委以及外汇局,若境内目标企业的主体资格特殊,还会涉及其他行业主管部门。 （2）2016年9月3日,全国人大常委会审议通过了《关于修改中华人民共和国外资企业法等四部法律的决定》,将不涉及国家规定实施准入特别管理措施的外商投资企业设立及变更,由审批改为备案管理。 （3）外国投资者投资有关领域,实行非行政审批的备案制。但以下特殊情况需要商务部的前置审批。 ①涉及《外商投资产业指导目录（2015年修订）》的限制类、禁止类以及鼓励类中有股权、高管要求的领域,不论金额大小或投资方式（新设、并购）均继续实行审批管理。 ②外国投资者并购境内非外商投资企业包括上市公司,涉及国家规定实施准入特别管理措施的,需要完成商务部门审批等程序。
境内股权投资基金向境外目标公司的投资	（1）中国境内的股权投资基金进行境外投资,必须获得国家发改委、商务部以及外汇局等相关部门批准。 （2）境内股权投资基金向境外目标公司投资的审批内容包括以下几个方面。 ①国家发改委或地方发改委根据中方投资额是否涉及敏感国家、地区或行业等进行的投资核准或者备案管理。

💡 境外股权投资基金在中国境内的投资活动,实质是境外主体的境内投资,需遵守国家对外商直接投资的法律监管。

💡 中国境内的股权投资基金进行境外投资的方式：①通过新设、并购等方式在境外设立非金融企业；②取得既有非金融企业的所有权、控制权、经营管理权等。

续 表

项 目	内 容
境内股权投资基金向境外目标公司的投资	②商务部和省级商务主管部门按照企业境外投资的不同情形(如是否涉及敏感国家、地区或行业或者金额较高的)实行的备案和核准管理。 ③外汇局对境内机构境外直接投资及其形成的资产、相关权益实行外汇登记及备案制度。

● 母 题 精 选

【单选题】下列关于跨境股权投资的表述中,错误的是( )。

A.境外股权投资基金面向境内企业的投资,指注册于境外的股权投资基金,采取新设、增资或收购等方式,投资于境内企业

B.境内股权投资基金面向境外企业的投资,指注册于境内的股权投资基金,采取新设、增资或收购等方式,投资于境外企业

C.在境外股权投资基金向境内目标公司投资的审批流程上,首先按相关规定获得审批机关批准,然后向工商登记管理机关办理设立登记或变更手续

D.一般而言,中国企业进行境外投资必须获得特定审批机关的批准,这里的审批机关主要是指发展改革部门和中国证监会

【答案】 D 【解析】境外股权投资基金向境内目标公司投资需要完成相关审批或备案程序,通常包括商务部、国家发改委以及外汇局,若境内目标企业的主体资格特殊,还会涉及其他行业主管部门。故选项D表述错误。

十一、防范和处置非法集资等刑事犯罪(掌握)

(一)非法吸收公众存款罪

项 目	内 容
非法吸收公众存款罪的认定	违反国家金融管理法律规定,向社会公众(包括单位和个人)吸收资金的行为,同时具备下列四个条件的,除《中华人民共和国刑法》(以下简称刑法)另有规定的以外,应当认定为刑法第176条规定的"非法吸收公众存款或者变相吸收公众存款"。 (1)未经有关部门依法批准或者借用合法经营的形式吸收资金。 (2)通过媒体、推介会、传单、手机短信等途径向社会公开宣传。 (3)承诺在一定期限内以货币、实物、股权等方式还本付息或者给付回报。 (4)向社会公众即社会不特定对象吸收资金。未向社会公开宣传,在亲友或者单位内部针对特定对象吸收资金的,不属于非法吸收或者变相吸收公众存款。
非法吸收公众存款的表现形式	通常,当符合非法吸收公众存款的四个条件时,以下任一类吸收资金行为均可构成非法吸收公众存款罪。 (1)不具有房产销售的真实内容或者不以房产销售为主要目的,以返本销售、售后包租、约定回购、销售房产份额等方式非法吸收资金的。 (2)以转让林权并代为管护等方式非法吸收资金的。

考查概率:100%,在考试中所占分值为1~2分。

命题角度:①非法吸收公众存款罪的四个条件、表现形式及应依法追究刑事责任的情形(重点);②集资诈骗罪的认定;③非法经营罪、擅自发行股票或者公司、企业债券罪、虚假广告罪的构成。

坚守股权投资基金非公开方式向合格投资者募集、不承诺保本保收益的底线要求,是防范走向非法集资犯罪的有效方式。

续　表

项　目	内　容
非法吸收公众存款的表现形式	（3）以代种植（养殖）、租种植（养殖）、联合种植（养殖）等方式非法吸收资金的。 （4）不具有销售商品、提供服务的真实内容或者不以销售商品、提供服务为主要目的，以商品回购、寄存代售等方式非法吸收资金的。 （5）不具有发行股票、债券的真实内容，以虚假转让股权、发售虚构债券等方式非法吸收资金的。 （6）不具有募集基金的真实内容，以假借境外基金、发售虚构基金等方式非法吸收资金的。 （7）不具有销售保险的真实内容，以假冒保险公司、伪造保险单据等方式非法吸收资金的。 （8）以投资入股的方式非法吸收资金的。 （9）以委托理财的方式非法吸收资金的。 （10）利用民间"会""社"等组织非法吸收资金的。 （11）其他非法吸收资金的行为。
应依法追究刑事责任的情形	非法吸收或变相吸收公众存款，具有下列情形之一的，应依法追究刑事责任。 （1）个人非法吸收或者变相吸收公众存款，数额在20万元以上的，单位非法吸收或者变相吸收公众存款，数额在100万元以上的。 （2）个人非法吸收或者变相吸收公众存款对象30人以上的，单位非法吸收或者变相吸收公众存款对象150人以上的。 （3）个人非法吸收或者变相吸收公众存款，给存款人造成直接经济损失，数额在10万元以上的，单位非法吸收或者变相吸收公众存款，给存款人造成直接经济损失，数额在50万元以上的。 （4）造成恶劣社会影响或者其他严重后果的。 **记忆关键词：**数额（个人20万元，单位100万元）；对象（个人30人，单位150人）；经济损失（个人10万元，单位50万元）

• 母题精选

【单选题】不属于构成"非法吸收公众存款或者变相吸收公众存款"条件的是（　　　）。

A. 通过媒体、推介会、传单、手机短信等途径向社会公开宣传

B. 未经有关部门依法批准或者借用合法经营的形式吸收资金

C. 承诺在一定期限内以货币、实物、股权等方式还本付息或者给付回报

D. 虚伪、夸大集资人的投资管理能力或历史投资回报

【答案】D　【解析】通常，同时具备下列四个条件，除刑法另有规定的以外，即构成"非法吸收公众存款或者变相吸收公众存款"：①未经有关部门依法批准或者借用合法经营的形式吸收资金；②通过媒体、推介会、传单、手机短信等途径向社会公开宣传；③承诺在一定期限内以货币、实物、股权等方式还本付息或者给付回报；④向社会公众即社会不特定对象吸收资金。

【单选题】在股权投资基金的募集中,应当被追究刑事责任的行为包括(   )。

Ⅰ.未向社会公开宣传,在亲友或单位内部针对特定对象吸收资金

Ⅱ.个人非法吸收或者变相吸收公众存款对象30人以上

Ⅲ.单位非法吸收或者变相吸收公众存款对象150人以上

Ⅳ.单位非法吸收或者变相吸收公众存款,数额在100万元以上

    A.Ⅲ、Ⅳ   B.Ⅰ、Ⅱ、Ⅳ   C.Ⅰ、Ⅱ   D.Ⅱ、Ⅲ、Ⅳ

【答案】 D 【解析】Ⅰ项不属于应当依法追究刑事责任的情形,Ⅱ、Ⅲ、Ⅳ项均属于在股权投资基金的募集中,应当被追究刑事责任的行为。

(二)集资诈骗罪

项 目	内 容
集资诈骗罪	(1)以非法占有为目的,使用诈骗方法非法集资的,构成集资诈骗罪。当以非法占有为目的,使用诈骗方法实施前文所说的非法吸收公众存款的行为时,即按集资诈骗罪处理。 (2)使用诈骗方法非法集资,具有下列情形之一的,可以认定为"以非法占有为目的"。 ①集资后不用于生产经营活动或者用于生产经营活动与筹集资金规模明显不成比例,致使集资款不能返还的。 ②肆意挥霍集资款,致使集资款不能返还的。 ③携带集资款逃匿的。 ④将集资款用于违法犯罪活动的。 ⑤抽逃、转移资金、隐匿财产,逃避返还资金的。 ⑥隐匿、销毁账目,或者搞假破产、假倒闭,逃避返还资金的。 ⑦拒不交代资金去向,逃避返还资金的。 ⑧其他可以认定非法占有目的的情形。 集资诈骗罪中的非法占有目的,应当根据具体情形进行认定。行为人部分非法集资行为具有非法占有目的的,对该部分非法集资行为所涉集资款以集资诈骗罪定罪处罚;非法集资共同犯罪中部分行为人具有非法占有目的,其他行为人没有非法占有集资款的共同故意和行为的,对具有非法占有目的的行为人以集资诈骗罪定罪处罚。

💡 考生应能够掌握并区分股权投资基金合规运营和非法集资的界限。非法集资案件主要包括非法吸收公众存款和集资诈骗两大类。

💡 集资诈骗罪的最高刑期为无期徒刑,非法吸收公众存款罪的最高刑期为10年有期徒刑。

(三)非法经营罪、擅自发行股票或者公司、企业债券罪、虚假广告罪

项 目	内 容
非法经营罪	根据刑法的规定,违反国家规定,有下列非法经营行为之一,扰乱市场秩序,情节严重的,构成非法经营罪。 (1)未经许可经营法律、行政法规规定的专营、专卖物品或者其他限制买卖的物品的。 (2)买卖进出口许可证、进出口原产地证明以及其他法律、行政法规定的经营许可证或者批准文件的。

💡 非法经营罪、擅自发行股票或者公司、企业债券罪、虚假广告罪在考试中出现相对较少。

续　表

项　目	内　容
非法经营罪	（3）未经国家有关主管部门批准非法经营证券、期货、保险业务的，或者非法从事资金支付结算业务的。 （4）其他严重扰乱市场秩序的非法经营行为。
擅自发行股票或者公司、企业债券罪	（1）根据刑法第179条的规定，未经国家有关主管部门批准，擅自发行股票或者公司、企业债券，数额巨大、后果严重或者有其他严重情节的，构成擅自发行股票、公司、企业债券罪。 （2）未经国家有关主管部门批准，向社会不特定对象发行、以转让股权等方式变相发行股票或者公司、企业债券，或者向特定对象发行、变相发行股票或者公司、企业债券累计超过200人的，应当认定为刑法第179条规定的"擅自发行股票、公司、企业债券"。构成犯罪的，以擅自发行股票、公司、企业债券罪定罪处罚。
虚假广告罪	广告经营者、广告发布者违反国家规定，利用广告为非法集资活动相关的商品或者服务作虚假宣传，具有下列情形之一的，依照刑法第222条的规定，以虚假广告罪定罪处罚。 （1）违法所得数额在10万元以上的。 （2）造成严重危害后果或者恶劣社会影响的。 （3）2年内利用广告作虚假宣传，受过行政处罚2次以上的。 （4）其他情节严重的情形。

> 💡 明知他人从事欺诈发行股票、债券，非法吸收公众存款，擅自发行股票、债券，集资诈骗或者组织、领导传销活动等集资犯罪活动，为其提供广告等宣传的，以相关犯罪的共犯论处。

第三节　政府管理的形式与手段

一、监管机构的调查手段（了解）

> 👍 本考点较少考查，考生了解即可。

项　目	内　容
监管机构的调查手段	证券投资基金法第114条规定，国务院证券监督管理机构依法履行职责，有权采取下列措施。 （1）对基金管理人、基金托管人、基金服务机构进行现场检查，并要求其报送有关的业务资料。 （2）进入涉嫌违法行为发生场所调查取证。 （3）询问当事人和与被调查事件有关的单位和个人，要求其对与被调查事件有关的事项做出说明。 （4）查阅、复制与被调查事件有关的财产权登记、通信记录等资料。 （5）查阅、复制当事人和与被调查事件有关的单位和个人的证券交易记录、登记过户记录、财务会计资料及其他相关文件和资料；对可能被转移、隐匿或者毁损的文件和资料，可予以封存。

续 表

项 目	内 容
监管机构的调查手段	(6)查询当事人和与被调查事件有关的单位和个人的资金账户、证券账户和银行账户；对有证据证明已经或者可能转移或者隐匿违法资金、证券等涉案财产或者隐匿、伪造、毁损重要证据的，经国务院证券监督管理机构主要负责人批准，可以冻结或者查封。 (7)在调查操纵证券市场、内幕交易等重大证券违法行为时，经国务院证券监督管理机构主要负责人批准，可以限制被调查事件当事人的证券买卖，但限制的期限不得超过 15 个交易日；案情复杂的，可以延长 15 个交易日。

二、违反法律法规时的处理方式(理解)

👍 考查概率:60%，在考试中所占分值约为 1 分。

命题角度:违反法律法规时的三种处理方式(行政监管、行政处罚、移送司法机关)。

处理方式	内 容
行政监管措施	(1)根据《私募投资基金监督管理暂行办法》的规定，股权投资基金管理人、托管人、基金销售机构及其他服务机构及其从业人员违反法律、行政法规及本办法规定，中国证监会及其派出机构可以对其采取责令改正、监管谈话、出具警示函、公开谴责等行政监管措施。 (2)对行政监管措施不服的，可以自收到行政监管措施决定书之日起 60 日内向复议机关申请复议，也可以自收到决定书之日起 6 个月内向有管辖权的人民法院提起诉讼。
行政处罚	(1)股权投资基金管理人、托管人、销售机构及其他相关服务机构及其从业人员违反法律、行政法规时，中国证监会可以依法进行行政处罚。 (2)行政处罚的种类：警告、罚款、没收违法所得和没收非法财物、暂停或者撤销基金从业资格等。 (3)对行政处罚不服的，可在收到处罚决定书之日起 60 日内申请行政复议，也可在收到处罚决定书之日起 3 个月内直接向有管辖权的人民法院提起行政诉讼。
移送司法机关	中国证监会在检查中发现犯罪线索的，可以将违法犯罪线索移送司法机关审查处理。

💡 注意区分行政监管措施与行政处罚的种类。

• 母题精选

【单选题】股权投资基金行业的市场主体违反法律、行政法规及部门规章，中国证监会及其派出机构可对其采取的行政监督措施包括( )。

Ⅰ.责令改正　　　　Ⅱ.监督谈话　　　　Ⅲ.出具警示函　　　　Ⅳ.公开谴责

A. Ⅰ、Ⅱ、Ⅲ　　　B. Ⅰ、Ⅲ、Ⅳ　　　C. Ⅰ、Ⅱ、Ⅳ　　　D. Ⅰ、Ⅱ、Ⅲ、Ⅳ

【答案】 D 【解析】股权投资基金管理人、托管人、销售机构及其他相关服务机构及其从业人员违反法律、行政法规、行政规章的规定，中国证监会及其派出机构可以对其采取的行政监管措施有：①责令改正；②监管谈话；③出具警示函；④公开谴责。

第四节　对创业投资基金的政策支持

一、对创业投资的税收优惠政策(掌握)

项　目	内　容
公司型创业投资基金相关税收政策	(1)企业所得税法第31条规定,创业投资企业从事国家需要重点扶持和鼓励的创业投资,可以按投资额的一定比例抵扣应纳税所得额。 (2)《企业所得税法实施条例》第97条规定,企业所得税法第31条所称抵扣应纳税所得额,是指创业投资企业采取股权投资方式投资于未上市的中小高新技术企业2年以上的,可以按照其投资额的70%在股权持有满2年的当年抵扣该创业投资企业的应纳税所得额;当年不足抵扣的,可以在以后纳税年度结转抵扣。国家税务总局《关于实施创业投资企业所得税优惠问题的通知》也有相同规定。
有限合伙型创业投资基金相关税收政策	《国家税务总局关于有限合伙制创业投资企业法人合伙人企业所得税有关问题的公告》规定,有限合伙制创业投资企业采取股权投资方式投资于未上市的中小高新技术企业满2年(24个月,下同)的,其法人合伙人可按照对未上市中小高新技术企业投资额的70%抵扣该法人合伙人从该有限合伙制创业投资企业分得的应纳税所得额,当年不足抵扣的,可以在以后纳税年度结转抵扣。 如果法人合伙人投资于多个符合条件的有限合伙制创业投资企业,可合并计算其可抵扣的投资额和应分得的应纳税所得额。当年不足抵扣的,可结转以后纳税年度继续抵扣;当年抵扣后有结余的,应按照企业所得税法的规定计算缴纳企业所得税。
创业投资企业和天使投资个人有关税收试点政策	2017年4月24日,《财政部、国家税务总局关于创业投资企业和天使投资个人有关税收试点政策的通知》发布。通知规定: (1)公司制创业投资企业采取股权投资方式直接投资于种子期、初创期科技型企业(以下简称初创科技型企业)满2年(24个月,下同)的,可以按照投资额的70%在股权持有满2年的当年抵扣该公司制创业投资企业的应纳税所得额;当年不足抵扣的,可以在以后纳税年度结转抵扣。 (2)有限合伙制创业投资企业(以下简称合伙创投企业)采取股权投资方式直接投资于初创科技型企业满2年的,该合伙创投企业的合伙人分别按以下方式处理。 ①法人合伙人可以按照对初创科技型企业投资额的70%抵扣法人合伙人从合伙创投企业分得的所得;当年不足抵扣的,可以在以后纳税年度结转抵扣。 ②个人合伙人可以按照对初创科技型企业投资额的70%抵扣个人合伙人从合伙创投企业分得的经营所得;当年不足抵扣的,可以在以后纳税年度结转抵扣。 (3)天使投资个人采取股权投资方式直接投资于初创科技型企业满2年的,可以按照投资额的70%抵扣转让该初创科技型企业股权取得的应纳税所得额;当期不足抵扣的,可以在以后取得转让该初创科技型企业股权的应纳税所得额时结转抵扣。

👍考查概率:80%,在考试中所占分值约为1分。
命题角度:①公司型创业投资基金相关税收政策;②有限合伙型创业投资基金相关税收政策;③创业投资企业和天使投资个人有关税收试点政策。

💡所称满2年是指自2015年10月1日起,有限合伙制创业投资企业投资于未上市中小高新技术企业的实缴投资满2年,同时,法人合伙人对该有限合伙制创业投资企业的实缴出资也应满2年。

续 表

项 目	内 容
创业投资企业和天使投资个人有关税收试点政策	天使投资个人在试点地区投资多个初创科技型企业的,对其中办理注销清算的初创科技型企业,天使投资个人对其投资额的70%尚未抵扣完的,可自注销清算之日起36个月内抵扣天使投资个人转让其他初创科技型企业股权取得的应纳税所得额。

● 母 题 精 选

【单选题】公司制创业投资企业采取股权投资方式直接投资于种子期、初创期科技型企业满(　　)年的,可以按照投资额的70%在股权持有满2年的当年抵扣该公司制创业投资企业的应纳税所得额。

A.1　　　　　B.2　　　　　C.3　　　　　D.4

【答案】　B　【解析】公司制创业投资企业采取股权投资方式直接投资于种子期、初创期科技型企业满2年(24个月)的,可以按照投资额的70%在股权持有满2年的当年抵扣该公司制创业投资企业的应纳税所得额;当年不足抵扣的,可以在以后纳税年度结转抵扣。

二、财政性引导基金的主要政策和作用(了解)

项 目	内 容
财政性引导基金的主要政策和作用	(1)2005年11月,《创业投资企业管理暂行办法》发布,明确了对创业投资(基金)企业及其管理顾问机构的备案管理规则。同时还明确了三项配套性政策措施。 　　(2)2008年10月,《国务院办公厅转发〈关于创业投资引导基金规范设立与运作指导意见〉的通知》发布。引导基金的宗旨是发挥财政资金的杠杆放大效应,增加创业投资资本的供给,克服单纯通过市场配置创业投资资本的市场失灵问题。特别是通过鼓励创业投资企业投资处于种子期、起步等创业早期的企业,弥补一般创业投资企业主要投资于成长期、成熟期和重建企业的不足。 　　(3)2009年10月,《关于实施新兴产业创业投资计划、开展产业技术研究与开发资金参股设立创业投资基金试点工作的通知》发布。该通知鼓励各省(区、市)结合本地实际,研究提出与国家资金共同参股设立创业投资基金的产业领域和具体方案,落实地方政府出资,配合国家发改委和财政部共同做好基金的设立和管理工作,探索财政资金支持创业投资发展的有效机制。 　　(4)2011年8月,《关于印发〈新兴产业创投计划参股创业投资基金管理暂行办法〉的通知》发布,明确中央财政资金可以通过直接投资创业企业、参股创业投资基金等方式,培育和促进新兴产业发展。 　　(5)2015年11月,财政部发布《政府投资基金暂行管理办法》,规范政府引导基金的运行,同时鼓励政府财政资金支持创业投资。

考查概率:10%,本考点较少考查。
命题角度:财政性引导基金的主要政策和作用。

引导基金是由政府设立并按市场化方式运作的政策性基金,主要通过扶持创业投资企业发展,引导社会资金进入创业投资领域。引导基金本身不直接从事创业投资业务。

除政策支持外,国家还设立各类引导基金,引导支持创业投资基金的发展。

续　表

项　目	内　容
财政性引导基金的主要政策和作用	(6)2016年2月,《国家发展改革委关于做好新兴产业创业投资基金有关工作的通知》发布,要求有关地方发展改革委加快推动已批复确认参股基金设立工作、参股基金按照协议约定加快投资进度、协助做好国家新兴产业创业投资引导基金参股地方基金的准备工作。同年12月,《政府出资产业投资基金管理暂行办法》发布,针对基金的募资、投资、管理、退出等环节,以信息登记、绩效评价和信用评价的方式对政府出资产业投资基金运行进行宏观信用信息监督管理。

三、促进创业投资发展的相关政策措施(了解)

👍 考查概率:20%,本考点较少考查。
命题角度:《国务院关于促进创业投资持续健康发展的若干意见》的十六项措施。

项　目	内　容
促进创业投资发展的相关政策措施	2016年9月,《国务院关于促进创业投资持续健康发展的若干意见》发布,为支持创业投资发展,该意见提出了十六项具体措施。 (1)大力培育和发展合格投资者。 (2)建立股权债权等联动机制,拓宽创投资金来源。 (3)完善创业投资税收政策。 (4)建立创业投资与政府项目对接机制。 (5)研究鼓励长期投资的政策措施。 (6)发挥政府资金的引导作用。 (7)构建符合创业投资行业特点的法制环境。 (8)落实和完善国有创业投资管理制度。 (9)拓宽创业投资市场化退出渠道。 (10)优化监管环境。 (11)优化商事环境。 (12)优化信用环境。 (13)有序扩大创业投资对外开放。 (14)鼓励境内有实力的创业投资企业积极稳妥"走出去"。 (15)健全创业投资服务体系。 (16)加强各方统筹协调。

四、上市公司创业投资基金股东减持股份的特别规定(理解)

👍 考查概率:80%,在考试中所占分值约为1分。
命题角度:①不同投资期限下减持股份的比例限制;②创业投资基金所投资企业应满足的条件。

项　目	内　容
比例限制	在中国证券投资基金业协会备案的创业投资基金,其所投资符合条件的企业上市后,通过证券交易所集中竞价交易减持其持有的发行人首次公开发行前发行的股份,适用下列比例限制: (1)截至发行人首次公开发行上市日,投资期限不满36个月的,在3个月内减持股份的总数不得超过公司股份总数的1%;

续　表

项　目	内　容
比例限制	（2）截至发行人首次公开发行上市日，投资期限在 36 个月以上但不满 48 个月的，在 2 个月内减持股份的总数不得超过公司股份总数的 1%； （3）截至发行人首次公开发行上市日，投资期限在 48 个月以上但不满 60 个月的，在 1 个月内减持股份的总数不得超过公司股份总数的 1%； （4）截至发行人首次公开发行上市日，投资期限在 60 个月以上的，减持股份总数不再受比例限制。 投资期限自创业投资基金投资该首次公开发行企业金额累计达到 300 万元之日或者投资金额累计达到投资该首次公开发行企业总投资额 50% 之日开始计算。
符合条件的企业	创业投资基金所投资符合条件的企业是指满足下列情形之一的企业： （1）首次接受投资时，企业成立不满 60 个月； （2）首次接受投资时，企业职工人数不超过 500 人，根据会计事务所审计的年度合并会计报表，年销售额不超过 2 亿元、资产总额不超过 2 亿元； （3）截至发行申请材料受理日，企业依据《高新技术企业认定管理办法》（国科发火〔2016〕32 号）已取得高新技术企业证书。

章节练习

用手机微信扫描"章节练习"旁边的二维码或用电脑浏览器打开网址 https://www.ceweilai.cn/即可进入智能题库进行章节练习。

第十章 股权投资基金的行业自律管理

视频讲解 微信扫描

本章应试分析

　　本章分别介绍了中国证券投资基金业协会的性质、组成、工作职责，基金管理人登记与基金备案，以及其他自律管理。本章在考试中所占分值约为 14 分。本章需要考生掌握的内容较多，部分知识点常以案例形式考查，因此，考生在理解记忆知识点的基础上要能够灵活运用。

　　本章很多内容源自法律法规，考生也可以根据自身的需要阅读相关法律法规原文。

思维导图

```
                    ┌─ 行业自律概述 ─┬─ 中国证券投资基金业协会的性质（了解）
                    │                ├─ 中国证券投资基金业协会的组成（了解）
                    │                └─ 中国证券投资基金业协会的工作职责（了解）
                    │
                    │                ┌─ 基金管理人登记和基金备案的原则和基本要求（掌握）
                    │                ├─ 登记与备案的方式和内容（掌握）
                    │                ├─ 出具法律意见书的基本要求（了解）
股权投资基金的 ─────┼─ 登记与备案 ─┤─ 出具法律意见书应重点核查的内容（理解）
行业自律管理        │                ├─ 股权投资基金管理人会员信用信息报告（了解）
                    │                ├─ 股权投资基金、股权投资基金管理人重大事项和持续报告的自律要求（掌握）
                    │                └─ 登记与备案的自律管理措施（重点掌握）
                    │
                    │                ┌─ 合法募集主体（掌握）
                    │                ├─ 股权投资基金募集的主要程序（重点掌握）
                    │                ├─ 基金募集的禁止性行为和禁止性推介渠道（重点掌握）
                    └─ 其他自律管理 ┤─ 信息披露管理（掌握）
                                     ├─ 股权投资管理人内部控制管理的相关要求（了解）
                                     ├─ 基金合同中必备条款和主要内容（理解）
                                     └─ 股权投资基金服务业务管理的相关要求（理解）
```

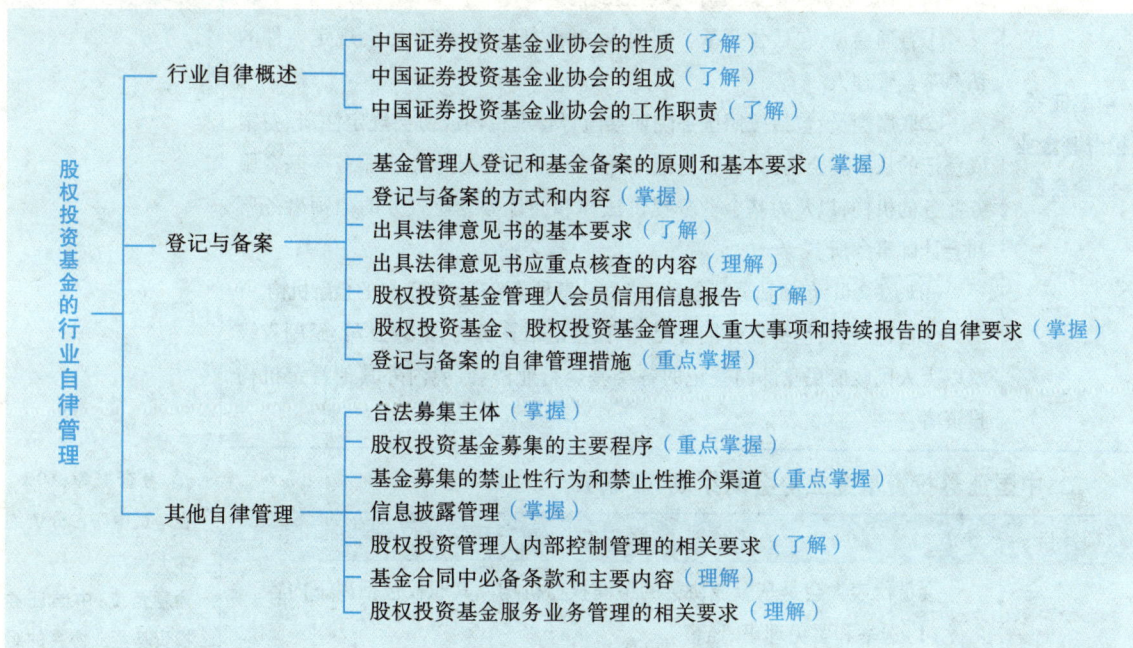

名师同步精讲

第一节 行业自律概述

视频讲解 微信扫描

名师指导

一、中国证券投资基金业协会的性质（了解）

项　目	内　容
中国证券投资基金业协会的性质	（1）概念：基金业协会是依据证券投资基金法和《社会团体登记管理条例》的有关规定设立的，由基金行业相关机构自愿结成的全国性、行业性、非营利性社会组织，基金业协会从事非营利性活动。 （2）基金业协会的两个性质：①法定自律性组织；②社会团体法人。

考查概率：40%，本考点考查相对较少。
命题角度：中国证券投资基金业协会的性质及协会会员。

续 表

项 目	内 容
中国证券投资基金业协会的性质	(3)社会团体法人的特点:①市场主体自愿成立;②自愿成立的成员自愿出资成立自己的团体财产或者基金,该财产或者基金属于团体所有;③成员共同制定团体的章程;④以自己所有的财产承担民事责任;⑤不以营利为目的。
中国证券投资基金业协会会员	(1)基金业协会采用会员制。基金管理人、基金托管人应当加入基金行业协会,基金服务机构可以加入基金行业协会。基金业协会有权依据会员大会的授权,对会员实施自律管理。 (2)基金业协会会员可分为以下几种。 ①普通会员:包括公募基金管理人、基金托管人、符合协会规定条件的私募基金管理人。 ②联席会员:包括按照国务院证券监督管理机构或协会规定注册、备案或登记的从事基金销售、份额登记、估值、评价、信息技术系统服务等基金服务业务的机构,以及为基金业务提供法律和会计等专业服务的律师事务所和会计师事务所。 ③观察会员:包括私募基金管理人和从事私募资产管理业务的金融机构。 ④特别会员:包括证券期货交易所、登记结算机构、指数公司、经副省级及以上人民政府民政部门登记的各类基金行业协会、境内外其他特定机构投资者。

💡 基金业协会有权依据会员大会的授权,对会员实施自律管理。

二、中国证券投资基金业协会的组成(了解)

项 目	内 容
会员代表大会	会员代表大会是基金业协会的最高权力机构。其职权包括以下内容。 (1)选举和罢免理事、监事。 (2)审议理事会工作报告和财务报告,审议监事会工作报告。 (3)制定和修改会费标准。 (4)决定本团体的合并、分立、终止事项。 (5)决定其他应由会员代表大会审议的重大事宜。
理事会	理事会是会员大会闭会期间的执行机构,在会员大会闭会期间领导本团体开展日常工作,对会员大会负责。理事会的职权包括以下内容。 (1)筹备召开会员代表大会,向会员代表大会报告工作。 (2)贯彻、执行会员代表大会的决议。 (3)审议通过自律规则、行业标准和业务规范。 (4)选举和罢免本团体会长、副会长、秘书长。

👍 考查概率:60%,在考试中所占分值约为1分。

命题角度:中国证券投资基金业协会的组成(会员代表大会、理事会、监事会及会长办公会)。

💡 本考点内容源自《中国证券投资基金业协会章程》(2015年)。

续　表

项　目	内　容
理事会	(5)决定副秘书长、各专业委员会主要负责人。 (6)提议召开临时会员代表大会。 (7)决定办事机构和专业委员会的设立、变更和注销。 (8)审议年度工作报告、工作计划和财务报告。 (9)审议年度财务预算、决算。 (10)审议会长办公会提请审议的各项议案。 (11)决定其他应由理事会审议的重大事项。
监事会	监事会是基金业协会的监督机构,对会员代表大会负责,监督基金业协会各项执行工作。监事会的职权包括以下内容。 (1)监督本团体章程、会员代表大会各项决议的实施情况并向会员代表大会报告。 (2)列席理事会会议,监督理事会的工作。 (3)选举和罢免监事长、副监事长。 (4)审查本团体财务报告并向会员代表大会报告审查结果。 (5)向会员代表大会、中国证监会和民政部以及税务、会计主管部门反映本团体工作中存在的问题,并提出监督意见。 (6)决定其他应由监事会审议的事项。
会长办公会	基金业协会设会长办公会,由会长、专职副会长、秘书长、副秘书长组成。会长办公会行使以下职权。 (1)贯彻执行会员代表大会、理事会的决议。 (2)决定召开理事会临时会议。 (3)决定本团体日常工作重大事项。 (4)组织实施本团体各项规章制度以及年度工作计划和年度财务预算的实施。 (5)提出理事会会议议题的建议。 (6)制定本团体内部管理制度。 (7)决定专职工作人员的聘任。 (8)决定会员的入会、退会。 (9)会员代表大会、理事会授予的其他职权。

💡 理事会由会员理事和非会员理事组成。理事可连选连任。会员理事由会员代表大会选举产生。非会员理事由中国证监会委派。非会员理事不超过理事总数的20%。

💡 基金业协会设专职会长1名,专职副会长若干名,兼职副会长若干名,监事长1名,副监事长1名;设秘书长1名,副秘书长若干名。秘书长为专职。

三、中国证券投资基金业协会的工作职责（了解）

项　目	内　容
中国证券投资基金业协会的工作职责	(1)依据《证券投资基金法》以及基金业协会章程的规定,基金业协会的职责包括: 　①教育和组织会员遵守有关证券投资的法律、行政法规,维护投资人合法权益。

👍 考查概率:60%,在考试中所占分值约为1分。
命题角度:中国证券投资基金业协会的工作职责。

项　目	内　容
中国证券投资基金业协会的工作职责	证券投资的法律、行政法规是维护证券市场和基金业秩序,保障交易参与人的合法权益,促进证券市场健康发展的根本保证。基金业协会作为基金业的自律性组织,有义务、有责任组织会员学习、知悉证券投资相关法律、行政法规,并教育、督促会员贯彻、遵守证券投资相关法律、行政法规。 　　②依法维护会员的合法权益,反映会员的建议和要求。 　　当会员的合法权益受到侵害时,基金业协会应当根据法律、行政法规的规定来维护会员的合法权益,也可以向证券监督管理机构反映,或将会员提出的合法、合理的有关基金业发展的建议和要求向证券监督管理机构反映。 　　③制定和实施行业自律规则,监督、检查会员及其从业人员的执业行为,对违反自律规则和协会章程的,按照规定给予纪律处分。 　　基金业协会应当根据法律法规的规定,制定和实施行业自律规则,充分发挥自律职能,监督检查会员及其从业人员的执业行为。对违反自律规则和协会章程的,基金行业协会有权给予纪律处分。 　　④制定行业执业标准和业务规范,组织基金从业人员的从业考试、资质管理和业务培训。 　　基金业协会根据有关法律、法规及规章、规范性文件的规定,制定基金行业的执业标准,规范会员开展业务,提升行业整体水平;负责组织会员单位的从业人员的从业资格考试,并进行相应的资质管理和业务培训。 　　⑤提供会员服务,组织行业交流,推动行业创新,开展行业宣传和投资人教育活动。 　　基金业协会收集整理相关信息,为会员提供服务,开展投资者教育活动及行业宣传,推动行业交流,促进行业创新。 　　⑥对会员之间、会员与客户之间发生的基金业务纠纷进行调解。 　　基金业协会会员之间、会员与客户之间发生纠纷后,协会根据法律、行政法规的规定对纠纷各方进行民间性调解。该调解只是民间性的,如果对调解不满意,可以依法提起诉讼或者仲裁。 　　⑦依法办理非公开募集基金的登记、备案。 　　基金业协会根据相关法律的规定,对非公开募集基金管理人进行登记管理,并对募集完成的非公开募集基金依法进行备案管理。 　　⑧协会章程规定的其他职责。 　　(2)除上述职责外,基金业协会会员大会可以根据基金业协会的任务与宗旨、会员的要求以及基金业的实际情况和需要,通过章程赋予协会其他自律管理、自我服务的职责。 　　(3)我国目前股权投资基金行业自律组织的行业自律内容主要集中在募集、合格投资者准入、信息披露、内控管理、合同指引、服务业务管理等方面,从募集程序的合规性、合格投资者的筛选、信息披露的基本内容和频度、基金管理人的内部控制、基金合同的基本内容、服务业务管理等方面指导行业内的参与者,加强行业的规范性。

• 母题精选

【单选题】小王和小李是股权投资基金行业的从业人员,两人对中国证券投资基金业协会职责的说法错误的是(　　)。

　　A. 小王说:"中国证券投资基金业协会应组织我们基金从业人员的从业考试"

　　B. 小李说:"中国证券投资基金业协会应当组织基金行业进行交流,开展行业宣传"

　　C. 小李说:"中国证券投资基金业协会应当对所有的基金都进行登记、备案"

　　D. 小王说:"中国证券投资基金业协会应定期对我们基金从业人员进行业务培训"

【答案】　C　【解析】中国证券投资基金业协会职责之一是依法办理非公开募集基金的登记、备案,不包括公开募集的基金。

第二节　登记与备案

一、基金管理人登记和基金备案的原则和基本要求(掌握)

(一)基金管理人登记和基金备案的原则

项　目	内　容
及时性	(1)基金管理人取得营业执照后,在进行基金的募集前,应当及时向基金业协会进行登记;未经登记,不得进行基金的募集。 (2)登记申请材料不完备或不符合规定的,基金管理人应当根据基金业协会的要求及时补正。申请登记期间,登记事项发生重大变化的,基金管理人应当及时告知基金业协会并变更申请登记内容。 (3)基金管理人变更控股股东、实际控制人或者法定代表人(执行事务合伙人)的,属于重大事项变更。管理人应当依据合同约定,向投资者如实、及时、准确、完整地披露相关变更情况或获得投资者认可。对上述事项,管理人应当在完成工商变更登记后的 10 个工作日内,通过私募基金登记备案系统向基金业协会进行重大事项变更。 (4)私募基金管理人应当自私募基金募集完毕之日起 20 个工作日内,向登记备案机构报送材料,办理备案。
信息报送的真实性、准确性、完整性、合规性	(1)信息报送的真实性。 ①基金管理人申请登记,应当通过资产报送业务综合报送平台,如实填报基金管理人基本信息、高级管理人员及其他从业人员基本信息、股东或合伙人基本信息、管理基金基本信息。 ②在基金备案时,应根据基金的主要投资方向注明基金类别,如实填报基金名称、资本规模、投资者、基金合同(基金公司章程或者合伙协议)等基本信息。 (2)信息报送的准确性。基金管理人申请登记和基金备案时,应填报准确的信息,所填报的信息内容应保证质量,尽可能详尽、具体,且表述准确规范。 (3)信息报送的完整性。基金管理人披露的信息在内容上务必完整,不得有重大遗漏。 (4)信息报送的合规性。基金管理人应当按照相关法律法规和基金业协会的要求报送信息,所报送信息的形式和内容应符合法律、法规和自律规则的规定。

👍 考查概率:100%,在考试中所占分值约为 1 分。

命题角度:①基金管理人登记和基金备案的原则;②基金管理人登记和基金备案的四个基本要求。

💡 根据《私募投资基金监督管理条例》规定,私募基金管理人登记之日起 12 个月内未备案首只私募基金的,登记备案机构应当及时注销私募基金管理人登记并予以公示。

（二）基金管理人登记和基金备案的基本要求

项　目	内　容
主体资格要求	（1）基金管理人由依法设立的公司或者合伙企业担任。 （2）公司型基金自聘管理团队管理基金资产的，该公司型基金在作为基金履行备案手续的同时，还需作为基金管理人履行登记手续。
专业化经营要求	（1）基金管理人应按照以下原则进行运营。 ①基金管理人应当遵循专业化运营原则，主营业务清晰，不得兼营与私募基金管理无关或存在利益冲突的其他业务。 ②基金管理人的名称和经营范围中应当包含"基金管理""投资管理""资产管理""股权投资""创业投资"等相关字样。 ③同一基金管理人不可兼营多种类型的基金管理业务。 （2）基金管理人申请登记时的要求包含以下内容。 ①在申请登记时，申请机构应当在"私募证券投资基金管理人""私募股权、创业投资基金管理人"等机构类型，以及与机构类型关联对应的业务类型中，仅选择一类机构类型及业务类型进行登记。 ②基金管理人只可备案与本机构已登记业务类型相符的私募基金。 ③同一私募基金管理人不可兼营多种类型的私募基金管理业务。 ④若私募基金管理机构确有经营多类私募基金管理业务的实际、长期展业需要，可设立在人员团队、业务系统、内控制度等方面满足专业化管理要求的独立经营主体，分别申请登记成为不同类型的私募基金管理人。 （3）在"私募基金登记备案系统"中已登记多种业务类型的基金管理人，应当依照基金业协会相关后续安排，通过"资产管理业务综合管理平台"进行专业化管理事项的整改。针对此类基金管理人所管理的已备案且正在运作的存量私募基金，若存在基金类型与管理人在"资产管理业务综合管理平台"所选择业务类型不符情形的，在基金合同、公司章程或者合伙协议（以下统称基金合同）到期前仍可以继续投资运作，但不得在基金合同到期前开放申购或增加募集规模，基金合同到期后应予以清盘或清算，不得续期。
防范利益冲突要求	（1）基金管理人管理可能导致利益输送或者利益冲突的不同私募基金的，应当建立防范利益输送和利益冲突的机制。 （2）基金管理人不得兼营与私募基金业务存在冲突的业务、与"投资管理"的买方业务存在冲突的业务、其他非金融业务。 ①证券投资基金类管理人不得兼营"投资咨询、投融资信息服务"业务，关于申请登记股权投资基金类管理人的，需要对"投资咨询、投融资信息服务"业务进行审慎调查和论证说明。 ②"投资咨询、投融资信息服务"业务的实际经营范围不得触及《证券、期货投资咨询管理暂行办法》（证委发〔1997〕96号）中规定的"证券、期货投资咨询"业务。 ③兼营业务如有民间借贷、民间融资、配资业务、小额理财、小额借贷、P2P/P2B、众筹、保理、担保、房地产开发、交易平台等业务的申请机构，由于这些业务与私募基金的属性相冲突，容易误导投资者，为防范风险，基金业协会对从事与私募基金业务相冲突业务的上述机构将不予登记。

自然人不能登记为基金管理人。

续　表

项　目	内　容
运营基本设施和条件要求	（1）基金管理人应当具备开展基金管理业务的从业人员和实际的经营场所,其从业人员的人数应当与其内部机构的设置和内控制度相匹配,并且应当具备相应数量的专职高管人员。 （2）基金管理人应当具备充足的资本金,用以支付一定阶段内的人员工资、办公开支、租赁费用等运营费用支出。

● 母 题 精 选

【单选题】关于基金管理人登记与基金产品备案的基本要求,以下说法错误的是(　　　)。

A.基金管理人可采用公司形式,也可采用合伙企业形式

B.基金产品开始募集后的 20 个工作日内,基金管理人应对所募集的基金进行备案

C.登记申请材料不完备或者不符合规定的,基金管理人应当根据基金业协会的要求及时补正

D.自然人不能登记为基金管理人

【答案】　B　【解析】私募基金管理人应当自私募基金募集完毕之日起(而不是开始募集后)20 个工作日内,向登记备案机构报送材料,办理备案。故选项 B 说法错误。

二、登记与备案的方式和内容(掌握)

（一）基金管理人登记与基金备案的方式

项　目	内　容
基金管理人登记与基金备案的方式	（1）基金管理人进行登记与基金备案,主要通过基金业协会的资产管理业务综合报送平台提交相关材料或信息。 （2）基金管理人提供的登记申请材料完备的,基金业协会应当自收齐登记材料之日起 20 个工作日内,以通过网站公示基金管理人基本情况的方式,为基金管理人办结登记手续。网站公示的基金管理人基本情况包括基金管理人的名称、成立时间、登记时间、住所、联系方式、主要负责人等基本信息以及基本诚信信息。 （3）基金管理人变更控股股东、实际控制人或者法定代表人(执行事务合伙人)的,属于重大事项变更。基金管理人应就重大事项变更向基金业协会进行变更登记。具体报送方式:将控股股东、实际控制人或法定代表人(执行事务合伙人)变更报告及相关证明文件发送至协会邮箱,并通过私募基金登记备案系统进行重大事项变更。 （4）基金业协会可以采取约谈高级管理人员、现场检查、向中国证监会及其派出机构、相关专业协会征询意见等方式对基金管理人提供的登记申请材料进行核查。 （5）股权投资基金备案材料完备且符合要求的,基金业协会应当自收齐备案材料之日起 20 个工作日内,以通过网站公示股权投资基金基本情况的方式,为股权投资基金办结备案手续。网站公示的股权投资基金基本情况包括股权投资基金的名称、成立时间、备案时间、主要投资领域、基金管理人及基金托管人等基本信息。

👍 考查概率:80%,在考试中所占分值约为 1 分。

命题角度:①登记与备案的方式;②登记与备案的内容。

💡 经登记后的基金管理人依法解散、被依法撤销或者被依法宣告破产的,基金业协会应当及时注销基金管理人登记。

159

(二)基金管理人登记与基金备案的内容

项 目	内 容
基金管理人登记的内容	基金管理人申请基金管理人登记的,一般需要提交以下材料或信息。 (1)工商登记和营业执照正副本复印件。 (2)公司章程或者合伙协议。 (3)主要股东或者合伙人名单。 (4)高级管理人员的基本信息。 (5)基金管理人的基本制度。 (6)法律意见书。 (7)基金业协会要求提交的其他材料。
基金备案的内容	各类私募基金募集完毕,基金管理人应当根据基金业协会的规定,办理基金备案手续,报送以下基本信息。 (1)主要投资方向及根据主要投资方向注明的基金类别。 (2)基金合同、公司章程或者合伙协议。资金募集过程中向投资者提供基金招募说明书的,应当报送基金招募说明书。以公司、合伙等企业形式设立的私募基金,还应当报送工商登记和营业执照正副本复印件。 (3)采取委托管理方式的,应当报送委托管理协议。委托托管机构托管基金财产的,还应当报送托管协议。 (4)基金业协会规定的其他信息。

三、出具法律意见书的基本要求(了解)

项 目	内 容
出具法律意见书的基本要求	(1)参照《律师事务所从事证券法律业务管理办法》和《律师事务所证券法律业务执业规则(试行)》的相关要求,法律意见书的内容应当包含完整的尽职调查过程描述,对有关事实、法律问题作出认定和判断的适当证据和理由。 (2)按照《基金管理人登记法律意见书指引》,就各具体事项逐项发表明确意见,并就基金管理人登记申请是否符合基金业协会的相关要求发表整体结论性意见。 (3)法律意见书的陈述文字应当逻辑严密,论证充分,所涉指代主体名称、出具的专业法律意见内容具体明确。 (4)参照《律师事务所证券法律业务执业规则(试行)》,根据实际需要采取合理的方式和手段,获取适当的证据材料。律师事务所及其经办律师可采取的尽职调查查验方式包括但不限于审阅书面材料、实地核查、人员访谈、互联网及数据库搜索、外部访谈及向行政司法机关、具有公共事务职能的组织、会计师事务所询证等。 (5)法律意见书应当包含律师事务所及其经办律师的承诺信息。 (6)在法律意见书上的签字签章齐全,出具日期清晰明确。 (7)应当恪尽职守、勤勉尽责地对基金管理人或申请机构相关情况进行尽职调查,根据《基金管理人登记法律意见书指引》,独立、客观、公正地出具法律意见书。

考查概率:40%,本考点考查相对较少。
命题角度:出具法律意见书的基本要求。

基金业协会要求在向基金业协会申请基金管理人登记或重大事项变更时,应当向基金业协会提交关于登记或重大事项变更的法律意见书。

法律意见书所涉内容应当与申请机构在私募基金登记备案系统填报的信息保持一致,若系统填报信息与尽职调查情况不一致,应当作出特别说明。

四、出具法律意见书应重点核查的内容（理解）

项　目	内　容
出具法律意见书应重点核查的内容	（1）核查是否依法在中国境内设立并有效存续。 （2）核查申请机构的工商登记文件所记载的经营范围是否符合国家相关法律法规的规定。 （3）核查是否符合《私募投资基金监督管理暂行办法》第 22 条专业化经营原则，说明申请机构主营业务是否为私募基金管理业务；申请机构的工商经营范围或实际经营业务中，是否兼营可能与私募投资基金业务存在冲突的业务、是否兼营与"投资管理"的买方业务存在冲突的业务、是否兼营其他金融业务。 （4）核查申请机构是否有直接或间接控股或参股的境外股东。若有，应说明穿透后其境外股东是否符合现行法律法规的要求和基金业协会的规定。 （5）核查申请机构是否具有实际控制人。若有，请说明实际控制人的身份或工商注册信息，以及实际控制人与申请机构的控制关系，并说明实际控制人能够对机构起到的实际支配作用。 （6）核查申请机构是否存在子公司、分支机构和其他关联方。若有，请说明情况及其子公司、关联方是否已登记为基金管理人。 （7）核查申请机构是否按规定具有开展私募基金管理业务所需的从业人员、营业场所、资本金等企业运营基本设施和条件。 （8）核查申请机构是否已制定风险管理和内部控制制度。 （9）核查申请机构是否与其他机构签署了基金外包服务协议，并说明其外包服务协议情况，是否存在潜在风险。 （10）核查申请机构的高管人员是否具备基金从业资格，高管岗位设置是否符合基金业协会的要求。高管人员包括法定代表人/执行事务合伙人委派代表、总经理、副总经理（如有）和合规/风控负责人等。 （11）核查申请机构是否受到刑事处罚、金融监管部门行政处罚或者被采取行政监管措施；申请机构及其高管人员是否受到行业协会的纪律处分；是否在资本市场诚信数据库中存在负面信息；是否被列入失信被执行人名单；是否被列入全国企业信用信息公示系统的经营异常名录或严重违法企业名录；是否在"信用中国"网站上存在不良信用记录。 （12）核查申请机构最近 3 年涉诉或仲裁的情况。 （13）核查申请机构向基金业协会提交的登记申请材料是否真实、准确、完善。

五、股权投资基金管理人会员信用信息报告（了解）

项　目	内　容
含义	根据《私募股权、创业投资基金管理人会员信用信息报告工作规则（试行）》的规定，股权投资基金管理人会员信用信息报告是基于股权投资基金管理人会员合法合规情况及其向协会报送的登记备案、信息披露及从业人员信息等客观、动态事实，从合规性、稳定度、专业度、透明度等主要维度以及投资风格方面持续记录会员展业过程中的信用信息情况。
主要目标	股权投资基金管理人会员信用信息报告的主要目标是： （1）持续、动态积累股权投资基金管理人会员信用记录，带动行业以信用立身，实现行业信用自治。

👍 考查概率：60%，在考试中所占分值约为 1 分。

命题角度：出具法律意见书应重点核查的十三个方面的内容。

💡 律师应尽量要求申请机构提交完善的投资人资料和协议，以确定实际控制人对申请机构的实际影响和支配力。

💡 子公司是指持股 5% 以上的金融企业、上市公司及持股 20% 以上的其他企业；其他关联方是指受同一控股股东/实际控制人控制的金融企业、资产管理机构或相关服务机构。

👍 考查概率：45%，本考点考查相对较少。

命题角度：本考点是 2020 年新增知识点。考生应了解股权投资基金管理人会员信用信息报告的含义和主要目标。

续 表

项 目	内 容
主要目标	（2）引导股权投资基金管理人会员诚实守信，勤勉尽责，自觉提升合规风控能力和水平。 （3）促进股权投资基金管理人会员提升经营管理的稳定度、透明度和投资运作的专业度。 （4）引导行业相关合作机构关注股权投资基金管理人会员的信用记录。 （5）为中国证监会及其派出机构、政府机关等相关部门开展工作提供参考。

六、股权投资基金、股权投资基金管理人重大事项和持续报告的自律要求（掌握）

项 目	内 容
股权投资基金	股权投资基金运行期间，发生以下重大事项的，股权投资基金管理人应当在 5 个工作日内向基金业协会报告： （1）基金合同发生重大变化。 （2）投资者数量超过法律法规规定。 （3）基金发生清盘或清算。 （4）私募基金管理人、基金托管人发生变更。 （5）对基金持续运行、投资者利益、资产净值产生重大影响的其他事件。
股权投资基金管理人	股权投资基金管理人发生以下重大事项的，应当在 10 个工作日内向基金业协会报告： （1）基金管理人的名称、高级管理人员发生变更。 （2）基金管理人的控股股东、实际控制人或者执行事务合伙人发生变更。 （3）基金管理人分立或者合并。 （4）基金管理人或高级管理人员存在重大违法违规行为。 （5）依法解散、被依法撤销或者被依法宣告破产。 （6）可能损害投资者利益的其他重大事项。

考查概率：80%，在考试中所占分值约为 1 分。
命题角度：①股权投资基金重大事项和持续报告的自律要求；②股权投资基金管理人重大事项和持续报告的自律要求。

七、登记与备案的自律管理措施（重点掌握）

项 目	内 容
不予登记	拟申请登记私募基金管理人存在以下情形的，协会将不予办理登记。 （1）申请机构违反证券投资基金法、《私募投资基金监督管理暂行办法》关于资金募集相关规定，在申请登记前违规发行私募基金，且存在公开宣传推介、向非合格投资者募集资金行为的。 （2）申请机构提供，或申请机构与律师事务所、会计师事务所及其他第三方中介机构等串谋提供虚假登记信息或材料的；提供的登记信息或材料存在误导性陈述、重大遗漏的。 （3）申请机构兼营民间借贷、民间融资、配资业务、小额理财、小额借贷、P2P/P2B、众筹、保理、担保、房地产开发、交易平台等《私募基金登记备案相关问题解答（七）》规定的与私募基金业务相冲突业务的。 （4）申请机构被列入国家企业信用信息公示系统严重违法失信企业名单的。 （5）申请机构的高级管理人员最近 3 年存在重大失信记录，或最近 3 年被中国证监会采取市场禁入措施的。 （6）中国证监会和中国证券投资基金业协会规定的其他情形。

考查概率：100%，在考试中所占分值为 1～2 分。
命题角度：①不予登记的情形；②暂停受理私募基金产品备案申请的情形（重点）；③将管理人列入异常机构对外公示的情形（重点）。

本考点在考试中经常出现，一般会将暂停受理私募基金产品备案申请和将管理人列入异常机构对外公示结合进行考查。

续　表

项　目	内　容
暂停受理私募基金产品备案申请	已登记的基金管理人存在如下情况之一的,在完成整改前,中国基金业协会将暂停受理该机构的私募基金产品备案申请。 　　(1)已登记的基金管理人<u>未按时履行季度、年度和重大事项信息报送更新义务的</u>。 　　(2)已登记的基金管理人因违反《企业信息公示暂行条例》相关规定,被列入企业信用信息公示系统严重违法企业公示名单的。 　　(3)已登记的基金管理人<u>未按要求提交经审计的年度财务报告的</u>。
将管理人列入异常机构对外公示	<u>　　已登记的基金管理人存在如下情况之一的,基金业协会将其列入异常机构名单,并通过私募基金管理人公示平台对外公示。</u> <u>　　(1)基金管理人未按时履行季度、年度和重大事项信息报送更新义务累计达2次的。</u> <u>　　(2)已登记的基金管理人因违反《企业信息公示暂行条例》相关规定,被列入企业信用信息公示系统严重违法企业公示名单的。</u> <u>　　(3)已登记的基金管理人未按要求提交经审计的年度财务报告的。</u>

注意:已登记的基金管理人未按要求提交经审计的年度财务报告的,暂停受理私募基金产品备案申请,同时将管理人列入异常机构对外公示。

一旦基金管理人作为异常机构公示,即使整改完毕,至少**6个月**后才能恢复正常机构公示状态。

● 母 题 精 选

【单选题】某股权投资基金管理公司被列入了异常机构名单,该公司的管理层对列入异常机构名单的后果进行讨论,管理层的说法正确的是(　　)。

　　A.公司在列入异常机构名单期间不能从事股权投资管理业务

　　B.对公司进行整改,整改完成后至少6个月才能恢复正常机构公示状态

　　C.公司会被中国证券投资基金业协会注销管理人登记

　　D.对公司进行整改,整改完成后即可恢复正常机构公示状态

【答案】　B　【解析】一旦基金管理人作为异常机构公示,即使整改完毕,至少6个月后才能恢复正常机构公示状态。

第三节　其他自律管理

一、合法募集主体(掌握)

考查概率:100%,在考试中所占分值为1~2分。

命题角度:自行募集主体和委托募集主体。

项　目	内　容
合法募集主体	(1)自行募集合法主体:<u>在基金业协会办理股权投资基金管理人登记的机构,</u>可以自行募集其设立的股权投资基金。 　　(2)委托募集合法主体。 　　①合格主体:<u>在中国证监会注册取得基金销售业务资格并已成为中国基金业协会会员的机构(基金销售机构)</u>可以受基金管理人的委托募集股权投资基金。

续 表

项 目	内 容
合法募集主体	②委托基金销售机构募集基金的,不得因委托募集免除股权投资基金管理人依法承担的责任。 ③股权投资基金管理人委托基金销售机构募集基金的,应当以书面形式签订基金销售协议,并将协议中关于基金管理人与基金销售机构权利义务划分以及其他涉及投资者利益的部分作为基金合同的附件。基金销售机构负责向投资者说明相关内容。基金销售协议与作为基金合同附件的关于基金销售的内容不一致的,以基金合同附件为准。

● 母 题 精 选

【单选题】股权投资基金销售机构必须(   )。
Ⅰ.在中国证监会注册　　　　　　Ⅱ.取得基金销售业务资格
Ⅲ.已成为中国证券投资基金业协会会员
　　A.Ⅰ、Ⅱ　　　　B.Ⅰ、Ⅱ、Ⅲ　　　　C.Ⅰ、Ⅲ　　　　D.Ⅱ、Ⅲ
【答案】 B 【解析】在中国证监会注册取得基金销售业务资格并已成为中国基金业协会会员的机构(基金销售机构)可以受基金管理人的委托募集股权投资基金。

【单选题】关于基金销售协议,表述错误的是(   )。
　　A.基金销售协议与作为基金合同附件的关于基金销售的内容不一致的,以基金合同附件为准
　　B.基金销售协议中关于私募基金管理人与基金销售机构权利义务划分以及其他涉及投资者利益的部分应当"作为基金合同的附件"
　　C.基金销售协议中相关内容的说明应当由基金管理人负责向投资者说明
　　D.股权投资基金管理人委托基金销售机构募集私募基金的,应当以书面形式签订基金销售协议
【答案】 C 【解析】股权投资基金管理人委托基金销售机构募集股权投资基金的,应当签订书面基金销售协议,并且协议中关于基金管理人与基金销售机构权利义务划分以及其他涉及投资者利益的部分应当作为基金合同的附件。若基金销售协议与作为基金合同附件的关于基金销售的内容不一致,以基金合同附件为准。故选项A、B、D正确。基金销售机构负责向投资者说明基金销售协议中的相关内容,故选项C表述错误。

二、股权投资基金募集的主要程序(重点掌握)

募集程序	内 容
特定对象确定	(1)募集机构应当向特定对象宣传推介股权投资基金。未经特定对象确定程序,不得向任何人宣传推介股权投资基金。 (2)在向投资者推介基金之前,募集机构应当采取问卷调查等方式履行特定对象确定程序,对投资者风险识别能力和风险承担能力进行评估。投资者应当以书面形式承诺其符合合格投资者标准。 (3)投资者的评估结果有效期最长不得超过3年。募集机构逾期再次向投资者推介股权投资基金时,需重新进行投资者风险评估。同一股权投资基金产品的投资者持有期间超过3年的,无须再次进行投资者风险评估。投资者风险承担能力发生重大变化时,可主动申请对自身风险承担能力进行重新评估。

考查概率:100%,在考试中所占分值为2~3分。

命题角度:股权投资基金募集的八个主要程序。

本考点在考试中经常出现,每个募集程序的内容均需掌握。

如果募集机构线上募集,也应当履行特定对象确定程序。

续　表

募集程序	内　容	
投资者风险等级划分	投资者分为专业投资者和普通投资者,未对投资者进行分类的,要履行普通投资者适当性义务。 　　(1)专业投资者。符合《证券期货投资者适当性管理办法》第8条要求的投资者为专业投资者。经营机构可以根据专业投资者的业务资格、投资实力、投资经历等因素,对专业投资者进行细化分类和管理。 　　(2)普通投资者。专业投资者之外的投资者为普通投资者。 　　基金募集机构对普通投资者要按照风险承受能力由低到高至少分为C1(含风险承受能力最低类别)、C2、C3、C4、C5五种类型。基金募集机构可以将C1中符合下列情形之一的自然人,作为风险承受能力最低类别投资者。 　　①不具有完全民事行为能力。 　　②没有风险容忍度或者不愿承受任何投资损失。 　　③法律、行政法规规定的其他情形。 　　(3)专业投资者与普通投资者转化。符合《证券期货投资者适当性管理办法》第11条规定的专业投资者、普通投资者可以进行转化。投资者转化效力范围仅适用于所告知、申请的基金募集机构。其他基金募集机构不得以此作为参考依据,将投资者自行转化。	
基金风险类型评估	(1)募集机构应当自行或者委托第三方机构对股权投资基金进行风险评级,建立科学有效的股权投资基金风险评级标准和方法。 　　(2)基金产品或者服务的风险等级要按照风险由低到高顺序,至少划分为R1、R2、R3、R4、R5 五个等级。 　　①R1:产品结构简单,过往业绩及净值的历史波动率低,投资标的流动性很好、不含衍生品,估值政策清晰,杠杆不超监管部门规定的标准。 　　②R2:产品结构简单,过往业绩及净值的历史波动率较低,投资标的流动性好、投资衍生品以套期保值为目的,估值政策清晰,杠杆不超监管部门规定的标准。 　　③R3:产品结构较简单,过往业绩及净值的历史波动率较高,投资标的流动性较好、投资衍生品以对冲为目的,估值政策清晰,杠杆不超监管部门规定的标准。 　　④R4:产品结构较复杂,过往业绩及净值的历史波动率高,投资标的流动性较差,估值政策较清晰,1 倍(不含)以上至 3 倍(不含)以下杠杆。 　　⑤R5:产品结构复杂,过往业绩及净值的历史波动率很高,投资标的流动性差,估值政策不清晰,3 倍(含)以上杠杆。 　　(3)基金募集机构所使用的基金产品或者服务风险等级划分方法及其说明,通过适当途径向投资者告知。	💡基金募集机构可以根据实际情况在这五个等级的基础上进一步进行风险细分。
投资者适当性匹配	(1)基金募集机构要制定普通投资者和基金产品匹配的方法、流程,明确各个岗位在执行投资者适当性管理过程中的职责。匹配方法至少要在普通投资者的风险承受能力类型和基金产品的风险等级之间建立合理的对应关系,同时在建立对应关系的基础上将基金产品风险超越普通投资者风险承受能力的情况定义为风险不匹配。	💡委托第三方机构提供基金产品或者服务风险等级划分的,基金募集机构应当要求其提供基金产品或者服务风险等级划分方法及其说明。

续　表

募集程序	内　容
投资者适当性匹配	（2）基金募集机构要根据普通投资者风险承受能力和基金产品的风险等级建立以下适当性匹配原则。 ①C1 型（含风险承受能力最低类别）普通投资者可以购买 R1 级基金产品。 ②C2 型普通投资者可以购买 R2 级及以下风险等级的基金产品。 ③C3 型普通投资者可以购买 R3 级及以下风险等级的基金产品。 ④C4 型普通投资者可以购买 R4 级及以下风险等级的基金产品。 ⑤C5 型普通投资者可以购买所有风险等级的基金产品。 （3）风险承受能力最低类别的普通投资者不得购买高于其风险承受能力的基金产品。 （4）普通投资者主动要求购买与之风险承受能力不匹配的基金产品的，基金销售应遵循以下程序。 ①普通投资者主动向基金募集机构提出申请，明确表示要求购买具体的、高于其风险承受能力的基金产品，并同时声明，基金募集机构及其工作人员没有在基金销售过程中主动推介该基金产品或服务的信息。 ②基金募集机构对普通投资者资格进行审核，确认其不属于风险承受能力最低类别投资者，也没有违反投资者准入性规定。 ③基金募集机构向普通投资者以纸质或电子文档的方式进行特别警示，告知其该产品或服务风险高于投资者承受能力。 ④普通投资者对该警示进行确认，表示已充分知晓该基金产品或者服务风险高于其承受能力，并明确作出愿意自行承担相应不利结果的意思表示。 ⑤基金募集机构履行特别警示义务后，普通投资者仍坚持购买该产品的，基金募集机构可以向其销售相关产品。
基金风险揭示	在投资者签署基金合同之前，募集机构应当向投资者说明有关法律法规，说明投资冷静期、回访确认等程序性安排以及投资者的相关权利，重点揭示基金风险，并与投资者签署风险揭示书。 风险揭示书的内容包括但不限于以下内容。 （1）股权投资基金的特殊风险，包括基金合同与基金业协会合同指引不一致所涉风险、基金未托管所涉风险、基金委托募集所涉风险、外包事项所涉风险、聘请投资顾问所涉风险、未在基金业协会登记备案的风险等。 （2）股权投资基金的一般风险，包括资金损失风险、基金运营风险、流动性风险、募集失败风险、投资标的的风险、税收风险等。 （3）投资者对基金合同中投资者权益相关重要条款的逐项确认，包括当事人权利义务、费用及税收、纠纷解决方式等。

💡 除因遗产继承等特殊原因产生的基金份额转让之外，普通投资者主动购买高于其风险承受能力基金产品或者服务的行为，不得突破相关准入资格的限制。

💡 注意要能够区分特殊风险和一般风险。

续　表

募集程序	内　容
合格投资者确认	（1）在完成基金风险揭示后,募集机构应当要求投资者提供必要的资产证明文件或收入证明。募集机构应当合理审慎地审查投资者是否符合股权投资基金合格投资者标准。 （2）在完成合格投资者确认程序后,各方可签署基金合同（包括合伙协议、公司章程、基金合同）。
投资冷静期	基金合同应当约定给投资者设置不少于24小时的投资冷静期,募集机构在投资冷静期内不得主动联系投资者。
回访确认	（1）募集机构应当在投资冷静期满后,指令本机构从事基金销售推介业务以外的人员以录音电话、电邮、信函等适当方式进行投资回访。回访过程不得出现诱导性陈述。 （2）基金合同应当约定,投资者在募集机构回访确认成功前有权解除基金合同。出现前述情形时,募集机构应当按合同约定及时退还投资者的全部认款项。未经回访确认成功,投资者交纳的认购基金款项不得由募集账户划转到基金财产账户或托管资金账户,基金管理人不得投资运作投资者交纳的认购基金款项。

💡 不禁止投资者主动联系募集机构。

💡 募集机构在投资冷静期内进行的回访确认无效。

母题精选

【单选题】股权投资基金应在风险揭示书中,作为特殊风险进行特别提示的事项有（　　）。
Ⅰ.基金存在外包事项　　　　　　　　　　Ⅱ.基金未托管
Ⅲ.基金分批次募集　　　　　　　　　　　Ⅳ.基金委托募集
　　A.Ⅰ、Ⅱ、Ⅲ、Ⅳ　　　B.Ⅰ、Ⅱ　　　C.Ⅰ、Ⅱ、Ⅳ　　　D.Ⅱ、Ⅲ
【答案】　C　【解析】股权投资基金的特殊风险,包括基金合同与中国基金业协会合同指引不一致所涉风险、基金未托管所涉风险、基金委托募集所涉风险、外包事项所涉风险、聘请投资顾问所涉风险、未在中国基金业协会登记备案的风险等。

【单选题】某股权投资基金《风险提示书》中有如下一项风险提示:"本基金可能存在不能满足成立条件从而无法成立的风险,对此,基金管理人承担责任的方式:①以其固有财产承担因募集行为而产生的债务和费用;②在基金募集期限届满(确认基金无法成立)后三十日内返还投资人已交纳的款项,并加计银行同期存款利息。"就该项风险,描述错误的是（　　）。
　　A.如投资者对此项风险有疑问,基金管理人有义务向投资者进一步解释、说明
　　B.相对于特殊风险,该风险提示事项属于一般风险
　　C.通常情况下,该风险仅适用于基金管理人资信不良的股权投资基金
　　D.该风险所述的是基金募集失败所涉风险
【答案】　C　【解析】股权投资基金的一般风险,包括资金损失风险、基金运营风险、流动性风险、募集失败风险、投资标的的风险、税收风险等。本题中该风险表述的是基金募集失败所涉风险,选项B、D正确。通常情况下,如果投资者对《风险揭示书》内容有疑问,基金管理人有义务向投资者进一步解释、说明,选项A正确。故选C。

【单选题】关于股权投资基金相关从业人员资格的描述,属于合法合规情形的是(   )。

A. 某员工获得基金从业资格后,根据其所在的募集机构指标进行基金募集

B. 某员工负责对投资者张某的推介销售,其于冷静期届满后向投资者张某进行回访确认

C. 某从业人员具有丰富的投资者资源,因与某机构私交甚好,为该机构进行基金推介

D. 某从业人员目前暂无固定职业,但具有基金从业资格,受某机构的委托为该机构进行基金募集

【答案】 A 【解析】从事股权投资基金业务的专业人员应当具备股权投资基金从业资格。冷静期届满后,募集机构从事基金销售推介业务以外的人员应当以录音电话、电邮、信函等留痕方式进行回访,回访过程不得出现诱导性陈述。选项 B 不合规。未经特定对象确定程序,不得向任何人宣传推介股权投资基金。选项 C 不合规。基金的募集是基金管理人募集资金的过程。我国目前股权投资基金只能非公开募集,基金管理人无须中国证监会行政审批,而实行登记制度,只需向中国证券投资基金业协会登记即可。选项 D 不合规。选项 A 属于合法合规的情形。

三、基金募集的禁止性行为和禁止性推介渠道(重点掌握)

👍 考查概率:100%,在考试中所占分值为 1~2 分。

命题角度:①股权投资基金募集的禁止性行为;②股权投资募集的禁止性推介渠道。

💡 本考点一般通过案例形式进行考查,题目不难,考生应能够在理解每项禁止性行为的基础上灵活运用。

项　目	内　容
禁止性行为	根据《私募投资基金募集行为管理办法》的规定,股权投资基金管理人、基金销售机构及其从业人员从事股权投资基金募集业务,不得有以下行为。 (1)公开推介或者变相公开推介。 (2)推介材料虚假记载、误导性陈述或者重大遗漏。 (3)以任何方式承诺投资者资金不受损失,或者以任何方式承诺投资者最低收益,包括宣传"预期收益""预计收益""预测投资业绩"等相关内容。 (4)夸大或者片面推介基金,违规使用"安全""保证""承诺""保险""避险""有保障""高收益""无风险"等可能误导投资人进行风险判断的措辞。 (5)使用"欲购从速""申购良机"等片面强调集中营销时间限制的措辞。 (6)推介或片面节选少于 6 个月的过往整体业绩或过往基金产品业绩。 (7)登载个人、法人或者其他组织的祝贺性、恭维性或推荐性的文字。 (8)采用不具有可比性、公平性、准确性、权威性的数据来源和方法进行业绩比较,任意使用"业绩最佳""规模最大"等相关措辞。 (9)恶意贬低同行。 (10)允许非本机构雇佣的人员进行私募基金推介。 (11)推介非本机构设立或负责募集的私募基金。 (12)法律、行政法规、中国证监会和中国基金业协会禁止的其他行为。
禁止性推介渠道	《私募投资基金募集行为管理办法》第 25 条规定,募集机构不得通过下列媒介渠道推介股权投资基金。 (1)公开出版资料。 (2)面向社会公众的宣传单、布告、手册、信函、传真。 (3)海报、户外广告。 (4)电视、电影、电台及其他音像等公共传播媒体。 (5)公共、门户网站链接广告、博客等。 (6)未设置特定对象确定程序的募集机构官方网站、微信朋友圈等互联网媒介。

续表

项　目	内　容
禁止性 推介渠道	（7）未设置特定对象确定程序的讲座、报告会、分析会。 （8）未设置特定对象确定程序的电话、短信和电子邮件等通信媒介。 （9）法律、行政法规、中国证监会规定和基金业协会自律规则禁止的其他行为。

● 母题精选

【单选题】某股权投资基金正在进行募集，A机构为该只基金的管理人，为本只基金准备了推介材料，对于推介材料中的相关内容，以下符合相关信息披露要求的表述为(　　)。

A. "A机构作为全国最专业的股权投资基金管理人，其具备优秀的过往业绩"

B. "A机构作为基金管理人具有卓越的运营管理能力，其管理下的该基金将是追求安全、较高收益投资者的不二选择——B同业机构推荐"

C. "本基金作为私募股权投资基金，风险等级较高，请投资者仔细阅读并知悉相关投资风险"

D. "A机构作为本基金之管理人，进一步向投资者承诺本基金的年化收益率将不低于10%"

【答案】　C　【解析】股权投资基金管理人、股权投资基金销售机构及其从业人员从事股权投资基金募集业务，禁止推介或片面节选少于6个月的过往整体业绩或过往基金产品业绩，故选项A错误。禁止夸大或者片面推介基金，违规使用"安全""保证""承诺""保险""避险""有保障""高收益""无风险"等可能误导投资人进行风险判断的措辞，故选项B错误。禁止以任何方式承诺投资者资金不受损失，或者以任何方式承诺投资者最低收益，故选项D错误。

【单选题】基金销售机构销售股权投资基金时，错误的做法包括(　　)。

Ⅰ. 告知投资者该基金管理人历史业绩良好，本只基金收益一定有保障

Ⅱ. 告知投资者该基金管理人承诺将对收益率不足年化10%的部分进行差额补足

Ⅲ. 要求投资者书面承诺符合合格投资者条件

Ⅳ. 仅向经确认的合格投资者销售基金

　　A. Ⅰ、Ⅱ　　　　B. Ⅰ、Ⅱ、Ⅲ　　　　C. Ⅰ、Ⅲ、Ⅳ　　　　D. Ⅰ、Ⅲ

【答案】　A　【解析】股权投资基金销售机构从事股权投资基金募集业务，禁止以任何方式承诺投资者资金不受损失，或者以任何方式承诺投资者最低收益，故Ⅰ、Ⅱ项表述错误。Ⅲ、Ⅳ项表述均正确。

四、信息披露管理(掌握)

项　目	内　容
信息披露 义务人	（1）信息披露义务人指股权投资基金管理人、股权投资基金托管人，以及法律、行政法规、中国证监会和基金业协会规定的具有信息披露义务的法人和其他组织。 （2）同一股权投资基金存在多个信息披露义务人时，应在相关协议中约定信息披露相关事项和责任义务。信息披露义务人委托第三方机构代为披露信息的，不得免除信息披露义务人法定应承担的信息披露义务。 （3）信息披露义务人应当保证所披露信息的真实性、准确性和完整性。

👍 **考查概率**：100%，在考试中所占分值约为1分。

命题角度：①信息披露义务人；②信息披露管理的主要内容；③信息披露的禁止性行为(重点)；④信息披露的自律管理措施。

169

续 表

项 目	内 容
信息披露管理的主要内容	（1）基金募集期间，应当在宣传推介材料（如招募说明书）中向投资者披露如下信息：基金基本信息；管理人基本信息；基金的投资信息；基金的募集期限；基金估值政策、程序和定价模式；基金合同的主要条款；基金的申购与赎回安排；基金管理人最近 3 年的诚信情况说明；其他事项。 （2）基金运行期间，信息披露义务人应当披露的信息： ①季度披露：信息披露义务人应当在每季度结束之日起 10 个工作日以内向投资者披露基金净值、主要财务指标以及投资组合情况等信息。 ②年度披露：信息披露义务人应当在每年结束之日起 4 个月以内向投资者披露以下信息：报告期末基金净值和基金份额总额；基金的财务情况；基金投资运作情况和运用杠杆情况；投资者账户信息；投资收益分配和损失承担情况；基金管理人取得的管理费和业绩报酬；基金合同约定的其他信息。
信息披露的禁止性行为	信息披露义务人披露基金信息，不得存在以下行为。 （1）公开披露或者变相公开披露。 （2）虚假记载、误导性陈述或者重大遗漏。 （3）对投资业绩进行预测。 （4）违规承诺收益或者承担损失。 （5）诋毁其他基金管理人、基金托管人或者基金销售机构。 （6）登载任何自然人、法人或者其他组织的祝贺性、恭维性或推荐性的文字。 （7）采用不具有可比性、公平性、准确性、权威性的数据来源和方法进行业绩比较，任意使用"业绩最佳""规模最大"等相关措辞。 （8）法律、行政法规、中国证监会和中国基金业协会禁止的其他行为。
信息披露的自律管理措施	（1）信息披露义务人管理信息披露事务，违反《私募投资基金信息披露管理办法》的，基金业协会可以要求其限期改正。逾期未改正的，基金业协会可以视情节轻重对信息披露义务人及主要负责人采取谈话提醒、书面警示、要求参加强制培训、行业内谴责、加入黑名单等纪律处分。 （2）基金管理人违反《私募投资基金信息披露管理办法》的，基金业协会可视情节轻重对基金管理人采取公开谴责、暂停办理相关业务、撤销管理人登记或取消会员资格等纪律处分；对直接负责的主管人员和其他直接责任人员，基金业协会可采取要求参加强制培训、行业内谴责、加入黑名单、公开谴责、认为不适当人选、暂停或取消基金从业资格等纪律处分，并记入诚信档案。情节严重的，移交中国证监会处理。 （3）基金管理人在 1 年之内 2 次被采取谈话提醒、书面警示、要求限期改正等纪律处分的，基金业协会可对其采取加入黑名单、公开谴责等纪律处分；在 2 年之内 2 次被采取加入黑名单、公开谴责等纪律处分的，由基金业协会移交中国证监会处理。

💡 涉及重大事项的，信息披露义务人应当按照基金合同的约定及时向投资者披露。

💡 信息披露管理的主要内容在考试中出现较少，考生了解即可。

💡 信息披露的禁止性行为要求考生重点掌握。

母题精选

【单选题】股权投资基金信息披露义务人披露基金信息可以(　　)。

　　A. 公开披露　　　　　　　　　B. 披露过往基金出资人对基金的推荐信

　　C. 披露可能存在的利益冲突　　D. 对投资业绩进行预测

【答案】　C　【解析】选项A、B、D均属于股权投资基金信息披露的禁止性行为。选项C,股权投资基金管理人、股权投资基金托管人应当按照合同约定,如实向投资者披露可能存在的利益冲突情况。

五、股权投资管理人内部控制管理的相关要求(了解)

项　目	内　容
股权投资管理人内部控制管理的相关要求	股权投资基金管理人应当按照《私募投资基金管理人内部控制指引》的要求,结合自身的具体情况,建立健全内部控制机制,明确内部控制职责,完善内部控制措施,强化内部控制保障,持续开展内部控制评价和监督。 　　(1)基金管理人应当遵循专业化运营原则,主营业务清晰,不得兼营与基金管理无关或存在利益冲突的其他业务。 　　(2)基金管理人应当建立有效的人力资源管理制度,健全激励约束机制,确保工作人员具备与岗位要求相适应的职业操守和专业胜任能力。基金管理人应具备至少2名高级管理人员。 　　(3)基金管理人应当设置负责合规风控的高级管理人员。 　　(4)基金管理人自行募集股权投资基金的,应设置有效机制,切实保障募集结算资金安全;基金管理人应当建立合格投资者适当性制度。 　　(5)基金管理人委托募集的,应当委托获得中国证监会基金销售业务资格且成为基金业协会会员的机构募集股权投资基金,并制定募集机构遴选制度,切实保障募集结算资金安全;确保股权投资基金向合格投资者募集以及不变相进行公募。 　　(6)基金管理人应当建立完善的财产分离制度,基金财产与基金管理人固有财产之间、不同基金财产之间、基金财产和其他财产之间要实行独立运作,分别核算。 　　(7)除基金合同另有约定外,股权投资基金应当由基金托管人托管,基金管理人应建立健全基金托管人遴选制度,切实保障资金安全。

考查概率:40%,本考点考查相对较少。
命题角度:股权投资管理人内部控制管理的相关要求。

六、基金合同中必备条款和主要内容(理解)

项　目	内　容
公司章程的必备条款	基本情况;股东出资;股东的权利义务;入股、退股及转让;股东会;高级管理人员;投资事项;管理方式;托管事项;利润分配及亏损分担;税务承担;费用和支出;财务会计制度;信息披露制度;终止、解散及清算;章程的修订;一致性;份额信息备份;报送披露信息。

考查概率:60%,在考试中所占分值约为1分。
命题角度:①公司章程的必备条款;②合伙协议的必备条款;③信托(契约)型基金合同内容。

续　表

项　目	内　容
合伙协议的必备条款	基本情况；合伙人及其出资；合伙人的权利义务；执行事务合伙人；有限合伙人；合伙人会议；管理方式；托管事项；入伙、退伙、合伙权益转让和身份转变；投资事项；利润分配及亏损分担；税务承担；费用和支出；财务会计制度；信息披露制度；终止、解散与清算；合伙协议的修订；争议解决；一致性；份额信息备份；报送披露信息。
信托(契约)型基金合同内容	信托(契约)型基金合同主要包括总则、合同正文与附则三个部分。其中，正文部分主要包括前言；释义；声明与承诺；股权投资基金的基本情况；股权投资基金的募集；股权投资基金的成立与备案；股权投资基金的申购、赎回与转让；当事人及权利义务；股权投资基金份额持有人大会及日常机构；股权投资基金份额的登记；股权投资基金的投资；股权投资基金的财产；交易及清算交收安排；股权投资基金财产的估值和会计核算；股权投资基金的费用与税收；股权投资基金的收益分配；信息披露与报告；风险揭示；基金合同的效力、变更、解除与终止；股权投资基金的清算；违约责任；争议的处理；其他事项。

七、股权投资基金服务业务管理的相关要求（理解）

项　目	内　容
适用范围	(1)股权投资基金管理人委托股权投资基金服务机构为股权投资基金提供基金募集、投资顾问、份额登记、估值核算、信息技术系统等服务业务，适用《私募投资基金服务业务管理办法(试行)》。 (2)服务机构开展股权投资基金服务业务及基金管理人、基金托管人就其参与基金服务业务的环节适用《私募投资基金服务业务管理办法(试行)》。
服务机构的登记	基金业协会为服务机构办理登记不构成对服务机构服务能力、持续合规情况的认可，不作为对基金财产和投资者财产安全的保证。服务机构在协会完成登记之后连续6个月没有开展基金服务业务的，基金业协会将注销其登记。
基本业务规范	(1)股权投资基金管理人与服务机构应当依据基金合同签订书面服务协议。协议应当至少包括以下内容：服务范围、服务内容、双方的权利和义务、收费方式和业务费率、保密义务等。除基金合同约定外，服务费用应当由股权投资基金管理人自行支付。 (2)股权投资基金管理人、股权投资基金托管人、服务机构、经纪商等相关方，应当就账户信息、交易数据、估值对账数据、电子划款指令、投资者名册等信息的交互时间及交互方式、对接人员、对接方式、业务实施方案、应急预案等内容签订操作备忘录或各方认可的其他法律文本，对股权投资基金服务事项进行单独约定。其中，数据交互应当遵守协会的相关标准。

💡 这三种类型基金合同的必备条款和主要内容可能会结合进行考查，因此考生应注意对比其区别。

💡 在公司章程、合伙协议及信托(契约)型基金合同首页的声明与承诺部分，需要用加粗字体标出投资者应当注意的相关内容。

👍 考查概率：80%，在考试中所占分值约为1分。
命题角度：①服务机构的登记；②服务业务的基本业务规范；③开展服务业务的责任分担；④服务机构的报告义务；⑤服务机构的自律措施。

💡 基金业协会于2017年3月1日出台了《私募投资基金服务业务管理办法(试行)》，原《基金业务外包服务指引(试行)》同时废止。本考点内容源自《私募投资基金服务业务管理办法(试行)》。

续　表

项　目	内　容
基本业务规范	（3）服务机构应当对提供服务业务所涉及的基金财产和投资者财产实行严格的分账管理，确保基金财产和投资者财产的安全，任何单位或者个人不得以任何形式挪用基金财产和投资者财产。 （4）服务机构应当具备开展服务业务的营运能力和风险承受能力，审慎评估股权投资基金服务的潜在风险与利益冲突，建立严格的防火墙制度与业务隔离制度，有效执行信息隔离等内部控制制度，切实防范利益输送。 （5）股权投资基金托管人不得被委托担任同一股权投资基金的服务机构，除该托管人能够将其托管职能和基金服务职能进行分离，恰当地识别、管理、监控潜在的利益冲突，并披露给投资者。
责任分担	（1）股权投资基金管理人委托服务机构提供股权投资基金服务的，股权投资基金管理人依法应当承担的责任不因委托而免除。 （2）服务机构在开展业务的过程中，因违法违规、违反服务协议、技术故障、操作错误等原因给基金财产造成的损失，应当由股权投资基金管理人先行承担赔偿责任。股权投资基金管理人再按照服务协议约定与服务机构进行责任分配与损失追偿。
报告义务	（1）服务机构应当在每个季度结束之日起 15 个工作日内向协会报送服务业务情况表，每个年度结束之日起 3 个月内向协会报送运营情况报告。服务机构应当在每个年度结束之日起 4 个月内向协会报送审计报告。 （2）独立第三方服务机构通过一次或多次股权变更，整体构成变更持股 5% 以上股东或变更股东持股比例超过 5% 的，应当及时向协会报告；整体构成变更持股 20% 以上股东或变更股东持股比例超过 20%，或实际控制人发生变化的，应当自董事会或者股东（大）会作出决议之日起 10 个工作日内向协会提交重大信息变更申请。 （3）发生重大事件时，股权投资基金管理人、股权投资基金托管人、服务机构应当及时向协会报告。关于服务机构需要报送的投资者信息和产品运作信息的规范，由协会另行规定。
自律措施	（1）服务机构有一般违规情形的，基金业协会可以要求服务机构限期改正。逾期未改正的，基金业协会可以视情节轻重对服务机构主要负责人采取谈话提醒、书面警示、要求强制参加培训、行业内谴责、加入黑名单等纪律处分。 （2）服务机构严重违规的，基金业协会可视情节轻重对服务机构采取公开谴责、暂停办理相关业务、撤销服务机构登记或取消会员资格等纪律处分；对服务机构主要负责人，基金业协会可采取加入黑名单、公开谴责、暂停或取消基金从业资格等纪律处分，并记入诚信档案。

💡 服务机构的注册资本、注册地址、决定代表人、分管基金服务业务的高级管理人员等重大信息发生变更的，应当自变更发生之日起 10 个工作日内向协会更新登记信息。

续 表

项 目	内 容
自律措施	（3）服务机构1年之内2次被要求限期改正，服务机构主要负责人2次被采取谈话提醒、书面警示等纪律处分的，基金业协会可对其采取加入黑名单、公开谴责等纪律处分；服务机构及其主要负责人在2年之内2次被采取加入黑名单、公开谴责等纪律处分的，基金业协会可以采取撤销服务机构登记或取消会员资格，暂停或取消服务机构主要负责人基金从业资格等纪律处分。

● 母 题 精 选

【单选题】下列关于股权投资基金服务业务管理的基本业务规范，说法不正确的是（　　）。

A. 除基金合同约定外，服务费用应当由股权投资基金托管人代为支付

B. 服务机构应当对提供服务业务所涉及的基金财产和投资者财产实行严格的分账管理

C. 服务机构应当具备开展服务业务的营运能力和风险承受能力

D. 股权投资基金托管人一般不得被委托担任同一股权投资基金的服务机构

【答案】A 【解析】选项A，除基金合同约定外，服务费用应当由股权投资基金管理人自行支付。

【单选题】服务机构有一般违规情形的，基金业协会可以要求服务机构限期改正。逾期未改正的，基金业协会可以视情节轻重对服务机构主要负责人采取（　　）等纪律处分。

Ⅰ.谈话提醒　　　　Ⅱ.书面警示　　　　Ⅲ.行业内谴责　　　　Ⅳ.加入黑名单

A. Ⅰ、Ⅱ、Ⅲ　　　　B. Ⅰ、Ⅱ、Ⅲ、Ⅳ　　　　C. Ⅰ、Ⅱ　　　　D. Ⅰ、Ⅳ

【答案】B 【解析】服务机构有一般违规情形的，基金业协会可以要求服务机构限期改正。逾期未改正的，基金业协会可以视情节轻重对服务机构主要负责人采取谈话提醒、书面警示、要求强制参加培训、行业内谴责、加入黑名单等纪律处分。

章节练习

用手机微信扫描"章节练习"旁边的二维码或用电脑浏览器打开网址 https://www.ceweilai.cn/即可进入智能题库进行章节练习。

附录　综合检测

　　在系统地学习了本科目知识之后,我们需要通过综合检测来检查前面所有知识点的学习和掌握情况,在本书的配套题库系统中包含大量考试真题试卷和预测、模拟试卷,可供考生练习测试。在题库系统中,试卷的考试题型、考试时长、考点分布均与真实考试一致。考生扫描下方试卷旁的二维码,即可进入对应试卷中进行练习,也可以直接进入智能考试题库系统中进行练习。

一、真题试卷

《私募股权投资基金基础知识》真题试卷(一)
《私募股权投资基金基础知识》真题试卷(二)
《私募股权投资基金基础知识》真题试卷(三)
《私募股权投资基金基础知识》真题试卷(四)
《私募股权投资基金基础知识》真题试卷(五)
《私募股权投资基金基础知识》真题试卷(六)

二、预测、模拟试卷

《私募股权投资基金基础知识》预测试卷(一)
《私募股权投资基金基础知识》预测试卷(二)
《私募股权投资基金基础知识》模拟试卷(一)
《私募股权投资基金基础知识》模拟试卷(二)